TIMOTHY
KELLER

Hoffnung in Zeiten der Angst

Wie die Auferstehung
die Welt verändert

BRUNNEN
Verlag GmbH · Giessen

Titel der amerikanischen Originalausgabe:
Hope in Times of Fear: The Resurrection and the Meaning of Easter

VIKING – An imprint of Penguin Random House LLC.

Aus dem Amerikanischen übersetzt von Friedemann Lux

MIX
Papier aus verantwortungsvollen Quellen
FSC® C014496

Lektorat: Uwe Bertelmann
Umschlagfoto: Adobe Stock
Umschlaggestaltung: Jonathan Maul
Satz: DTP Brunnen
Druck: GGP Media GmbH, Pößneck
Gedruckt in Deutschland
ISBN Buch 978-3-7655-3736-3
ISBN E-Book 978-3-7655-7631-7
www.brunnen-verlag.de

Inhalt

Vorwort

Als ich 2002 Schilddrüsenkrebs hatte, las ich ein dickes Meisterwerk, *Die Auferstehung des Sohnes Gottes* von N. T. Wright. Das Buch war nicht nur eine enorme Hilfe für meine Theologie, sondern in meiner Situation, die mir meine Sterblichkeit so ganz neu vor Augen führte, auch ein kräftiger Mutmacher. Wright erinnerte mich neu daran, dass der Tod ja durch Jesus besiegt worden war und dass dies auch für *meinen* irgendwann kommenden Tod galt.

Jetzt, fast zwanzig Jahre danach, schreibe ich mein eigenes Buch über die Auferstehung Jesu, und wieder habe ich eine Krebsdiagnose zu verkraften. Diesmal ist es Bauchspeicheldrüsenkrebs, der sehr viel ernster und schwieriger zu behandeln ist als der Schilddrüsenkrebs.

Und ich schreibe auch mitten in der schlimmsten Pandemie seit einem Jahrhundert. Viele Menschen leben in ständiger Angst vor Ansteckung und Tod. Von meiner Wohnung in New York aus kann ich einige der großen Krankenhäuser der Stadt sehen, und als die Pandemie auf ihrem Höhepunkt war, waren alle ihre Fenster die ganze Nacht hell erleuchtet, und immer wieder hörte man die Sirenen und sah die roten Blinklichter der Krankenwagen. Die Hoffnungen auf eine baldige Besiegung des Virus haben sich wieder und wieder zerschlagen.

Die Pandemie hat noch viel mehr Probleme gebracht als nur die Krankheit. In fast jedem Bereich unserer Gesellschaft müssen wir mit massiven Störungen rechnen, die Jahre andauern werden. In den USA haben wir eine Arbeitslosenquote, wie es sie seit der Weltwirtschaftskrise von 1929 nicht mehr gegeben hat, zahllose Firmeninsolvenzen, die schmerzliche Schrumpfung ganzer Industrien, massive Ausfälle an Steuereinnahmen, die das Leben und die Renten von Millionen treffen, und Krisen im öffentlichen wie privaten Schulwesen – all dies sind Dinge, die auf uns zukommen können. Und das sind nur die Dinge, die mir heute, wo die Corona-Krise gerade begonnen hat, in den Sinn kommen. Es wird mit Sicherheit noch andere Probleme geben, die wir jetzt noch gar nicht sehen können. Und den höchsten Preis werden die zahlen müssen, die sozial und ökonomisch besonders schwach sind. Dazu noch die Verzweiflung und Hoffnungslosigkeit, die die soziale Isolation Millionen von Menschen gebracht hat.

Mitten in der Welle der Corona-Todesfälle entlud sich nach der Ermordung von George Floyd durch Polizeibeamte in Minneapolis im Frühsommer 2020 der Protest gegen eine andere Art von Tod auf den Straßen Amerikas. In über zweitausend Städten der USA und in aller Welt brachten Demonstrationen Millionen Menschen auf die Straßen; es waren die größten derartigen Proteste in unserer Geschichte, viel größer als die während der Bürgerrechtsbewegung der 1960er-Jahre unter Dr. Martin Luther King Jr.

Fast alle aktuellen Proteste in den USA richten sich gegen den fortdauernden Rassismus in unserer Gesellschaft. Ich habe die Bürgerrechtsbewegung seit den 1960er-Jahren mit eigenen Augen miterlebt, und da ist mir ein Unterschied zu den heutigen Protesten aufgefallen. Die aktuellen Proteste und Forderungen nach sozialer Gerechtigkeit, so ermutigend sie auch in vieler Hinsicht sein mögen, strahlen wenig von der Hoffnung aus, die für die ältere Bürgerrechtsbewegung typisch war.

In seiner einzigartigen Rede „I Have a Dream" sagte Martin Luther King:

Das ist unsere Hoffnung. Mit diesem Glauben kehre ich in den Süden zurück. Mit diesem Glauben werden wir fähig sein, aus dem Berg der Verzweiflung einen Stein der Hoffnung zu hauen. Mit diesem Glauben werden wir fähig sein, die schrillen Missklänge in unserer Nation in eine wunderbare Symphonie der Brüderlichkeit zu verwandeln. Mit diesem Glauben werden wir fähig sein, zusammen zu arbeiten, zusammen zu beten, zusammen zu kämpfen, zusammen ins Gefängnis zu gehen, zusammen für die Freiheit aufzustehen, in dem Wissen, dass wir eines Tages frei sein werden.[1]

Der „Stein" aus dem Berg der Verzweiflung ist eine Anspielung auf Daniel 2,34-35.45. Daniel 2 berichtet über eine Zukunftsvision, die Gott dem König von Babylon in einem Traum gab. In dieser Vision werden die götzendienerischen Reiche dieser Welt von einem Stein zermalmt, der „ohne Zutun von Menschenhänden" aus einem Berg herabrollt, um unten zu einem die Welt füllenden Berg der Gerechtigkeit und des Friedens zu werden. Christliche Bibelausleger sehen in diesem Stein das Reich Gottes, das übernatürlichen Ursprungs ist („ohne Zutun von Menschenhänden") und ganz klein und scheinbar machtlos anfängt, um dann all die stolzen Herrscher und Regierungen, die Repräsentanten des Bösen und der Unterdrückung sind, zu stürzen. Martin Luther King hat dieses Bild rhetorisch äußerst geschickt eingesetzt, aber es ist mehr als bloße Rhetorik. Jesus hat in Matthäus 13,31-32 das Himmelreich mit einem Senfkorn verglichen: „Es ist zwar das kleinste aller Samenkörner", aber „ein Baum wird daraus, auf dem die Vögel sich niederlassen und in dessen Zweigen sie nisten."

King ließ sich von der finanziellen und politischen Machtlosigkeit der Afroamerikaner in den USA nicht entmutigen. Der versteckte Rassismus im System und die offene rassistische Ausgrenzung und Gewalt, der die Bürgerrechtsbewegung in den 1950-er- und 1960-er-Jahren gegenüberstand, waren enorm. Aber er wusste, wie Gott typischerweise wirkt: aus kleinen Anfängen und großer Schwäche heraus durch Dienen und Opfer hin zur Veränderung. King war kein sonniger Optimist. Wenn man seine Reden und Briefe liest, spürt man seinen Zorn und seine nur zu berechtigten Ängste – aber auch die nicht kleinzukriegende Hoffnung.

Viele haben darauf hingewiesen, dass an der Spitze der amerikanischen Bürgerrechtsbewegung afroamerikanische Pastoren und führende Christen standen, sodass die Bibelzitate in ihren Reden und Aufrufen mehr waren als nur hochtrabende Worte; sie waren Ausdruck des Glaubens und einer in Gott verwurzelten Hoffnung.

Und heute? Tod, Pandemien, Ungerechtigkeit, auseinanderbrechende Gesellschaften – wir brauchen wieder einen Stein der Hoffnung. Dringend.

Und es gibt keine größere Hoffnung als den Glauben, dass Jesus Christus von den Toten auferstanden ist. Paulus schreibt: „Er war schwach, als er gekreuzigt wurde, doch jetzt lebt er durch Gottes Kraft“ (2. Korinther 13,4). Wenn wir diese gewaltige historische Tatsache begriffen haben, dann wird sie zu unserem großen Hoffnungslicht, wenn alles dunkel wird und alle irdischen Lichter ausgehen. Darum kann Paulus fortfahren: „Wir teilen seine Schwachheit […]. Aber gerade deshalb […] haben wir durch Gottes Kraft auch Anteil an seinem Leben […]“

Dies ist ein Buch über die Auferstehung Jesu. Ich werde und kann in ihm nicht so umfassend und gründlich die historischen Quellen und die Indizien für die Auferstehung untersuchen, wie N. T. Wright das in seinem Buch getan hat, das derzeit konkurrenzlos dasteht und dessen wesentliche Ergebnisse ich zusammenzufassen versuche. Ich schreibe als Pastor und nicht als Akademiker und werde mich daher darauf konzentrieren, dass die Auferstehung Jesu der Schlüssel ist, um die ganze Bibel zu verstehen und um alle Herausforderungen des Lebens zu meistern – Leiden, persönliche Veränderungen, Ungerechtigkeit, ethische Fragen und die Ungewissheit der Zukunft.

Theoretisch wissen wir alle, dass wir im nächsten Augenblick sterben können. Aber eine Krebsdiagnose, Herzkrankheit oder eine Pandemie machen uns plötzlich zu Menschen, denen der Tod greifbar auf die Pelle rückt. Es ist gerade eine dunkle Zeit für den Großteil der Welt, ebenso wie für mich persönlich. Wir alle suchen nach Hoffnung, und der beste Ort, wo wir sie finden können, ist die Auferstehung Jesu Christi.

Einleitung

Gepriesen sei Gott, der Vater unseres Herrn Jesus Christus! In seinem großen Erbarmen hat er uns durch die Auferstehung Jesu Christi von den Toten ein neues Leben geschenkt. Wir sind von neuem geboren und haben jetzt eine sichere Hoffnung […] und deshalb ruhen jetzt euer Vertrauen und eure Hoffnung auf Gott. (1. Petrus 1,3.21)

Ein neues Zeitalter der Angst

Bereits lange vor der COVID-19-Pandemie war in der westlichen Welt eine zunehmende Hoffnungskrise zu verzeichnen.

Fast zwei Jahrhunderte lang war der Westen von der Hoffnung beflügelt gewesen, dass die Weltgeschichte eine stetige Fortentwicklung sei und die Menschheit sich selber eine Welt schaffen würde, in der es immer größere Sicherheit, mehr Freiheit und wachsenden Wohlstand geben würde. Der Glaube war stark, dass im Großen und Ganzen jede neue Generation eine bessere Welt vorfinden würde als die vorangegangene. Dieser Glaube gehört zum Erbe der europäischen Aufklärung. Zahllose große Denker sagten vorher, dass der vom Aberglauben der Vergangenheit befreite menschliche Verstand mit seinem Erfindungsgeist und der Wissenschaft unweigerlich eine bessere Zukunft heraufführen würde.[1]

Aber dann kam das 20. Jahrhundert. 1947 schrieb W. H.

Auden ein Gedicht so lang wie ein Buch mit dem Titel *The Age of Anxiety* (deutsche Übersetzung: *Das Zeitalter der Angst*). In diesem Werk unterhalten sich in einer Bar in Manhattan vier Personen über ihr Leben und über das Leben überhaupt. Das Buch gewann den Pulitzer-Preis, wird aber selten gelesen. Was dagegen einschlug, war sein Titel, der die Stimmung der Zeit einzufangen schien. In weniger als vier Jahrzehnten hatte die Welt zwei Weltkriege, eine Pandemie und die große Weltwirtschaftskrise erlebt und aktuell stand sie am Beginn eines jahrzehntelangen Kalten Kriegs mit der Gefahr eines Atomkriegs zwischen dem Westen und dem Ostblock.

Dann kam das Jahr 1989. Der Kalte Krieg endete. Manche Stimmen verkündeten sogar „das Ende der Geschichte“, da doch das große Ringen zwischen den großen Ideologien – Faschismus, Kommunismus und westliche Demokratie – endlich vorbei war. Die Angst vor einem Weltenbrand legte sich. Der Motor des internationalen Kapitalismus lief, vom Benzin der Globalisierung beflügelt, immer schneller und in vielen Ländern boomte die Wirtschaft. Das Zeitalter der Angst war vorbei, und der alte Optimismus der Aufklärung lebte wieder auf. Der Anteil der Menschen in den USA, die glaubten, dass es ihren Kindern einmal besser gehen würde als ihren Eltern, überschritt die 50-Prozent-Marke.[2]

Ein führender moderner Denker, der versucht hat, diesen Optimismus empirisch zu untermauern, ist Steven Pinker von der Universität Harvard. In seinen Büchern *Gewalt* und *Aufklärung jetzt* präsentiert er Daten, die zeigen sollen, dass Gewalt, Krieg und Armut auf der ganzen Welt auf dem Rückzug sind und dass die Menschen immer gesünder sind und immer länger leben.[3]

Pinker begnügt sich mit empirischen Daten zu Lebensqualität und Sicherheit. Yuval Noah Harari geht in seinem Bestseller

Homo Deus wesentlich weiter. Er argumentiert, dass die Menschen sich früher nur deswegen an Gott oder an Götter wandten, weil sie selber keine Kontrolle über die Welt hatten, in der sie lebten. Aber das sei heute anders:

> *Doch am Morgen des dritten Jahrtausends wacht die Menschheit auf und macht eine erstaunliche Feststellung. Die meisten Menschen denken selten daran, doch in den letzten Jahrzehnten ist es uns gelungen, Hunger, Krankheit und Krieg im Zaum zu halten. Natürlich sind diese Probleme nicht vollständig gelöst, aber was einmal unbegreifliche und unkontrollierbare Kräfte der Natur waren, sind jetzt Herausforderungen, die sich bewältigen lassen. Wir müssen zu keinem Gott oder Heiligen mehr beten, um davor bewahrt zu werden. Wir wissen ziemlich genau, was zu tun ist, um Hunger, Krankheiten und Krieg zu verhindern – und in der Regel gelingt uns das auch.*[4]

Der Titel des Buchs – *Homo Deus* – nimmt sein Fazit vorweg. Es ist nicht nur so, dass wir Gott nicht mehr brauchen, sondern die Menschheit *ist* jetzt Gott. Wir sind unsere eigene Zukunftshoffnung, unser eigener Gott. Ja, wir haben nicht nur Zukunfts*hoffnung*, sondern Zukunfts*gewissheit,* weil wir all das, was wir für diese Zukunft brauchen, in uns selber haben.

Die Menschheit ist jetzt Gott.

Der Verlust der Hoffnung

Pinker und Harari haben viele Anhänger, aber sie treffen den Geist der Zeit nicht so gut wie Auden. In der Mitte des ersten Jahrzehnts des 21. Jahrhunderts ging die Zahl der Menschen, die an ein besseres Leben für ihre Kinder glaubten, wieder zurück,[5] und in den Jahren danach ist der Zukunftspessimismus noch größer geworden, wie diverse Umfragen und Erhebungen zeigen.[6]

Dafür gibt es viele Gründe. Manches deutet auf eine Polarisierung und Fragmentierung hin, die weit tiefer gehen als die üblichen politischen Parteinahmen. Es ist eine zunehmende Begrenzung auf die eigene Clique, das eigene Milieu zu beobachten. Das lässt erkennen, dass unserer Kultur ihr Zentrum abhandengekommen ist. Es fehlen die gemeinsamen, dem Gemeinwohl dienenden Grundwerte. Wir erleben einen tiefen Vertrauensverlust, der alle Institutionen trifft, die unsere Gesellschaft traditionell zusammengehalten haben.

Und es gibt noch eine andere Kategorie von Bedrohungen unserer Zukunft – eine Kategorie, die ironischerweise nicht auf zu wenig, sondern auf zu viel wissenschaftlichem und technologischem Fortschritt beruht. Aufgrund der weltweiten Mobilität durch Flugreisen und der Globalisierung unserer Wirtschaft, die beide erst durch die moderne Technologie möglich wurden, lassen sich Pandemien nicht mehr regional eindämmen. Die steigende Polarisierung und das sinkende Vertrauen in unserer Gesellschaft werden in hohem Maße durch die Sozialen Medien geschürt. Der Klimawandel und die andauernde Bedrohung durch den internationalen Terrorismus werden beide durch den wissenschaftlichen und technischen Fortschritt verstärkt. Kurz: Eben das, was uns vor schrecklichen Gefahren schützen sollte, hat neue Risiken geschaffen.

Andrew Sullivan weist auf einen weiteren Grund für die zunehmende Atmosphäre der Angst und Hoffnungslosigkeit hin, die so typisch für unsere Zeit ist. Sullivan outet sich als großer Bewunderer von Pinker, und in seiner Rezension von dessen Buch *Aufklärung jetzt* hat er an seinen empirischen Schlussfolgerungen nichts zu bemängeln. Aber dann fährt er fort: „[Pinker] kann nicht erklären, warum es zum Beispiel so viel tiefe Unzufriedenheit, Depressionen, Drogenmissbrauch, Verzweiflung, Süchte und Einsamkeit gerade in den fortschrittlichsten liberalen Gesellschaften gibt." Und er bemerkt: „Auf unserem langsamen, aber sicheren Weg zu immer mehr Fortschritt haben wir etwas verloren, was das Fundament von allem ist: Sinn, Zusammenhalt und eine Zufriedenheit, die tiefer geht als die Befriedigung all unserer irdischen Bedürfnisse."[7]

Auf dem Weg zu immer mehr Fortschritt haben wir das Fundament vergessen.

Harari glaubt, dass die Menschen früher Hoffnung bei Gott suchten, weil sie die Natur nicht verstehen bzw. beherrschen konnten. Aber bei der Religion geht es um etwas, das wesentlich tiefer geht. Die große Herausforderung des Menschen besteht seit Urzeiten nicht bloß darin, die Natur „da draußen" in den Griff zu bekommen, sondern auch – und dies ist noch viel schwieriger – die Natur „drinnen", also die vielen Rätsel und Probleme der menschlichen Natur selbst. Wir brauchen ein Ziel für unser Leben und haben einen Hunger nach Sinn. Wir erkennen, dass Dinge, die uns eigentlich satt machen sollten, dies nicht leisten können. Wir stehen mit Entsetzen vor dem Bösen, zu dem Menschen (uns selbst eingeschlossen!) fähig sind. Wie können wir *uns* heilen? Wie Sullivan zu Recht bemerkt, genügt es nicht, die Natur „da draußen" in den Griff zu bekommen – und COVID 19 zeigt uns gerade, dass wir offenbar selbst das nicht schaffen.

Für Pinker und Harari bedeutet Fortschritt unter anderem, sich von der Religion zu verabschieden. Der bekannte Philosoph Jürgen Habermas vertritt seit zwanzig Jahren eine andere Position. Er erkennt an, dass die säkulare Vernunft an ihre Grenzen stößt, wenn sie uns moralische Absolutheiten oder

Gründe liefern soll, die uns motivieren, die Interessen des Ichs hinter denen der Allgemeinheit zurückzustellen. Obwohl Habermas selber kein Christ ist, glaubt er, dass die Religion die Grundlage bilden kann für die Heiligkeit allen menschlichen Lebens und dass sie uns zu aufopferungsvoller Liebe in menschlichen Beziehungen motivieren kann – etwas, was der Wissenschaft nicht möglich ist.[8] Die größte Bedrohung unserer Hoffnung auf eine bessere Welt kommt nicht von der Natur, sondern von all den bösen Dingen, die ständig neu aus dem menschlichen Herzen hervorbrechen. Die Wissenschaft ist nicht imstande, das Böse im Menschen auszulöschen, ja sie liefert ihm sogar noch neue Werkzeuge zur Ausübung dieses Bösen. Und mit „Böse" meine ich nicht nur die ganz großen Verbrechen wie den Holocaust, sondern auch die ganz alltägliche Ellenbogenmentalität im Geschäftsleben, den Rassismus, Arroganz und Stolz, Unehrlichkeit und Korruption und die zahllosen täglichen Akte des Egoismus, die unsere Gesellschaft nach unten ziehen.

Die Hoffnung der Auferstehung

Einer der Gründe für die erstaunliche Ausbreitung des Christentums in seinen ersten Jahrhunderten war die Tatsache, dass es Hoffnung bot in den zahlreichen Epidemien, die in den Städten des Römischen Reiches wüteten. Kyle Harper, ein Historiker, der über die Epidemien der Antike geschrieben hat, wurde in einem Interview gefragt, wie das Christentum es schaffte, in diesen schweren Zeiten zur Blüte zu kommen. Seine Antwort:

> *Für [die Christen] war es ein positives Programm. Dieses Leben war immer schon als vergänglich, als nur ein Teil einer*

größeren Geschichte angesehen worden. Worauf es für den Christen ankam, war, sein Leben auf diese größere Geschichte auszurichten – die kosmische Geschichte, die Geschichte der Ewigkeit. Die Christen lebten in dieser Welt und sie erlebten Schmerzliches und liebten ihre Mitmenschen. Aber Christen jener Zeit sahen die Geschichte dieses Lebens als nur eine der Geschichten, in denen sie lebten. Es gab ein größeres Bild, und das war die geheime Landkarte, nach der sie sich orientierten.[9]

Die „geheime Landkarte" der Christen ging über üblichen religiösen Trost weit hinaus. Andere Religionen sprachen zum Beispiel von der vagen Aussicht auf ein besseres Leben im Jenseits, wenn die moralische Leistung stimmte. Die Hoffnung der Christen bot weit mehr als dieses ängstliche Wunschdenken. Das im Deutschen mit dem relativ schwachen Wort „Hoffnung" übersetzte biblische Wort *elpida* meint eine tiefe, absolut gewisse Zuversicht. Christen betrachten selbst die widrigsten Dinge als Teil einer Geschichte, die bei jeder neuen Episode von Gott zu einem Ziel geleitet wird. Und dieses Ziel ist nicht eine nebulöse Erwartung irgendeiner Art von Leben nach dem Tod, sondern die Auferstehung von Leib und Seele in einen neuen Himmel und eine neue Erde.

Christliche Hoffnung dreht sich um ein einziges, welterschütterndes Ereignis.

Und diese Hoffnung dreht sich um ein einziges, welterschütterndes Ereignis – den Tod und die Auferstehung Jesu Christi. *Das* ist das, was der Glaube der Christen einer Welt ohne Hoffnung zu bieten hat.

Die Christen, an die Petrus seinen ersten Brief schrieb, hatten bereits „Prüfungen verschiedenster Art" durchgemacht und befanden sich gerade in einem „Feuersturm" der Leiden (1. Petrus 4,12). Aber gerade in dieser Situation erinnert Petrus sie an Folgendes: „In seinem großen Erbarmen hat [Gott] uns durch die Auferstehung Jesu Christi von den Toten ein neues Leben geschenkt. Wir sind von neuem geboren und haben jetzt eine sichere Hoffnung […] deshalb ruhen jetzt euer Vertrauen und eure Hoffnung auf Gott" (1. Petrus 1,3.21). Die Tatsache der Auferstehung bedeutet, dass wir eine Zukunftshoffnung haben, die nicht vom Fortschritt der Wissenschaft oder der Gesellschaft abhängt, sondern von Gott selber (1. Petrus 1,21). Und dies ist nicht bloß eine abstrakte, intellektuelle Glaubensaussage. Es ist, wie Petrus es ausdrückt, eine lebendige und „sichere Hoffnung", die zentral zu dem neuen geistlichen Leben gehört, das der Christ durch den Heiligen Geist erhält. Das Neue Testament bezeichnet dieses Leben als „Wiedergeburt". Der Glaube an die Auferstehung pflanzt diese Hoffnung tief in unsere Seele ein – sie wird so sehr ein Teil von uns, dass wir mit ihr alles, was uns begegnet, bewältigen können.

Aber was genau *ist* dieser Glaube an die Auferstehung, der zu einer lebendigen Hoffnung wird, die in uns brennt wie ein wärmendes, Kraft gebendes Feuer? Und wie bekommen wir diesen Glauben?

Die Tatsache der Auferstehung

Der erste Schritt besteht darin, dass wir davon ausgehen, dass die Auferstehung Jesu eine historische Tatsache ist. Als bloßes Symbol taugt sie wenig und wir werden noch sehen, dass der Glaube an sie den Menschen zur Zeit Jesu nicht leichter fiel als uns heute. Nicht nur das moderne, sondern auch das antike Weltbild hat für Totenauferweckungen keinen Platz. Aber die Indizien dafür, dass Jesus tatsächlich auferstanden war, waren gewaltig. Sie haben damals alle Einwände des Verstandes entkräftet und können dies auch heute noch tun.

Aber dadurch, dass ich die Tatsache der Auferstehung bejahe, wird sie noch nicht automatisch zu einer lebendigen Hoffnung. Wenn die Auferstehung eine historische Tatsache ist, dann stellt sich die Frage, was sie *bedeutet*. Wann haben Sie zum letzten Mal eine Predigt über die Bedeutung der Auferstehung gehört? Wenn, dann war das vermutlich am Ostersonntag. Auf den Kanzeln des protestantischen Mainstreams ist die Auferstehung dann meistens ein abstraktes Symbol dafür, dass irgendwie das Gute über das Böse triumphieren wird, und in vielen evangelikalen Gemeinden ist die Osterpredigt ein langer Vortrag darüber, dass die Auferstehung Jesu tatsächlich geschehen ist. Es ist eine Sache zu wissen, dass die Auferstehung tatsächlich passiert ist, aber eine ganz andere Sache, wie Paulus schreibt, die *Kraft* dieser Auferstehung an mir selber zu *erfahren* (vgl. Philipper 3,10) – persönlich und mit meiner ganzen Existenz. Und hier gibt die Kirche uns erstaunlicherweise wenig Hilfestellung.

Ich komme aus der presbyterianisch-reformierten Tradition und dort befasst sich die klassische Systematische Theologie viel mehr mit dem Kreuzestod Jesu als mit seiner Auferstehung. Charles Hodge von der Princeton University widmet dem Tod Jesu am Kreuz 127 Seiten – der Auferstehung ganze vier. Bei anderen Theologen sieht es ähnlich aus.[10] Sam Allberry schreibt, dass viele Christen an die Auferstehung glauben und diesen Glauben an jedem Ostersonntag bekräftigen, nur um „ihn anschließend für den Rest des Jahres zurück in die Schublade zu legen“, weil sie „nicht recht wissen, was sie damit anfangen sollen“.[11] Aber Bibelstellen wie Römer 4,25 („… dessen Auferstehung uns den Freispruch bringt“) zeigen uns, dass wir nicht allein

Erlösung nur durch das Kreuz?

durch den Tod von Jesus, sondern auch durch seine Auferstehung erlöst sind. Aber viele Christen, die zu erklären versuchen, wie man erlöst wird, reden nur über das Kreuz und erwähnen die Auferstehung entweder nur als Fußnote oder überhaupt nicht.

Gott bricht in die Welt ein

Die Auferstehung ist nicht ein Zaubertrick, sondern eine Invasion. Das Ereignis, das uns gerettet hat – die auf das Kreuz folgende Auferstehung –, krempelt das Leben der Christen total um, durch die Kraft des Heiligen Geistes.

Das Kreuz und die Auferstehung zusammen – und nur zusammen! – bringen die neue Schöpfung *in unsere Gegenwart hinein*. Diese neue Schöpfung ist die allmächtige Kraft, durch die Gott die ganze Welt neu macht und heilt. Als Christus am Kreuz den Preis für die Sünde zahlte, riss der Vorhang im Tempel von oben nach unten entzwei (Matthäus 27,51). Dieser Vorhang war ein Zeichen für die Trennung der Menschen von der heiligen Gegenwart Gottes. Diese Gegenwart hatte einst die Erde zum Paradies gemacht; durch den Tod Christi *kann* sie jetzt zu uns kommen, und durch seine Auferstehung *kommt* sie auch tatsächlich zu uns. Der auferstandene Christus sendet uns den Heiligen Geist, und beide – Christus und der Geist – sind die „Erstlingsgabe“ (Römer 8,23[12]; 1. Korinther 15,20-23), die „Anzahlung“ und das „Unterpfand“ (Epheser 1,13-14; 2. Korinther 1,22-23; 5,5), gewissermaßen die erste Rate des kommenden Triumphes über den Tod und einer neuen, geheilten physischen Welt. Diese erneuernde Kraft der Zukunft haben wir jetzt erst teilweise, aber sie ist echt, sie ist da, sie ist in unsere gegenwärtige Welt eingebrochen.

Die „überwältigend große Kraft", mit der Gott Jesus von den Toten auferweckt hat, wirkt hier und jetzt in uns (Epheser 1,19-20). Und so haben wir die Aufgabe, im „Licht" der kommenden neuen Schöpfung zu leben (Römer 13,11-13; Galater 6,15; vgl. 1. Korinther 6,1-2), d. h. an dem künftigen Leben der Auferstehung durch die Art, wie wir leben, bereits hier und jetzt teilzuhaben. Wenn Jesus tatsächlich von den Toten auferstanden ist, verändert das alles: die Art, wie wir Beziehungen leben, unseren Umgang mit Reichtum und Macht, unsere Arbeit, wie wir Sexualität verstehen und leben, wie wir mit Konflikten zwischen ethnischen Gruppen umgehen und uns für Gerechtigkeit einsetzen.

Das Kreuz und die Auferstehung zusammen – und nur zusammen! – liefern uns das Grundmuster, nach dem wir als Christen im Lichte der neuen Schöpfung leben. Kreuz und Auferstehung sind die große Umkehrung. Christus erlöst uns dadurch, dass er schwach ist, sich seiner Macht entkleidet und sich einer scheinbaren Niederlage beugt. Und gerade dadurch triumphiert er – nicht *trotz* dieses Schwachseins und Aufgebens der Macht, sondern *in* dieser Schwäche und *durch* sie. Die große Umkehrung wird zu einer dynamischen Kraft, „die zu einem Lebensrhythmus wird, einer Ethik und einer Art, die Welt mit allem, was dazugehört, zu sehen und in ihr zu leben".[13] Durch das Ausleben dieses Prinzips von Tod und Auferstehung erneuern wir das Leben der Menschen in dieser unserer Welt – nur teilweise, aber sehr spürbar. Die bereits vorhandene, aber noch nicht vollendete Gegenwart der neuen Schöpfung bewahrt uns vor beidem: vor Naivität und Zynismus, vor Utopie und Defätismus.

Was Sie in diesem Buch erwartet

Die Grundthese dieses Buchs ist: Die Auferstehung ist die große Umkehrung der Weltgeschichte, die uns sowohl die Kraft als auch die Vorlage für ein Leben gibt, das in der Gegenwart stattfindet, aber bereits mit Gottes künftiger neuer Schöpfung verbunden ist.

Um dieses Thema zu entfalten, werde ich in Kapitel 1 zunächst einmal die Auferstehung als historische Tatsache untersuchen. Die Auferstehung ist natürlich noch viel mehr – aber sie ist eben auch nicht weniger. Die moderne Skepsis gegenüber dem Übernatürlichen erschwert vielen Zeitgenossen den Glauben an die leibliche Auferstehung Jesu als wirklichem historischem Ereignis. Aber ohne das Wunder der Auferstehung löst sich jede Hoffnung auf einen künftigen Triumph über das Böse und den Tod in nichts auf. In Kapitel 2 bis 5 werde ich untersuchen, inwiefern die Auferstehung als die große Umkehrung der Schlüssel für das Verständnis der Gesamtstruktur der Bibel ist sowie das Grundmodell für das Leben des Christen. In Kapitel 6 und 7 werde ich der Frage nachgehen, wie der persönliche Auferstehungsglaube beginnt, und dazu fünf berühmte Fallstudien heranziehen: Maria Magdalena, den Jünger Johannes, Thomas, Petrus und Paulus. Und in den letzten fünf Kapiteln werde ich bestimmte Bereiche unseres Lebens herausgreifen und untersuchen, wie die Auferstehung uns fähig macht, in jedem dieser Bereiche auf eine Art zu leben, die konsequent und erkennbar „anders" ist.

Der vielleicht direkteste, alltäglichste Nutzen, den die Auferstehung uns bringt, ist, dass Christen nicht einem hochverehrten, aber toten Lehrer folgen, sondern einem auferstandenen Herrn, der hier und jetzt an ihrer Seite ist. In Offenbarung 3,20 sagt Jesus: „Merkst du nicht, dass ich vor der Tür stehe und anklopfe? Wer meine Stimme hört und mir öffnet, zu dem werde ich hineingehen, und wir werden miteinander essen – ich mit ihm und er mit mir.“ Dieser Vers wird oft als Einladung an Nichtchristen verstanden, „Jesus in ihr Herz einzulassen“, aber der Zusammenhang von Offenbarung 3 macht deutlich, dass Jesus hier zu einer Gemeinde redet, also zu Menschen, die bereits Christen sind. Mit jemandem eine Mahlzeit einzunehmen bedeutet heute wie damals, Gemeinschaft mit ihm zu haben. Jesus sagt denen, die an ihn glauben, dass es Möglichkeiten der innigen Gemeinschaft mit ihm gibt, durch die wir ihn erkennen und seine Liebe erfahren. Wir machen von dieser Möglichkeit nur meistens keinen Gebrauch.

Weil Jesus von den Toten auferstanden ist, ist er kein längst verstorbener Weiser, den wir nur durch seine Aussprüche kennen. Er lebt und er ruft uns zu: „Hier bin ich! Ich stehe vor deiner Tür!“ Öffnen Sie ihm, lieben Sie ihn, hören Sie ihm zu. Wer das tut, wird zu denen gehören, die „erwachten aus der Verzweiflung und die Eingebungen der Dunkelheit von sich abtaten“.[14]

Kapitel 1

Eine gewisse Hoffnung

Geschwister, ich möchte euch an das Evangelium erinnern, das ich euch verkündet habe. […] Zu dieser Botschaft, die ich so an euch weitergegeben habe, wie ich selbst sie empfing, gehören folgende entscheidenden Punkte:

Christus ist – in Übereinstimmung mit den Aussagen der Schrift – für unsere Sünden gestorben. Er wurde begraben, und drei Tage danach hat Gott ihn von den Toten auferweckt – auch das in Übereinstimmung mit der Schrift. Als der Auferstandene hat er sich zunächst Petrus gezeigt und dann dem ganzen Kreis der Zwölf.

Später zeigte er sich mehr als fünfhundert von seinen Nachfolgern auf einmal; einige sind inzwischen gestorben, aber die meisten leben noch. Danach zeigte er sich Jakobus und dann allen Aposteln. Als Letztem von allen hat er sich auch mir gezeigt; ich war wie einer, für den es keine Hoffnung mehr gibt, so wenig wie für eine Fehlgeburt. Ja, ich bin der unwürdigste von allen Aposteln. Eigentlich verdiene ich es überhaupt nicht, ein Apostel zu sein, denn ich habe die Gemeinde Gottes verfolgt. Dass ich trotzdem ein Apostel geworden bin, verdanke ich ausschließlich der Gnade Gottes. Und dass Gott mir seine Gnade erwiesen hat, ist nicht vergeblich gewesen. Keiner von allen anderen Aposteln hat so viel gearbeitet wie ich. Aber wie ich schon sagte: Nicht mir verdanke ich das Erreichte, sondern der Gnade Gottes, die mit mir war. (1. Korinther 15,1.3-10)

Das Herz des christlichen Glaubens ist das Evangelium. Paulus nennt es in Römer 1,16 „die Kraft Gottes, die jedem, der glaubt, Rettung bringt". Das Evangelium birgt unendliche Reichtümer und Tiefen, wie wir im Galater- und im Römerbrief sehen. Der Wert dieses kurzen Abschnitts aus dem 1. Korintherbrief liegt darin, dass er das Evangelium knapp auf den Punkt bringt, was uns einen deutlicheren Blick auf all seine verschiedenen Aspekte ermöglicht. Der christliche Glaube – so die Botschaft dieses Abschnitts – ist ein Glaube, der a) historisch, b) vernünftig und c) von Gnade geprägt ist.

Ein historischer Glaube

Das Evangelium ist zunächst einmal ein Bericht über ganz bestimmte historische Ereignisse. Es stimmt, dass der christliche Glaube eine Erfahrung ist, die das ganze Leben verändert. Aber zu dieser Veränderung wird es nur dann kommen, wenn ich es als wahr akzeptiere, dass sich in der Geschichte der Welt bestimmte Dinge ereignet haben.

Als Student besuchte ich unter anderem Seminare über die Weltreligionen. Dort habe ich gelernt, dass nur der christliche Glaube mit dem Satz beginnt: „Das Allererste, was du glauben musst, ist, dass sich diese Ereignisse historisch zugetragen haben." Natürlich kennen auch die anderen Religionen Geschichten darüber, wie alles anfing, und über verschiedene Helden des jeweiligen Glaubens. Aber diese Geschichten dienen in erster Linie als Vorbilder, denen man nacheifern soll, und die große Botschaft lautet: „Wenn du so lebst und den Weg der Weisheit findest, gelangst du zu der großen Vereinigung mit dem Unendlichen."

Der christliche Glaube beginnt nicht mit dem Satz: „So und

so musst du leben“, sondern: „Das ist das, was Jesus ganz real für dich getan hat.“ Und was hat er getan? Erstens ist er für meine Sünden gestorben und begraben worden. Und zweitens wurde er am dritten Tag von den Toten auferweckt und erschien zahlreichen Augenzeugen.

Ein ahistorischer Glaube?

Wenn ich die Historizität der Kreuzigung und Auferstehung Jesu so betone, tue ich das unter anderem, um zur Vorsicht zu mahnen gegenüber einem Projekt, das vor zwei Jahrhunderten begann und das in der Schaffung eines „liberalen“ christlichen Glaubens bestand, der sich mehr den anderen Religionen anpasst.

Im frühen 19. Jahrhundert gab es eine theologische Bewegung, die versuchte, den christlichen Glauben von seinen übernatürlichen Elementen zu reinigen, um ihn mit dem modernen Lebensgefühl und Denken besser vereinbar zu machen. Für Friedrich Schleiermacher ging es beim Glauben nicht um historische Ereignisse, sondern vielmehr um das innere Bewusstsein der „schlechthinnigen Abhängigkeit“ von Gott. Albrecht Ritschl lehrte, dass man nicht mehr an Wunder glauben könne und dass wir folglich die Texte über die Jungfrauengeburt Jesu, seinen Kreuzestod und seine Auferstehung nicht als Berichte über historische Begebenheiten zu lesen hätten, sondern als Legenden, Bilder und Beispiele dafür, wie man leben soll. Der Grundgedanke dieser Bewegung lautete ungefähr so: „Es gibt im Christentum viel Glauben an Übernatürliches und an Wunder. Moderne Menschen können nicht mehr glauben, dass diese Dinge wirklich passiert sind. Wenn wir sie erreichen wollen, müssen wir diese Dinge als Erzählungen, als Mythen, interpretieren, aber als Erzählungen, die die wesentlichen Lebensprinzipien bewahren, die sich im christlichen Glauben finden."

Was machte dieses Modernisierungsprogramm mit Ostern, also der Lehre, dass Christus leibhaftig von den Toten auferstanden ist? Die neue Version lautete: „An eine buchstäbliche, physische, historisch geschehene Auferstehung können wir nicht mehr glauben. Aber wir haben doch immer noch die große *Idee* von Ostern. Lehrt uns nicht schon die Natur, dass nach dem Winter der Frühling kommt? Dass es selbst nach Katastrophen und Tod einen Neuanfang geben kann? Dass wir selbst aus den Widrigkeiten des Lebens etwas lernen können, sodass wir wachsen und neue Schritte tun können? Das ist das Prinzip von Ostern."

Ostern – nur eine „große Idee"?

Das liberale Christentum sagt uns, dass es nicht so wichtig ist, ob die Auferstehung Jesu wirklich passiert ist. Worauf es ankommt, ist, dass Christen gute, anständige Menschen sind, die die anderen lieben und die Welt zu einem besseren Ort machen. So versuchen sie, einen unhistorischen Glauben zu schaffen, der nicht in dem gründet, was *Gott* in der Geschichte getan hat, sondern nur in dem, was *wir* tun und wie wir leben. Die liberale Theologie versucht sogar, ihre Auffassung als das historische Original, das ursprüngliche Christentum darzustellen. Demnach war der historische Jesus ein bloßer Mensch, der für Gerechtigkeit und Liebe eintrat, und erst Jahrzehnte später entstanden die „Legenden" über sein Leben und erst dann wurde er als Sohn Gottes gesehen, der von den Toten auferstanden war. In dieser Jesus-Darstellung ging es bei dem ursprünglichen christlichen Glauben nicht um außergewöhnliche historische Ereignisse und Wunder, sondern schlicht um eine Ethik der Liebe.

Doch dieses liberale Narrativ ist nicht ein Update des christlichen Glaubens, sondern faktisch eine andere Religion, in der das christliche Evangelium – dass ich nicht durch das gerettet werde, was *ich* tun muss, sondern durch das, was *Gott* getan hat – verschwunden ist, sodass die erdrückende Last der Selbsterlösung, von dem das historische Evangelium uns frei macht, dem Gläubigen wieder aufgebürdet wird.

H. Richard Niebuhr hat den fundamentalen Unterschied zwischen liberaler Theologie und dem ursprünglichen christlichen Glauben so beschrieben: „Ein Gott ohne Zorn hat Menschen ohne Sünde in ein Himmelreich ohne Gericht gebracht, und all dies durch einen Christus ohne Kreuz."[1] Und, wie man hinzufügen muss, ohne Auferstehung. Das liberale Christentum, dessen Botschaft eine allgemeine Ethik der Liebe und der Hoffnung ist, hätte nie und nimmer das Leben auch nur *eines* Menschen auf den Kopf stellen können – geschweige denn die ganze römische Welt.

Die elektrisierende ursprüngliche Botschaft war, dass Gottes Kraft von außerhalb der Geschichte in unsere Welt eingebrochen ist. Jesus ist an unserer Stelle für unsere Sünden gestorben, sodass wir durch den Glauben an ihn seine Liebe erfahren und das Geschenk des ewigen Lebens empfangen. Und danach ist er auferstanden, um in unsere Geschichte die Kraft des kommenden Zeitalters zu bringen – die Kraft der zukünftigen Welt, in der alle auferstehen werden und in dem alle Tränen abgewischt werden (Hebräer 6,5; 2. Petrus 3,13; Römer 8,18-25). Weil Jesus für die Sünde am Kreuz starb und seine Auferstehung historisch geschehen ist, *darum* ist alles anders geworden. *Alles*.

In 1. Korinther 15,14 schreibt Paulus: „Und wenn Christus nicht auferstanden ist, ist es sinnlos, dass wir das Evangelium verkünden [...]." Im Griechischen steht hier für „sinnlos" das

Wort *kenos* („ohne Kraft“). Paulus sagt hier: Bloße moralische Appelle – „wir müssen etwas gegen die Ungerechtigkeit tun“ oder „Wir dürfen angesichts der Angst die Hoffnung niemals aufgeben“ –, so richtig sie sind, bleiben letztlich *ohne Kraft*, wenn es keine historische Tatsache ist, dass Jesus von den Toten auferstanden ist. Wenn er aber auferstanden ist, dann haben wir nicht nur jeden Grund der Welt, uns für das Gute einzusetzen, sondern auch die innere Kraft, dies zu tun. Wenn er aber nicht auferstanden ist, dann wird, wie uns sowohl die alten Philosophen wie die modernen Wissenschaftler versichern, die Welt eines Tages im Feuer vergehen und niemand wird mehr da sein, der sie in trauerndem Andenken hält, und nichts, das irgendjemand auf der Welt getan hat, wird letztlich irgendeine Bedeutung haben.

Das liberale Christentum verliert heute in der Bevölkerung massiv an Boden, erfreut sich aber in den modernen Medien, die es als die einzig „richtige“ Version des Glaubens betrachten, ungebrochener Beliebtheit.[2] Aber von einem nichthistorischen Glauben, für den es nichts Übernatürliches gibt, hat niemand etwas. Er hat in seinen ersten Tagen die Menschen und die Welt nicht verändert und er wird es auch heute nicht tun. John Updike hat es in seinem Gedicht „Sieben Strophen zu Ostern“ so beschrieben:

Täusche dich nicht: Wenn überhaupt, so ist Er auferstanden
als Sein Leib. Hätte nicht die Auflösung der Zellen
sich umgekehrt, hätten nicht wieder sich verstrickt
die Moleküle, die Amino-Säuren wieder sich entzündet,
dann stürzte die Kirche.
Es war nicht so wie bei den Blumen,
die jeden zarten Frühling wiederkehren;
es war nicht wie Sein Geist im Munde seiner Jünger

und in ihren trunknen Augen,
es war Sein Fleisch: das unsere.
Dieselben Zehen und derselbe Daumen, so gelenkig,
dasselbe Herz mit seinen Klappen.
das – durchbohrt – starb, verdorrte, innehielt und dann
aus ew'ger Allmacht wieder Kraft gewann,
uns zu umarmen.
Lasst uns nicht Gottes spotten mit Metaphern,
Vergleichen, Ausflüchten, mit Transzendentem,
macht dies Ereignis nicht zur Parabel, zum blassen Zeichen der
Glaubenseinfalt früh'rer Zeiten:
Durchschreiten wir die Tür.
Der Stein ward weggewälzt und kein Papiermaché,
kein legendärer Stein,
nein, der gewalt'ge Fels, der, langsam mahlend in der Zeit,
jedem von uns des Tages Helle
verdunkeln wird.
Wenn wir am Grab denn einen Engel wollen,
so lasst es einen Engel sein, der wirklich ist,
schwer von Plancks Quanten, munter mit Haar,
opak im Dämmerlicht, in echtem Linnen,
von wohlbekanntem Webstuhl.
Versuchet nicht, es weniger monströs zu machen,
nach eigenem Belieben, eignem Schönheitssinn,
sonst werden wir, erweckt in unfassbarer Stunde, vom Wunder
jäh erschreckt, und dann zermalmt uns
der Beweis der Wahrheit.[3]

Ein vernünftiger Glaube

Weil das Christentum ein historischer Glaube ist, ist es auch ein vernünftiger Glaube. 1. Korinther 15 ist bis zum Rand gefüllt mit guten Gründen für den Glauben an die Auferstehung Jesu. Viele moderne Theorien sind entwickelt worden, um die Tatsache der Auferstehung wegzuerklären, aber diese Verse haben eine Antwort für sie alle.

Auferstehung – Legende, Fake News oder Einbildung?

Eine der ältesten Theorien besagt, dass die Auferstehung Jesu eine Legende ist, die erst einige Jahrzehnte später aufkam – in einer Zeit, als sich keiner mehr an das erinnern konnte, was wirklich geschehen war. Aber der Text von 1. Korinther 15 ist selbst ein starkes Argument gegen diese Sicht. Die meisten Neutestamentler sehen heute in den Versen 3-7 nicht eine Formulierung von Paulus selber, sondern eine Bekenntnisaussage und Zusammenfassung des Evangeliums, die in den allerersten Gemeinden benutzt wurde, um zu evangelisieren und in der christlichen Lehre zu unterweisen. In diesen Versen finden sich Formulierungen („in Überstimmung mit den Aussagen der Schrift", „drei Tage danach", die „Zwölf"), die Paulus in seinen übrigen Schriften nicht benutzt. Er zitiert hier also einen ihm vorliegenden Text, wie er in Vers 3 selber sagt: Er hat diese Botschaft „empfangen" (und nicht selber geschaffen) und anschließend „weitergegeben". Also: Wir haben hier eine Zusammenfassung des Evangeliums vor uns, die zu der Zeit, wo Paulus schrieb, bereits unter den Christen des ganzen Mittelmeerraums verbreitet war. Und da er den ersten Korintherbrief ganze 15 bis 20 Jahre nach dem Tod von Jesus schrieb, können wir – so der bekannte Theologe James Dunn – „mit Sicherheit davon ausgehen", dass diese Zusammenfassung in

1. Korinther 15,3-7 „innerhalb von ein paar Monaten nach dem Tod Jesu“ formuliert wurde.[4]

Damit ist die Theorie, dass die Auferstehung Jesu eine Legende war, die erst entstand, als die Augenzeugen seines Todes gestorben waren, widerlegt. Dieser Text zeigt vielmehr, dass sehr kurze Zeit nach seinem Tod Tausende jüdischer Männer und Frauen Jesus als den Heiland und auferstandenen Herrn anbeteten (Apostelgeschichte 2,14). Anders als die Römer glaubten die Juden „nicht daran, dass ein Mensch Gott werden könne“. Und dass Gott einen Sohn haben konnte und dass dieser an einem Kreuz verrecken könnte, „solche Behauptungen waren so haarsträubend wie, für die meisten Juden, abstoßend. […] Das war nicht nur Blasphemie, das war Wahnsinn.“[5] Eine zusehends wachsende Bewegung von Juden, die einen Menschen als den Sohn Gottes verehrten, das hatte es noch nie gegeben. Und dies geschah unmittelbar nach dem Tod Jesu. Etwas Unerhörtes musste geschehen sein, dass so etwas möglich war, und was konnte das gewesen sein, wenn nicht die Auferstehung?

Paulus zitiert auch, dass Jesus „drei Tage danach“ auferstand. Dies widerlegt eine zweite beliebte Theorie: dass die ersten Jünger Jesu den auferstandenen Christus nicht leiblich vor sich sahen, sondern lediglich seine bleibende Gegenwart in ihren Herzen spürten. Der „dritte Tag“ zeigt uns, dass die Auferweckung Jesu ein reales, zeitlich exakt zu bestimmendes Ereignis war.

Paulus berichtet dann ausführlich, dass der auferstandene Jesus „sich zunächst Petrus“ zeigte „und dann dem ganzen Kreis der Zwölf. Später zeigte er sich mehr als fünfhundert von seinen Nachfolgern auf einmal; einige sind inzwischen gestorben, aber die meisten leben noch. Danach zeigte er sich Jakobus und dann allen Aposteln. Als Letztem von allen hat er sich auch mir gezeigt …“ (1. Korinther 15,5-7). Diese Liste widerspricht einer dritten beliebten Hypothese – dass die Auferstehung Jesu schlicht ein Fall von Fake-News, also Betrug, war. Das Problem dieser Theorie ist nicht nur, dass Petrus, Jakobus (der Bruder von Jesus) und Paulus selber alle angaben, den auferstandenen Christus mit ihren eigenen Augen gesehen zu haben, sondern der Auferstandene war einmal sogar fünfhundert Personen auf einmal erschienen. Es gab buchstäblich Hunderte von Augenzeugen.

Heutige Leser denken vielleicht, dass die Menschen damals leichtgläubig und abergläubig waren. Wenn jemand also behaupten wollte, der Stifter seiner Religion sei von den Toten auferstanden, müsste er nur sagen: „Er ist auferstanden, ich gebe euch mein Wort darauf." Falsch. Paulus schreibt gerade so, als ob seine Leser Beweise forderten, um solch eine Behauptung glauben zu können – so wie viele Menschen heute auch. Und so widmet er über drei Viertel seiner Zusammenfassung des Evangeliums in 1. Korinther 15 den Augenzeugen der Auferstehung. Er nennt Namen und betont, dass die meisten Zeugen noch leben, was ja so viel heißt wie: „Wenn ihr wollt, könnt ihr sie gerne selber fragen." Mit anderen Worten: Paulus ist *nicht* jemand, der sagt: „Ich kann euch keine Argumente und Begründungen bieten, auch keine Beweise. Ihr müsst es halt wagen und mir blind glauben."

Aber warum taten die Menschen in der Antike sich so schwer, an so etwas wie die Auferstehung zu glauben? Sie waren doch bestimmt weniger skeptisch als wir heute, wenn es hieß, dass ein Wunder geschehen war? Der Neutestamentler N. T. Wright legt in seinem Buch *Die Auferstehung des Sohnes Gottes* ausführlich dar, dass sowohl dem griechisch-römischen als auch dem jüdischen Denken zur Zeit Jesu die Behauptung, ein konkreter Mensch sei leiblich von den Toten auferstanden, nicht glaubwürdig erschien. Die damaligen Juden glaubten entweder überhaupt nicht an eine Auferstehung oder lediglich an eine kollektive Auferstehung der „Gerechten" am Ende der Zeit, wenn die Welt neu gemacht wurde. Sie hielten es aber für absolut unmöglich, dass ein einzelner Mensch bereits in diesem Weltzeitalter auferstand, solange all das Böse, das Leiden und Sterben noch existierte.[6] Damit ist auch der vierte Versuch, die Auferstehung Jesu wegzuerklären, widerlegt: dass die Anhänger Jesu nach seiner Kreuzigung so verzweifelt waren und sich so sehr wünschten, er lebe noch, dass sie sich die Erscheinungen des Auferstandenen einbildeten. Wright weist nach, dass dies völlig unmöglich ist. Solch eine Auferstehung war für die damaligen Juden schlicht unvorstellbar. Es brauchte das leere Grab und all die Augenzeugenberichte, um ihre tiefe Skepsis gegenüber der Botschaft von der Auferstehung Jesu zu überwinden:

> *Das eigentliche Problem ist etwas, das jeder Historiker des ersten Jahrhunderts anerkennen sollte: Was auch immer die frühen Christen erwarteten […]: Das, was ihrer Aussage zufolge nach Ostern geschah, ist nicht mit diesen Dingen vergleichbar. […] Der Grund bestand darin, dass etwas geschehen war, etwas, das in keiner Weise von ihnen erwartet oder erhofft worden war, etwas, um das herum sie ihr Leben neu aufbauen mussten […]*[7]

Belege für die Auferstehung bei Paulus

In Apostelgeschichte 26 hält Paulus eine Verteidigungsrede vor König Agrippa und dem römischen Statthalter Festus. Er spricht über Tod und Auferstehung Christi. Mittendrin ruft Festus aus: „Paulus, du bist verrückt geworden! Deine große

Gelehrsamkeit treibt dich in den Wahnsinn!" (Apostelgeschichte 26,24). Paulus' Antwort ist respektvoll, aber überraschend selbstbewusst:

> *Doch Paulus erwiderte: „Ich bin nicht verrückt, hochverehrter Festus! Was ich sage, ist wahr, und meine Worte sind vernünftig. Der König, zu dem ich so frei und offen rede, weiß sehr wohl über diese Dinge Bescheid. Ich bin überzeugt, dass ihm nichts von dem, was ich gesagt habe, unbekannt gewesen ist; schließlich hat sich das alles nicht in irgendeinem verborgenen Winkel zugetragen." (V. 25-26)*

Paulus sagt hier, dass der Glaube an die Auferstehung „vernünftig" ist – ein Ausdruck, der sorgfältiges, rationales Denken meint. Er stellt nicht bloße Behauptungen auf, sondern bringt nachvollziehbare Argumente. Er kann Agrippa daran erinnern, dass er selbst die Fakten kennt: der Tod von Jesus, das leere Grab und die Berichte der Augenzeugen der Auferstehung, denn diese Dinge haben sich „nicht in irgendeinem verborgenen Winkel zugetragen", sondern sind öffentlich bekannt; Paulus kann das, was er sagt, *belegen.*

In 1. Korinther 15 tut Paulus das, was er für Agrippa und Festus tat, für alle, die diesen Brief gegenwärtig oder in der Zukunft lesen werden. Er bietet zwei Hauptbelege für die Auferstehung Jesu.

Erstens: Das Grab war leer. In der von Paulus zitierten Bekenntnisformel in 1. Korinther 15,3-7 heißt es nicht nur, dass Jesus starb, sondern auch, dass er „begraben" wurde. Dieses Detail ist eigentlich überflüssig – es sei denn, es soll betonen, dass die Auferstehung kein „spirituelles" Ereignis war, sondern dass der Leichnam tatsächlich fort war und das Grab leer.[8] Die Tatsache des leeren Grabes wird von den meisten Experten bejaht, sogar von denen, die an die Auferstehung an sich nicht glauben. Die Juden legten größten Wert darauf, ihre Toten zu begraben und die Leichen nicht einfach irgendwo verrotten zu lassen.[9] Und das ganze 15. Kapitel des 1. Korintherbriefs, einschließlich dieses frühen Resümees des Evangeliums, zeigt uns, dass schon die allerersten Christen die Auferstehung Jesu von den Toten glaubten und verkündeten. Es ist „schwer vorstellbar, dass sich der Glaube an einen auferstandenen Jesus weiterverbreitet hätte, wenn man einfach auf das Grab hätte verweisen können, in dem er immer noch lag".[10]

Der zweite Hauptbeleg ist die große Zahl der Augenzeugen, die in verschiedensten Situationen dem auferstandenen Jesus begegnet waren. Wir reden hier nicht von einer einmaligen Begegnung und auch nicht von mehreren Begegnungen, die alle an einem einsamen Ort stattgefunden hätten, wo sie vielleicht hätten inszeniert werden können:

> *Der auferstandene Jesus soll in Judäa [Mt 28,9; Lk 24,31.36] und in Galiläa [Mt 28,16-20; Joh 21,1-23], in Städten [Lk 24,36] und auf dem Land [Lk 24,15], in Häusern [Lk 24,36] und draußen [Mt 28,9.16; Lk 24,15; Joh 21,1-23], morgens [Joh 21,1-23] und abends [Lk 24,29.36; Joh 20,19], mit Ankündigung [Mt 28,16] und ohne [Mt 28,9; Lk 24,15.34.36; Joh 21,1-23], nah [Mt 28,9; Lk 24,15.36; Joh 21,9-23] und fern [Joh 21,4-8], auf einem Hügel [Mt 28,16] und bei einem See [Joh 21,4], bei Gruppen von Männern [Joh 21,2; 1. Kor 15,5.7] und Frauen [Mt 28,9], bei Einzelpersonen [Lk 24,34; 1. Kor 15,5.7-8] und Gruppen mit bis zu 500 Leuten [1. Kor 15,6], sitzend [in Joh 21,15 impliziert], stehend [Joh 21,4], gehend [Lk 24,15; Joh 21,20-22], essend [Lk 24,43; Joh 21,15] und immer sprechend [Mt 28,9-10.18-20; Lk 24,17-30.36-49; Joh 20,15-*

17.19-29; 21,6-22] erschienen sein. Viele Erscheinungen sind ausdrücklich Begegnungen von Angesicht zu Angesicht, bei denen miteinander gesprochen wird. Diese Erscheinungsmuster in den Evangelien und den frühchristlichen Briefen sind nur schwer vorstellbar, wenn es nicht eine Vielzahl von Personen gab, die behaupteten, Jesus als von den Toten auferstanden gesehen zu haben.[11]

Viele haben versucht, diese Augenzeugenberichte wegzuerklären. Die häufigste Theorie ist, dass die Verfasser des Neuen Testaments sie schlicht erfunden haben. Aber hier schreibt Paulus in einem gut bezeugten, frühen Text, dass die meisten der Augenzeugen noch leben, sodass man sie selber fragen kann – eine Aussage, die unmöglich wäre, wenn es die Zeugen gar nicht gäbe. Es ist auch oft darauf hingewiesen worden, dass laut den Evangelien die allerersten Zeugen der Auferstehung Frauen waren. Da in der damaligen patriarchalischen Kultur Frauen vor Gericht nicht als Zeugen zugelassen waren,[12] gibt es keinen plausiblen Grund, warum die Evangelisten sich diesen Bericht ausgedacht haben sollten. Die einzige historisch plausible Erklärung, warum die Frauen als Augenzeugen des Auferstandenen erwähnt werden, ist, dass sie es wirklich waren.

Wunschdenken, Halluzinationen oder ekstatische Visionen?

Wie bereits erwähnt, gibt es Stimmen, die die Erscheinungen des Auferstandenen als Wunschdenken, Halluzinationen oder ekstatische Visionen der Zeugen erklären. Doch die ganz unterschiedlichen Zeitpunkte und Umstände der Begegnungen machen dies höchst unwahrscheinlich. Wie konnten zum Beispiel fünfhundert Personen auf einmal dieselbe Halluzination haben?[13] Und, wie N. T. Wright argumentiert, die jüdische Weltsicht machte es undenkbar, dass ein

Einzelner mitten in der Geschichte der Menschheit auferweckt werden konnte. Weder wären die Jünger Jesu auf die Idee gekommen, so etwas zu erfinden, noch wäre anzunehmen, dass andere Juden es ihnen geglaubt hätten. Es brauchte ganz außerordentliche, unwiderlegbare Beweise, um einen Juden des 1. Jahrhunderts dazu zu bringen, alles, was er gelernt hatte, über den Haufen zu werfen und zu glauben, dass Jesus der auferstandene Sohn Gottes sei. Und 1. Korinther 15 liefert genau diese Beweise.

Wir stehen also vor zwei nicht gut zu widerlegenden Tatsachen: dass das Grab Jesu leer war und dass Hunderte von Personen angaben, den auferstandenen Christus gesehen zu haben. Hätten wir nur das leere Grab, könnte man plausibel behaupten, dass jemand den Leichnam gestohlen hatte. Hätten wir nur die Berichte der Augenzeugen, könnten wir behaupten, dass sie sich alles nur eingebildet hatten. Doch zusammengenommen zeigen uns die beiden Befunde, dass hier etwas Außergewöhnliches geschehen sein musste. N. T. Wright schreibt, dass wir, wenn wir eine Auferstehung ausschließen, vor der höchst schwierigen Aufgabe stehen, eine historisch mögliche Alternativerklärung für das leere Grab und die Augenzeugenberichte sowie für die Entstehung der Kirche zu finden. Er schreibt:

> *Die frühen Christen haben das leere Grab und die „Begegnungen" oder „Erscheinungen" des auferstandenen Jesus nicht erfunden […] Niemand hatte diese Dinge erwartet; keine irgendwie geartete Bekehrungserfahrung hätte solche Vorstellungen hervorgebracht; niemand hätte dies erfunden, egal, wie schuldig (oder vergeben) er oder sie sich gefühlt haben mag; egal auch, wie viele Stunden man über den Schriften gebrütet hätte. Der Vorschlag des Gegenteils heißt aufzu-*

hören, Geschichte zu treiben, und in eine eigene Fantasiewelt abzudriften [...][14]

Belege für die Auferstehung in den Evangelien

Zu diesen beiden fundamentalsten Belegen für die Auferstehung Jesu kommt nun ein dritter, den ich schon in der Einleitung angedeutet habe und der sich aus den Auferstehungsberichten der Evangelien selber ergibt. Wir könnten ihn „die Fremdheit des auferstandenen Jesus“ nennen. In seinen Gifford-Vorlesungen erwähnt John Polkinghorne die erstaunlichen Schwierigkeiten, die die ersten Augenzeugen hatten, den auferstandenen Christus zu erkennen: Wenn jemand damals (oder auch heute) eine Story über einen Auferstandenen frei erfunden hätte, hätte er eine der beiden gängigen Vorstellungen über aus dem Tod Zurückgekehrte aufgegriffen; er hätte die auferstandene Person entweder als „leuchtende himmlische Gestalt“ oder als „wiederbelebte Leiche“ dargestellt.[15] N. T. Wright sieht dies genauso. In der jüdischen Apokalyptik gab es Geschichten über „Visionen einer Gestalt in blendendem Licht oder mit greller Ausstrahlung oder in Wolken gehüllt“[16]. Daniel 12,2-3 lässt die am Ende der Zeiten auferweckten Gerechten „leuchten wie des Himmels Glanz“[17], und als König Saul mit dem Geist des verstorbenen Propheten Samuel spricht, erscheint dieser als „Geist“, der aus der Erde heraufsteigt (1. Samuel 28,13[18]). Wenn die jüdischen Evangelisten die Auferstehung Jesu erfunden hätten, hätten sie sich an diese Vorbilder gehalten und ihn entweder als blendend hell oder als furchterregenden Geist dargestellt. Doch der auferstandene Jesus in den Evangelien sieht völlig undramatisch aus – „als ein Mensch unter Menschen“.[19]

Die „Fremdheit des auferstandenen Jesus“

Wenn die Evangelisten sich den auferstandenen Jesus nicht als göttlich verwandelt bzw. als Geist, sondern als lediglich wiederbelebt vorgestellt hätten (wie vor ihm Lazarus), dann hätte er, so Polkinghornes weitere Argumentation, exakt so ausgesehen wie vor seinem Tod. Niemand scheint Probleme gehabt zu haben, Lazarus nach seiner Auferweckung prompt wiederzuerkennen (vgl. Johannes 11). Doch in den Auferstehungsberichten der Evangelien sieht Jesus „anders" aus, sodass die Jünger ihn nicht auf Anhieb wiedererkennen. Man kann sich das vielleicht so ähnlich vorstellen wie die zufällige Begegnung mit einem alten Freund aus der Kindheit, den ich seit dreißig Jahren nicht mehr gesehen habe. Erst bei genauerem Hinsehen erkenne ich ihn wieder. Jesus hat einen Auferstehungsleib, der definitiv menschlich aussieht, ja an seinen irdischen Leib erinnert (er hat zum Beispiel die Narben von den Kreuzigungswunden, Johannes 20,27), aber der gleichzeitig irgendwie verwandelt ist.

Wright spricht von der „Transphysikalität" des Auferstehungsleibes Jesu.[20] Man kann ihn anfassen, er isst Fisch (Lukas 24,36-43) – aber gleich zwei Mal heißt es, dass er durch verschlossene Türen geht (Johannes 20,19.26). Jesus ist weder ein Geist noch eine strahlende Himmelserscheinung, er hat aber auch keinen „normalen", lediglich wiederbelebten Leib. Es gab in der gesamten jüdischen und griechisch-römischen Literatur nichts, was die Evangelisten hierfür als Vorlage hätten benutzen können. Wir haben hier eine neue Kategorie vor uns, ein ganz neues Konzept, das weit entfernt ist von allem, was es bisher in einer Religion oder einer Kultur gab. Es war eine völlig neue Art, sich Körper und Geist vorzustellen.

Wright und Polkinghorne halten es beide für extrem unwahrscheinlich, dass jemand, der erfundene Geschichten über die Auferstehung schrieb, den auferstandenen Christus so dargestellt hätte. Das kann sich in dieser Form niemand ausgedacht haben. Polkinghorne kommt zu dem Schluss: „Für frei erfundene Erzählungen wäre dies ein mehr als merkwürdiges Motiv. Ich habe den Eindruck, dass wir hier ganz im Gegenteil vor dem Kern einer echten historischen Erinnerung stehen."[21]

Und schließlich finden wir einen vierten Beleg für die Auferstehung in der Geschichte der frühen Kirche. N. T. Wright analysiert die Unerklärbarkeit des Auferstehungsglaubens der frühen Kirche. Der moderne Mensch glaubt, dass die Menschen der Antike Auferstehungen von den Toten für möglich hielten, „während wir heute nach zweihundert Jahren naturwissenschaftlicher Forschung wissen, dass Tote tot bleiben." Doch diese moderne Sicht auf die Menschen der Antike ist, so Wright weiter, „absurd". Denn: „Im antiken Heidentum kursierten die unterschiedlichsten Theorien; wenn es allerdings um die Auferstehung ging, bestand die Antwort aus einer entschiedenen Verneinung: Wir wissen, dass so etwas nicht passiert." Wright weiter: „Die [historische] Beweislage war erdrückend [...] und die daraus gezogenen Schlüsse waren ebenso universal wie heute."[22]

Und wie war das im Judentum? Wright schreibt, dass die Mehrheit der Juden des 1. Jahrhunderts an eine leibliche Auferweckung der Gerechten am Ende der Zeit glaubte. Diese jüdische Auferstehungshoffnung erfuhr unter den Christen fast über Nacht „einige bemerkenswerte Modifikationen oder Mutationen".[23] Anders als im Judentum, das verschiedene Auffassungen zur Auferstehung kannte (darunter auch solche, die dem Glauben daran skeptisch gegenüberstanden), glaubten *alle* Christen von der ersten Stunde an an die Auferstehung und sie stand im Zentrum ihres Glaubens. Im Judentum hatte man spekuliert, dass die vom Tod Auferweckten einen wiederbelebten, im Wesentlichen unveränderten Körper hätten. Die Christen glaubten, wie wir schon sahen, dass der Auferstehungsleib ein physischer Leib sein würde, der aber verschiedene neue Eigenschaften und Fähigkeiten hätte. Das Judentum lehrte ferner, dass die Auferstehung nur als allgemeine Auferstehung am Ende der Geschichte stattfinden würde, während die Christen glaubten, dass sie bereits mitten in der Geschichte an einem Menschen geschehen war. Und schließlich konnte sich kein Jude vorstellen, dass der Messias sterben und wieder auferstehen würde. Oder dass ein Mensch der Sohn Gottes sein konnte. Aber die ersten Christen, von denen die meisten Juden waren, glaubten genau dies.[24]

Der unmögliche Glaube an einen gestorbenen Messias

Wir sehen: Der Glaube der frühen Kirche an die Auferstehung war in der Geschichte der Kultur und des Denkens der Menschheit etwas radikal Neues. Und dieser neue Glaube setzte sich nicht erst nach langen Diskussionen durch; er war sofort da. Wright schreibt: „Und diese Mutationen sind so auffallend und geschahen darüber hinaus in einem Bereich der menschlichen Erfahrung, in dem Gesellschaften in eine sehr konservative Richtung tendieren, dass sie den Historiker […] mit der Frage konfrontieren: ‚Warum sind sie geschehen?'"[25] Der Historiker, der sich dieser Frage stellt, tut sich schwer, eine plausible Erklärung zu finden für diesen urplötzlichen Bruch der Christen mit allen anderen Glaubensrichtungen, einschließlich der, in der sie selber aufgewachsen waren. Wright kommt zu dem Schluss, dass es „unmöglich [ist], ohne die Auferstehung den frühchristlichen Glauben an Jesus als den Messias zu erklären".[26]

Können wir wissen, dass die Auferstehung tatsächlich geschehen ist?

Ist all dies der zweifelsfreie *Beweis* dafür, dass die Auferstehung Jesu eine Tatsache ist? Wright und andere weisen darauf hin, dass keine geschichtliche Tatsache in dem Sinn empirisch bewiesen werden kann, wie man etwas in einem Labor nachweist. Wir können die Tatsache, dass William der Eroberer 1066 in England einfiel, nicht auf dieselbe Art „wissen“ wie die Tatsache, dass eine chemische Verbindung X bei einer Temperatur Y flüssig wird. Aber wir können durchaus sagen, dass wir wissen, dass etwas historisch geschehen ist, wenn es starke historische Belege dafür gibt.

Wie ist es hier mit der Auferstehung? Wenn wir einen Historiker bitten, uns zu sagen, wie er sich die rasche Entwicklung dieser neuen Sicht von der Auferstehung und das explosive Wachstum der jungen Kirche erklärt, muss er historisch antworten. Und wenn er aufgrund seiner philosophischen Vorannahmen nicht an Wunder glaubt, muss er eine alternative Erklärung finden, die ebenfalls historisch plausibel ist – und das, so Wright, ist alles andere als leicht. „Während zweitausend Jahren hochmütigem Skeptizismus gegenüber dem christlichen Zeugnis wurde keine andere Erklärung geliefert, die zufriedenstellend erläutert, warum das Grab leer war, wie die Jünger Jesus gesehen haben, und weshalb ihr Leben und ihre Vorstellungswelt transformiert wurden.“[27]

Das bedeutet einerseits, dass die menschliche Vernunft alleine uns nicht zwingen kann, an die Auferstehung zu glauben. Man kann so ziemlich jedes historische Ereignis bezweifeln. Doch andererseits ist deutlich, dass der Glaube an die Auferstehung Christi *kein* blinder Sprung des Glaubens ist; die Auferstehung hat sozusagen einen gewaltigen Fußabdruck in der

Geschichte hinterlassen. Und darum gilt, dass sie „sowohl die Historiker als auch die Naturwissenschaftler in Bezug auf ihre allgemeine Weltsicht vor dieselbe Art von Herausforderung stellt."[28] Der Glaube an die Auferstehung ist kein blinder Glaube, der den menschlichen Verstand verneint; vielmehr gilt, dass er „das, was wir Geschichte, und das, was wir Naturwissenschaften nennen, *sowohl transzendiert als auch mit einschließt*".[29]

Ein gewaltiger Fußabdruck in der Geschichte

Fast nichts Wesentliches, worauf wir unser Leben gründen, kann wie in einem Experiment „bewiesen" werden. Unsere ethischen Werte, unsere Annahmen über das Wesen des Menschen, unser Glaube, ob das Universum von selber entstanden oder durch Gott erschaffen ist – alle diese fundamentalen Annahmen über die Realität entstehen durch eine Kombination aus Nachdenken, Faktenprüfung und Glauben.[30] Können wir zum Beispiel *wissen*, dass alle Menschen die gleiche Würde und die gleichen Grundrechte haben? Obwohl vieles für diese Annahme spricht, ist es unmöglich, die Menschenrechte wissenschaftlich so zu beweisen, dass auch der letzte Skeptiker sich überzeugen lässt. Und können wir *wissen*, dass die Auferstehung tatsächlich geschehen ist? Selbst wenn wir aufgrund unseres Verstandes zu der Überzeugung kommen, dass es sehr wahrscheinlich ist, dass Jesus tatsächlich auferstanden ist, braucht es immer noch Glauben, um ein Christ zu werden.[31]

Ein Glaube, der in Gnade gründet

Paulus betont also die historische und rationale Seite des christlichen Glaubens, doch für ihn ist das bloße Für-wahr-Halten von Lehren und Prinzipien nicht ausreichend. Wir müssen uns diese Wahrheiten persönlich aneignen und dies geschieht durch den Glauben. An die Auferstehung zu glauben oder nicht zu glauben ist nie ein bloß intellektueller Prozess. Wir sind keine Computer; wir sind Menschen aus Fleisch und Blut, und wenn wir mit der Behauptung der Auferstehung konfrontiert werden, reagieren wir darauf nicht bloß mit logischen Überlegungen, sondern mit den Hoffnungen und Ängsten und Überzeugungen eines ganzen Lebens. Und niemals werden wir die Auferstehung als Tatsache bejahen, solange wir nicht erkennen, wie sehr wir Gottes Gnade brauchen.

Und deswegen berichtet Paulus gleich im Anschluss an die Bekenntnisformel in 1. Korinther 15,3-8, wie diese Wahrheiten ihn persönlich verändert haben:

> *Ja, ich bin der unwürdigste von allen Aposteln. Eigentlich verdiene ich es überhaupt nicht, ein Apostel zu sein, denn ich habe die Gemeinde Gottes verfolgt. Dass ich trotzdem ein Apostel geworden bin, verdanke ich ausschließlich der Gnade Gottes. Und dass Gott mir seine Gnade erwiesen hat, ist nicht vergeblich gewesen. Keiner von allen anderen Aposteln hat so viel gearbeitet wie ich. Aber wie ich schon sagte: Nicht mir verdanke ich das Erreichte, sondern der Gnade Gottes, die mit mir war. (1. Korinther 15,9-10)*

Was war es, das Paulus zu einem komplett anderen Menschen gemacht hatte? Drei Mal benutzt er hier das Wort *Gnade*. Der Mann, der vorher als Saulus bekannt war, kam nicht auf die Idee, dass er Gottes Gnade und Vergebung brauchte. Er war ein größerer Eiferer für die Wahrheit und für Gott als alle anderen Menschen, die er kannte (Philipper 3,6), aber als ihn dann das Leben demütig machte und er seine Fehler und Unzulänglichkeiten erkannte und merkte, dass er Gottes Gnade brauchte, wurde er offen für Aussagen und Wahrheiten, für die er bisher verschlossen gewesen war.

Die meisten von uns halten sich, bevor sie Christen werden, ebenfalls für ehrliche Wahrheitssucher. Wir finden, dass wir doch eigentlich ganz anständige Menschen sind. Aber die meisten Christen blicken, wie Paulus, auf ihr früheres Leben zurück und merken dann, dass sie niemals wirklich ehrliche Wahrheitssucher gewesen waren. Sie hatten eine Wahrheit und einen Gott gesucht, die ihrem Wunsch entsprochen hätten, selber die Herren ihres Lebens zu bleiben. Aber Gott ist ihnen nachgegangen, hat sie gefunden und ihnen in seiner Gnade die Augen geöffnet für ihre Blindheit und ihr unberechtigtes Misstrauen ihm gegenüber.

Genauso erging es Paulus. Er glaubte, genau zu wissen, wer Gott war und wer Jesus war, und lag voll daneben. 1992 kam der Film *Hero* heraus (deutsch: *Ein ganz normaler Held)*, mit Dustin Hoffman in der Hauptrolle. Hoffman spielt Bernie LaPlante, der unter Einsatz seines Lebens 55 Menschen aus einem brennenden Flugzeugwrack rettet. Der Rest des Films dreht sich darum, dass er ein so wenig heldenhafter, wenig beeindruckender Charakter ist, dass niemand glaubt, dass er der große Retter war. Also suchen die Leute sich einen fotogeneren, attraktiveren Mann und bilden sich ein, dass *er* es war. Jeder, der Bernie LaPlante kennt, sagt, dass er unmöglich so etwas gemacht haben kann. Diese Menschen glaubten, LaPlante zu kennen, aber sie kannten ihn nicht. Sie ließen sich von Äußerlichkeiten blenden und hatten kein Auge für wahres Heldentum.

Paulus war (wie wir alle) geistlich blind. Er bildete sich ein, dass er sich selber erlösen könne und dass Gott ihn wegen seines Eifers und seiner Gerechtigkeit segnen müsse. Und er war überzeugt, dass Jesus – dieser ungebildete, arbeitslose Zimmermann und Wanderprediger, der einen Verbrechertod gestorben war –

doch wohl kein Erlöser gewesen sein konnte. Und ebenso wenig hatte er von den Toten auferstehen können. Paulus lag nicht nur völlig daneben – im Rückblick erkannte er, dass er einen Gott *gewollt* hatte, den er manipulieren konnte. Und er hatte *gewollt*, dass Jesus ein Irrlehrer war, denn so konnte er selber der Chef seines Lebens sein. Er war kein ehrlicher Wahrheitssucher gewesen. Er hatte Gottes Gericht und Zorn verdient.

Kein ehrlicher Wahrheitssucher

Doch stattdessen stellte sich Gott ihm in den Weg, vergab ihm und machte ihn zum Apostel! So spektakulär diese Lebenswende auch war – Paulus erklärt, dass wir uns letztlich alle in der gleichen geistigen Grundverfassung befinden wie er seinerzeit. Im Römerbrief schreibt er:

> *Keiner ist gerecht, auch nicht einer. Keiner ist klug, keiner fragt nach Gott. Alle sind vom richtigen Weg abgewichen, keinen Einzigen kann Gott noch gebrauchen. Keiner handelt so, wie es gut wäre, nicht ein Einziger. (Römer 3,10-12)*

Mit dem Satz „Keiner ist gerecht“ meint Paulus nicht, dass es nicht Millionen Menschen gibt, die (gerade so wie er selber) ihr Leben „anständig“ führen, sehr wohl aber, dass diese Menschen nicht den wahren Gott suchen. Solange wir nicht unsere geistliche Blindheit und unsere Erlösungsbedürftigkeit eingesehen haben, leben wir, wie einst Paulus, unser „anständiges“ Leben eigentlich vor allem für uns selber. Wir wollen selber Herr über unser Leben sein und tun dies mit verzerrten Ansichten über Gott, die wir aus unserem Eigeninteresse entwickelt haben.

Paulus erkannte durch eine visuelle Begegnung mit Jesus, dass sein Gottes- und Weltbild völlig verkehrt gewesen waren. Für uns heute gibt es andere Wege, von der Realität überwältigt zu werden.

So etwas wie die COVID-19-Pandemie im Jahr 2020 hatten moderne Menschen mit ihrer Wissenschafts- und Technologiegläubigkeit sich vorher nicht vorstellen können. Sie brachte auf eine Art, die wir nicht mehr für möglich gehalten hatten, den Tod an unsere Türen. Die Reaktionen fielen unterschiedlich aus. Da gab es die, die jegliche Vorsichtsmaßnahmen ablehnten, um ihre Furchtlosigkeit zu beweisen und ihre Freiheit zu betonen. Andere haben sich, ohne Rücksicht auf andere, nur noch um ihren Selbstschutz gekümmert. Es gab heftige Auseinandersetzungen zwischen Eltern und Lehrern, ob die Schulen wieder geöffnet werden sollten oder nicht. Jede Seite beschuldigte die andere, sich selbst auf Kosten des Lebens anderer Menschen schützen zu wollen. Während der Krise boten viele Kirchengemeinden ihre Gottesdienste online an und zu ihrem Erstaunen überstieg die Zahl der Aufrufe die der eigenen Mitglieder. Das bedeutete, dass da Menschen in die Gottesdienste „hineinschauten", die bislang kein Interesse an geistlichen Angeboten gezeigt hatten. Was wir in solchen Krisenzeiten alle brauchen, ist der Glaube an die Auferstehung.

1527 wütete eine Pestepidemie in Europa und Martin Luthers Landesherr, Kurfürst Johann der Beständige, wies ihn an, Wittenberg zu verlassen, um sein Leben zu retten. Doch Luther blieb, kümmerte sich um die Kranken und Sterbenden und richtete in seinem eigenen Haus eine Art Notkrankenhaus ein. In dieser Situation verfasste Luther die Schrift *Ob man vor dem Sterben fliehen möge*. Sein Urteil über diese Frage ist bemerkenswert ausgewogen, aber vor allem getragen von der Furchtlosigkeit angesichts des Todes. Luther beginnt mit dem Hinweis, dass manche Christen glauben, die Stadt verlassen zu müssen, während andere bewusst in ihr bleiben. Für Luther kann beides richtig sein.

Einerseits gilt für Luther: „Denn Sterben und Tod zu fliehen und das Leben zu retten ist natürlich, von Gott eingepflanzt und nicht verboten, wo es nicht wider Gott und den Nächsten ist […].“[32] Luther hält es für ein Zeichen von Stolz und Leichtsinn, sein Leben ohne Not aufs Spiel zu setzen, um damit zu zeigen, dass man keine Angst hat. Mein Leben gehört ja nicht mir, sondern Gott, und jedes Leben ist kostbar. Die Bibel sieht Quarantänemaßnahmen für Aussätzige vor (3. Mose 13–14), sodass es nicht richtig ist, sich Vorsorgemaßnahmen gegen die weitere Ausbreitung der Krankheit zu verweigern. Es ist richtig und gut, Abstand zu halten und alles zu tun, um mein Leben und das meiner Mitmenschen zu schützen.[33]

Luther: Verantwortung in der Zeit der Pest

Doch andererseits gibt es Situationen, wo ein Christ, der vor der Pest flieht, andere schutzlos zurücklässt; dann hat er aus dem gleichen Grund (der unendlichen Kostbarkeit des menschlichen Lebens) zu bleiben. „Nun will Christus (aber) seine Schwachen nicht [durch die Starken] verworfen haben […]“[34] Wenn die Kranken in meinem Haus, meiner Nachbarschaft oder meiner Stadt durch mein Fortgehen nicht mehr genügend Hilfe bekommen, dann muss ich bleiben. Aber auch Geistliche, Bürgermeister, Richter und dergleichen müssen an ihrem Posten bleiben. Luther wusste, was für ein Chaos in einer Stadt ausbrechen kann, wenn die Verantwortlichen sich absetzen, um ihre eigene Haut zu retten. „Denn es ist eine sehr große Sünde, eine ganze Gemeinde […] so ohne Haupt und Regiment sitzen zu lassen, in aller Gefahr, als da ist Feuer, Mörder, Aufruhr und allerlei Unfall […]“[35]. Alles in allem findet Luther, dass es ebenso richtig wie falsch sein kann, vor der Pest zu fliehen; hier muss jeder seine eigene Situation genau prüfen und darf nicht die anderen wegen ihrer Entscheidung verurteilen. Luthers Rat unterscheidet sich wohltuend von der Kombination aus Panik, Leichtsinn und ständigen Vorwürfen, die wir in unserer eigenen Welt während der COVID-Pandemie erlebt haben.

Das Fundament von Luthers bemerkenswert besonnener und realistischer Reaktion auf die Pest war seine totale Furchtlosigkeit gegenüber dem Tod. Die Angst vor dem Tod kann mich zu beidem verleiten: Ich kann, um damit meine Angst zu verdrängen, lautstark im Namen meiner Freiheit gegen die Sicherheitsmaßnahmen protestieren oder im Gegenteil mich panikgetrieben ganz von ihnen bestimmen lassen. Wenn ich aber die Angst besiegt habe, kann ich objektiver die entscheidende Frage stellen: Was ist in meiner Situation das Liebevollste? Und dann kann ich dieses Liebevollste tun.

Luther erklärt auch, woher die Furchtlosigkeit gegenüber dem Tod kommt: Durch den Tod von Jesus und seine Auferstehung macht das Evangelium uns frei von der eigentlichen, geistlichen Pest der Sünde und des Satans. Und dann können wir über Tod und Auferstehung regelmäßig „ehrfürchtig meditieren", wie Luther sagt.

Auferstehung: keine Angst vor dem Tod

Diese Kraft hat die Auferstehung Jesu für uns aber nur dann, wenn wir glauben, dass sie tatsächlich geschehen ist.

Im Mai 1970, als US-Präsident Richard Nixon den Vietnamkrieg durch die Entsendung von Truppen nach Kambodscha ausweitete, kam es an vielen Hochschulen der USA zu „Studentenstreiks". Ich studierte damals an der Bucknell University, wo die Studenten sich eine ganze Zeit lang auf dem zentralen Platz des Campus versammelten, wo jeder, der wollte, das Mikrofon nehmen und etwas sagen konnte. Es war eine Zeit intensiver, aber friedlicher Diskussionen und Dialoge. Ich war erst vor ein paar Monaten zum Glauben an Jesus gekommen und war einer der vielleicht zehn bis fünfzehn Christen, die mit auf diesem Platz saßen und sich fragten, wie sie sich an dem Dialog beteiligen konnten. Schließlich malte einer von uns ein Schild und stellte es am Rande der Menge auf. Den ganzen Tag lang saßen einer oder zwei von uns unter dem Schild, auf dem stand:

Die Auferstehung Jesu Christi ist intellektuell glaubwürdig und existenziell erfüllend.

Die meisten Leute ignorierten das Schild und einer oder zwei belegten uns mit Kraftausdrücken. Aber ich hatte in dieser Woche zahlreiche gute Gespräche. In dieser Situation habe ich begriffen, dass alle Gotteszweifler zwei Probleme hatten – das intellektuelle, gedankliche und das existenzielle, persönliche. Eine Studentin sagte ganz offen, dass die Beweise sie nicht interessierten, weil die Auferstehung ihr selbst dann, wenn sie geschehen sei, ziemlich egal wäre; sie brauche keinen Erlöser. Und ein Student sagte etwa Folgendes: „Ich will kein Universum, das so ist, und ich glaube auch nicht, dass es so ist."

Als Paulus dem auferstandenen Christus begegnete, war dies sowohl eine intellektuelle als auch eine existenzielle Herausforderung. Er musste nicht nur seine tief sitzenden Zweifel überwinden, dass eine Auferstehung bereits mitten während der Geschichte der Menschheit möglich war und dass solch ein Schwächling der Messias sein konnte. Er musste auch erkennen, dass seine Gerechtigkeit ungenügend war, dass er verloren war und dass nur der Tod und die Auferstehung des Sohnes Gottes ihn retten konnten. Paulus hielt sich für einen der Besten, aber erst, als er erkannte, dass er der Kleinste war (vgl. 1. Korinther 15,9), wurde er einer der Großen.

Gewissheit, dass nur die Auferstehung retten kann

Schauen wir uns das bemerkenswerte Selbstbild von Paulus an, das in dem lebendigen Vertrauen auf den Tod und die Auferstehung Christi gründete. Paulus sagt nicht, dass er früher der kleinste der Apostel war, aber jetzt der erfolgreichste ist. Er sagt auch nicht, dass er ein unwürdiger Sünder ist und daher nicht wirklich viel erreicht habe. Nein, er sagt, dass er der unwürdigste der Apostel *ist* (und der „größte aller Sünder", 1. Timotheus 1,16) und gleichzeitig sagt er, dass er als Apostel die reichste Frucht gebracht hat. So ein Selbstbild ist uns fremd. Entweder man findet sich toll oder man hat Minderwertigkeitsgefühle. Paulus gelingt es, zwei ganz unterschiedliche, aber wahre Wertungen zu verbinden: dass er nach wie vor ein sündiger Mensch ist, der es verdient hat, dass Gott ihn ablehnt, *und* dass er gleichzeitig durch die Gnade Gottes von Gott geliebt ist und viel erreicht hat. Wie kann Paulus das tun? Wie kann er sich den „größten aller Sünder" nennen und im nächsten Augenblick dem Tod ins Gesicht lachen, vor Könige treten, die sein Leben jederzeit auslöschen könnten, und an der Spitze einer Bewegung stehen, die die Welt auf den Kopf stellt?

Vielleicht denken Sie gerade: „Wenn ich mich für den größten aller Sünder hielte, ich würde einen Strick nehmen und mich aufhängen." Wenn Sie das denken, haben Sie das Evangelium noch nicht völlig verstanden. Wenn Sie glauben, dass in Jesus Christus der himmlische Vater Sie liebt und ohne Wenn und Aber annimmt, dann können Sie Ihre Sünde und Schwäche zugeben und gleichzeitig wissen, dass Gott Ihnen vergibt und Sie trotz Ihrer Sünde gebraucht. Das ist der Grund für dieses erstaunliche Selbstbild des Paulus. Es ist umwerfend und einzigartig.

Hat die Auferstehung wirklich stattgefunden? Ja. Aber Sie werden sie nur dann für sich persönlich akzeptieren können, wenn Sie sie nicht nur zu Ihrem Kopf und Ihrem Verstand reden lassen, sondern auch zu Ihrem Selbstbild und zu Ihrem Herzen.

Kapitel 2

Eine Zukunftshoffnung

Die Zeit ist gekommen, das Reich Gottes ist nahe. Kehrt um und glaubt diese gute Botschaft! (Markus 1,15)

Die Auferstehung Jesu Christi ist also eine historische Tatsache. Aber jetzt kann man natürlich fragen: „Na, und?“

Die Bibel berichtet von mehreren Totenauferweckungswundern (1. Könige 17,17-24; 2. Könige 4,32-37; 13,20-21; Matthäus 27,52-53; Markus 5,35-43; Lukas 7,11-17; Johannes 11,39-44; Apostelgeschichte 9,40; 20,9-10). Sie alle sind dramatisch, sie bewegen uns und sind Zeugnisse der Macht Gottes. Aber ist das alles? – Ein Beweis, dass Gott existiert und dass Jesus sein Sohn ist? Im ersten Kapitel habe ich darzulegen versucht, dass die Auferstehung Jesu mindestens das ist; im Rest dieses Buchs möchte ich zeigen, dass sie noch unendlich mehr ist.

Es ist unter den Christen üblich geworden zu glauben, dass allein das Kreuz uns von unseren Sünden erlöst. Die Auferstehung Jesu ist ein großes Wunder, das seine Gottessohnschaft unter Beweis stellte, aber mehr nicht. Ich bin als Student Christ geworden und rückblickend sehe ich, dass ich damals die gleiche Einstellung hatte. Ich war jederzeit bereit, die Historizität der Auferstehung zu verteidigen, aber ich sah nicht, dass sie einen Einfluss darauf hat, wie ich hier und heute lebe. Ich hatte die Feststellung des Paulus, dass Jesus „auferweckt [wurde], um uns vor Gott gerecht zu sprechen" (Römer 4,25[1]), und dass es zum Christsein dazugehört, „die Kraft, mit der Gott [Jesus] von den Toten auferweckt hat, an mir selbst zu erfahren"(Philipper 3,10), glatt überlesen. Diese beiden Verse sagen ja, dass die Auferstehung Christi für uns hier und jetzt eine Quelle des Heils, des Lebens und der Kraft ist. Aber ich hatte die ganze Größe dieser Verheißung nicht erkannt.

Erst in meinem Studium, als ich mich auf den Dienst als Pastor vorbereitete, lernte ich etwas, das ich eigentlich schon als junger Christ hätte lernen müssen. Die Auferstehung Jesu war wirklich eine wunderbare Demonstration von Gottes Macht, aber wir dürfen sie nicht als eine *Aufhebung* der natürlichen Ordnung der Welt betrachten, sondern vielmehr als den Beginn der *Wiederherstellung* dieser Ordnung, also der Welt, wie Gott sie eigentlich gedacht hatte. Die Abkehr des Menschen von Gott hat sowohl die Menschheit wie die Natur unter die Herrschaft der Sünde und des Bösen, des Chaos und der Krankheit, des Leides und des Todes gezwungen. Aber als Jesus von den Toten auferstand, war dies der erste Akt des Einbruchs von Gottes Königsmacht in diese Welt, um alle Dinge wiederherzustellen und zu heilen.

Die Auferstehung bedeutet nicht nur, dass Christen eine Hoffnung *für* die Zukunft haben, sondern dass sie eine Hoffnung haben, die *aus* der Zukunft kommt. Die sensationelle Botschaft der Bibel ist, dass Jesus, als er von den Toten auferstand, das kommende Reich Gottes in die Gegenwart hineinholte.[2] Es ist noch nicht in seiner ganzen *Fülle* da, aber *seinem Wesen nach*, und das Leben als Christ bleibt armselig, wenn wir nicht begreifen, was dadurch für uns möglich geworden ist. Und so betet Paulus für die Christen in Ephesus:

Nicht nur Hoffnung *für die* Zukunft, sondern Hoffnung *aus der* Zukunft

Er öffne euch die Augen des Herzens, damit ihr erkennt, [...] mit was für einer überwältigend großen Kraft er unter uns, den Glaubenden, am Werk ist. Es ist dieselbe gewaltige Stärke, mit der er am Werk war, als er Christus von den Toten auferweckte und ihm in der himmlischen Welt den Ehrenplatz an seiner rechten Seite gab. Damit steht Christus jetzt hoch über allen Mächten und Gewalten, hoch über allem, was Autorität besitzt und Einfluss ausübt; er herrscht über alles, was Rang und Namen hat – nicht nur in dieser Welt, sondern auch in der zukünftigen. (Epheser 1,18-21)

Die Auferstehung war der Anfang des Reiches Gottes, und wenn Gott uns „die Augen des Herzens" öffnen soll für dieses Wunderbare, das er uns geschenkt hat, müssen wir begreifen, was das Reich Gottes ist.

Die Verheißung des Reiches

In der hebräischen Bibel wird Gott als der König über alle Dinge beschrieben (Psalm 93,1; 103,19). In einem gewissen Sinne kann man durchaus sagen, dass alles im Universum unter Gottes Herrschaft steht und somit in seinem Reich ist. Doch die alttestamentlichen Propheten sprechen auch von einem künftigen Reich, das am Ende der Menschheitsgeschichte errichtet wird. Jesaja hat vorausgesagt, dass ein Nachkomme Davids kommen wird, der auf ganz besondere Weise mit Gottes Geist erfüllt ist (Jesaja 11,1-3). Er wird herrschen und nicht nur den Armen und Unterdrückten Gerechtigkeit bringen (V. 4-5), sondern auch den Völkern und Rassen Frieden und Einheit (V. 10-11). Aber die Vision spricht von noch erstaunlicheren Dingen. Unter seiner Herrschaft

[...] wird der Wolf beim Lamm wohnen und der Panther beim Böcklein lagern. Kalb und Löwe werden miteinander grasen, und ein kleiner Knabe wird sie leiten. Kuh und Bärin werden zusammen weiden, ihre Jungen beieinanderliegen, und der Löwe wird Stroh fressen wie das Rind. Und ein Säugling wird spielen am Loch der Otter, und ein kleines Kind wird seine Hand ausstrecken zur Höhle der Natter. Man wird weder Bosheit noch Schaden tun auf meinem ganzen heiligen Berge; denn das Land ist voll Erkenntnis des Herrn, wie Wasser das Meer bedeckt. (Jesaja 11,6-9[3])

Die literarische Form und die Sprache sind poetisch, aber die Botschaft ist kristallklar. Dieses Königreich wird nicht nur politischen Frieden und eine bessere Gesellschaft bringen, sondern selbst die Natur wird geheilt werden. Gewalt und Blutvergießen werden der Vergangenheit angehören und den Alterungsprozess (vgl. Jesaja 65,20), Krankheiten, sogar den Tod wird es nicht mehr geben. In einer parallelen Prophezeiung heißt es: „Er wird den Tod verschlingen auf ewig. Und Gott der Herr wird die Tränen von allen Angesichtern abwischen“ (Jesaja 25,8[4]). Dies ist die Wiederherstellung des Gartens Eden.

Gott hatte die Welt ursprünglich als Ort der vollkommenen Harmonie unter seiner Herrschaft erschaffen. Jeder Teil der Schöpfung war mit allen anderen Teilen verbunden. Es gab keine Disharmonie zwischen Leib und Seele oder zwischen unseren Gefühlen und unserem Gewissen, keine Konflikte zwischen einzelnen Menschen oder den Geschlechtern. Es gab noch nicht einmal innere Disharmonien im Körper des Menschen; er verfiel nicht durch Krankheit, Alter und Tod. Es herrschte auch vollkommene Eintracht zwischen den Menschen und den Tieren und der Umwelt. Es gab keinerlei zerbrochene Beziehungen.

Aber die Sünde – deren Wesen die Weigerung ist, Gottes königliche Autorität anzuerkennen – zerbrach die Einheit zwischen Gott und Mensch. Dies führte zum Zerbruch auch aller anderen Beziehungen und letztlich zur „Auflösung" der Schöpfung. Ab jetzt war alles in der Welt, jeder Aspekt des Lebens, der Vergänglichkeit und dem Verfall unterworfen (1. Mose 3,17-19; Römer 8,20-21). Unsere Beziehung zu Gott, zu unseren Mitmenschen, zu uns selber und zur Natur war nachhaltig beschädigt. Krieg und Verbrechen, Rassismus und Armut, Wut und Verzweiflung, Hungersnöte und Epidemien, Altern und Tod – sie alle sind das Ergebnis dieses großen Zerbruchs. Gott hat uns dazu erschaffen, unsere größte Freude in ihm zu finden, und wenn wir uns von ihm abwenden und irgendetwas anderes mehr lieben als ihn, kommt es zu Chaos und Untergang. Wo Gott nicht als der große König geehrt wird, herrschen Finsternis und Tod.

Aber die Propheten erklären hartnäckig, dass eines Tages Gott selber auf die Erde zurückkehren wird (Jesaja 40,3-5) und dass er „Wunder-Rat, Gott-Held, Ewig-Vater, Friede-Fürst" heißen wird (Jesaja 9,5-6[5]). Psalm 72 beschreibt, wie die Gegenwart des wahren Königs die ganze Schöpfung aufblühen lässt (V. 1-7). Gottes Königsherrschaft wird alle Wunden der Schöpfung heilen, die Menschheit wieder vereinen und das Ende von Verfall und Tod bringen (V. 8-14). Isaac Watts berühmtes Lied „Jesus Shall Reign", das Psalm 72 als Grundlage hat, ist ein Klassiker:

Voll Segen seine Herrschaft ist,
des Kerkers Ketten fallen ab.
Den Müden gibt er ew'ge Ruh,
die Hunger litten, werden satt.
Wo er die Kranken heilt in Kraft,
muss weg der Fluch, erstirbt der Tod.

Er schenkt den Kindern Adams mehr,
als der in Eden einst verlor.

In seinem bekanntesten Lied, dem Weihnachtslied „Freue dich, Welt“, paraphrasierte Watts den 96. Psalm. Mit kräftigen Bildern kündigt er an, dass das Königreich Christi die totale Aufhebung des Fluches bedeutet, den Gott in 3. Mose 3,18-19 auf die Erde legte („Dornen und Disteln soll er dir tragen [...] Denn Staub bist du und zum Staub kehrst du zurück“[6]):

Sünde und Leid, sie sind nicht mehr,
nicht Distel und nicht Dorn.
Er kommt, sein Segen fließt und strömt,
dass weichen muss der Fluch![7]

Das Reich Gottes bedeutet also „die Erneuerung der Welt durch das Eingreifen übernatürlicher Kräfte“.[8] Durch diese Erneuerung werden die ganze Welt und alle Bereiche des menschlichen Lebens geheilt. Vom Thron des kommenden Königs fließen neues Leben und Kraft, sodass keine Krankheit, Verfall, Armut, Makel oder Schmerz davor bestehen können.

Gegen Ende des Alten Testaments ergänzt Daniel die anderen Prophezeiungen des Reiches Gottes durch die Verheißung einer körperlichen Auferstehung zum ewigen Leben (Daniel 12,1-2). Als Jesus sich als der Messias zu erkennen gab, erwarteten also die Juden, dass dieser Messias die Welt heilen, alles Böse und Leid abschaffen und alle Gläubigen zu einem Leben der Fülle auferwecken würde – einem Leben, das nicht nur in seiner Dauer, sondern auch in seiner Qualität „ewig“ und unvorstellbar gut sein würde, befreit von dem zersetzenden Gift der Sünde.

Aber Jesus sagte seinen Zuhörern, dass das Reich Gottes

zwar nahe war (Markus 1,14-15), aber dass es nicht so kommen würde, wie die Menschen das erwarteten. Etwas Schockierenderes hätte Jesus ihnen nicht sagen können.

Gottes Reich: schon da und doch noch nicht da

Zu Jesu Zeiten hatte jeder, der an das kommende Reich Gottes glaubte, ein fest umrissenes Bild von diesem Reich: „Jetzt leben wir im Zeitalter der Sünde, des Bösen und des Todes. Aber wenn der Messias, der wahre König, kommt, wird dieses Zeitalter spurlos verschwinden und das neue Zeitalter der Königsherrschaft Gottes wird beginnen."

Schematisch kann man dies so darstellen:

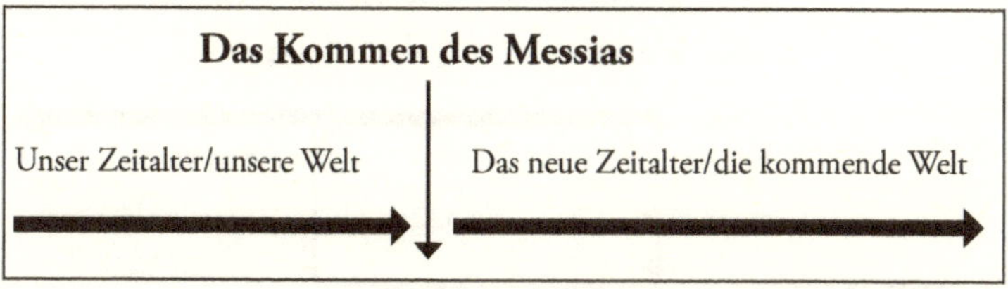

Doch Jesus hat alle diese Erwartungen. Er behauptete, dass er der von den Propheten verheißene Messias war (Lukas 4,14-20). Er lehrte, dass mit ihm das Reich Gottes gekommen war (Lukas 17,20-21). Er sagte, dass er den Neuen Bund und den Heiligen Geist brachte (vgl. Johannes 6,45 mit Jeremia 31,34 und Jesaja 54,13), dass der Glaube an ihn uns vor dem Tod rettet (Johannes 11,25-26), dass der „Exodus", durch den Gott die ganze Schöpfung aus der Sklaverei unter Tod und Vergänglichkeit befreien wird, durch ihn (Jesus) geschah (Lukas 9,31) und dass *er* den verheißenen neuen Tempel bauen würde (Johannes 2,19-21). Mit anderen Worten: Jesus erklärte bis ins letzte Detail, dass alles, was mit dem Reich Gottes zusammenhing, mit seinem ersten Kommen in die Welt begonnen hatte.

Aber … Jesus sagte genauso klar und deutlich, dass das Reich Gottes *noch nicht* in seiner ganzen Fülle da war. Er wies seine Jünger an, Gott um das Kommen dieses Reiches zu bitten (Matthäus 6,10). Er erklärte ihnen, dass sie das Reich, „das seit der Erschaffung der Welt für euch vorbereitet ist", erst am Tag des Gerichts in Besitz nehmen würden (Matthäus 25,34). Viele der Gleichnisse Jesu betonen die Unvollständigkeit bzw. Verborgenheit des Reiches Gottes. Weil es noch in der Zukunft liegt, ist es wie ein Samenkorn, das für menschliche Augen unsichtbar vor sich hin wächst, aber eines Tages zu einem großen Baum werden wird (Matthäus 13,31-33).

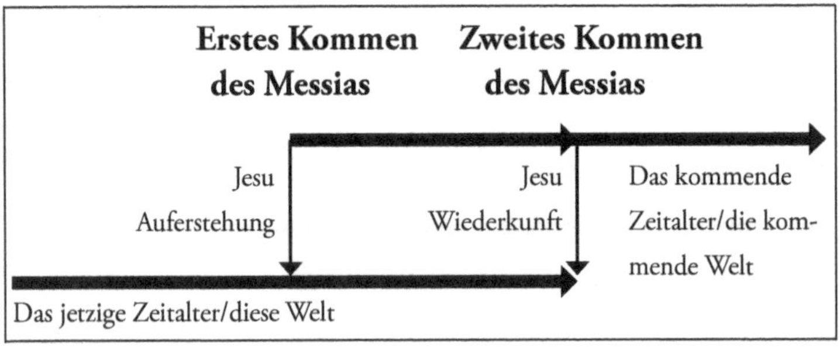

Jesus offenbarte ein ganz anderes kommendes Reich Gottes als das, was seine Zeitgenossen erwarteten.[9]

Das Reich Gottes ist schon da, aber noch nicht in seiner Fülle. Wir dürfen nicht unterschätzen, wie gegenwärtig das Reich Gottes bereits ist – aber auch nicht, wie unverwirklicht es immer noch ist und wie sehr es nur in der Zukunft existiert. Weil das Reich teilweise gegenwärtig ist, aber noch nicht ganz, können wir substanzielle Heilung erwarten – aber noch nicht die totale Heilung in allen Lebensbereichen.[10]

Dies hat weitreichende Implikationen. Wenn wir das „schon"

des Reiches zulasten des „noch nicht" betonen, werden wir rasche Lösungen für die Probleme der Welt erwarten und fassungslos vor dem Leid und den Tragödien stehen, die sich immer noch ereignen. Aber wir können auch das „noch nicht" zulasten des „schon" betonen; dann denken wir leicht: „Ich kann ja doch nichts ändern", und ziehen uns von der „bösen" Welt zurück, um uns ja nicht an ihr zu „verunreinigen". John Stott zeigt noch andere Beispiele für das „schon" und das „noch nicht" auf:

> *Erkenntnis der Wahrheit. Gott hat gesprochen. In einer Zeit, in der viele behaupten, dass niemand irgendeiner Wahrheit sicher sein kann, hat unser König uns sein Wort gegeben. Doch andererseits sollten wir uns in Demut üben, was unsere Fähigkeit angeht, dieses Wort vollkommen zu verstehen. In den Bereichen, wo Christen verschiedener Meinung sind, sollten wir weniger triumphalistisch sein. Das „noch nicht" bedeutet mehr Barmherzigkeit in nebensächlichen Dingen, mehr Demut, Dialog, Toleranz und Offenheit dort, wo es Meinungsunterschiede gibt.*
>
> *Persönliche Veränderung und Wachstum. Der Heilige Geist hat bereits in uns Wohnung genommen und ist dabei, unser gefallenes Wesen und unsere Selbstsucht zu zähmen. Zur Gegenwart des Reiches gehört es, dass wir „Anteil an seiner göttlichen Natur" bekommen (2. Petrus 1,4). Das „schon" bedeutet mehr Zuversicht, dass Menschen anders werden können, dass jede uns versklavende Gewohnheit überwunden werden kann. Doch andererseits bleibt unser gefallenes Wesen in uns und wird erst dann ganz beseitigt werden, wenn die Fülle des Reiches da ist. Wir müssen uns vor einfachen Antworten hüten und dürfen keine schnellen Lösungen erwarten. Das „noch nicht" bedeutet mehr Geduld und Verständnis gegenüber Menschen, die am wachsen sind; es bedeutet auf Ver-*

säumnisse und Fehler nicht herablassend und ungeduldig zu reagieren.

Veränderung und Wachstum in der Kirche. Die Kirche ist die Gemeinschaft des Königs. Das „schon" bedeutet die zuversichtliche Hoffnung, dass Gott durch die Gemeinde vor Ort Erweckung und Transformation bringen kann. Aber das „noch nicht" bedeutet, dass Irrtümer und Böses nie ganz aus der Kirche verschwinden werden. Wir sollten es daher vermeiden, unvollkommene Gemeinden allzu hart zu kritisieren oder bei jedem kleinen Missstand, den wir entdecken, sofort die Geduld zu verlieren und von Gemeinde zu Gemeinde zu springen, sobald wir irgendwo Fehler entdecken.

Soziale Veränderungen. Christus ist schon hier und jetzt der Herr der Geschichte (Epheser 1,22ff.). Durch seine „allgemeine Gnade" schenkt er der Welt die Institutionen der Familie und der Obrigkeit, die das Böse im Zaum halten, und er schenkt vielen Menschen starke Gewissen und Gaben der Kunst, der Führung und der Wissenschaft, um die Welt reicher zu machen. Inmitten von Schmerz und Not hat Gott Fortschritte in Gesundheitsfürsorge und Medizin, ein wachsendes Engagement für die Menschenrechte, die Abschaffung der Sklaverei, viele Schutzmaßnahmen für arbeitende Menschen usw. geschickt. Das „schon" bedeutet, dass Christen auf Gottes Macht zurückgreifen können und sollen, um soziale Verhältnisse und gesellschaftliche Gruppen zu verändern. Doch andererseits ist das Reich noch nicht in seiner Fülle da. Nach wie vor gibt es „Kriege und Kriegsgeschrei". Egoismus, Grausamkeit, Terrorismus und Unterdrückung sind nach wie vor Realitäten. Christen geben sich keinen politischen Illusionen hin und erwarten keine heile Welt. Das „noch nicht" bedeutet, dass Christen sich niemals einreden lassen, dass dieses oder jenes politische oder soziale

Programm diese Erde zu einem Ort der vollkommenen Gerechtigkeit machen wird.

Diejenigen, die ausschließlich das Noch-Nicht sehen, werden in der Regel ausgesprochene Pessimisten sein und positive Veränderungen in Menschen, der Kirche und der Gesellschaft nicht für möglich halten. Und die, die glauben, dass das Reich schon jetzt vollständig da ist, werden der Möglichkeit der Erweckung und der Transformation allzu optimistisch und naiv gegenüberstehen.[11]

Was Paulus über das Reich Gottes schreibt, findet seine perfekte Parallele in dem, was Jesus gelehrt hat. Paulus nennt Christus wiederholt den „Erstling der Entschlafenen" (1Kor 15,20) bzw. den „Erstgeborenen aus den Toten" (Kol 1,18[12]). Im Alten Testament waren die „Erstlingsfrüchte" die ersten Früchte der Ernte, die in einer Erntedankzeremonie Gott geopfert wurden. Aber der Ausdruck meinte nicht nur, dass es sich hier um eine Gabe handelte, sondern diese Gabe war gleichzeitig die „Zusicherung des Restes", also die Verheißung oder „Zusage der vollen Ernte". Was bedeutet, dass die Auferstehung Jesu nicht bloß auf unsere eigene Auferstehung vorausdeutet, sondern sie *garantiert* sie.[13]

In der Auferstehung haben wir die Präsenz der Zukunft. Die Kraft, mit der Gott am Ende der Zeiten alles Leid, alles Böse, alles Kranke und sogar den Tod vernichten wird, ist hier und jetzt in die Geschichte eingebrochen und steht jetzt(!) zur Verfügung – zwar nur partiell, aber sehr substanziell.[14] Wenn wir uns im Glauben mit dem auferstandenen Christus vereinigen, kommt diese Kraft der Zukunft, die stark genug ist, um das ganze Universum neu zu machen, in uns hinein.

Die Freiheiten des Reiches

Was bedeutet das konkret? Was schenkt Christus als der Auferstandene uns für unser Leben hier und jetzt? Der Rest dieses Buchs wird diese Frage beantworten. Aber anfangen können wir mit der Idee der Freiheit. Aus einem Reich herausgenommen und in ein anderes versetzt zu werden, wie dies bei den Christen geschieht (Kolosser 1,13), bedeutet, frei zu werden von Dingen, die uns zuvor beherrscht hatten.

Erstens: Der auferstandene Christus, der König, bringt uns Freiheit von der Angst vor Schuld und Scham. Die Auferstehung ist ein mächtiges Zeichen für unser Gewissen, dass Jesus am Kreuz die volle Strafe für unsere Sünde gezahlt hat. Sie bringt uns eine Freiheit, die das Kreuz alleine uns nicht geben könnte.

Zwei Illustrationen sind hier hilfreich. Wenn ich ein Verbrechen begangen habe, für das ich zu zwei Jahren Gefängnis verurteilt werde, komme ich für die zwei Jahre ins Gefängnis. Woran erkenne ich, dass ich meine „Schulden" gegenüber der Gesellschaft voll bezahlt habe? Daran, dass das Tor des Gefängnisses sich öffnet und ich wieder hinausgehen kann. Die Bibel sagt, dass „der Lohn, den die Sünde zahlt", also die Strafe für mein Brechen von Gottes Gesetz, „der Tod" ist (Römer 6,23). Doch Jesus hat diese Strafe, den Fluch des Gesetzes, an unserer statt auf sich genommen (Galater 3,13) und voll bezahlt. Woher wir das wissen können? Weil das Tor des Todes sich öffnete und er hinausging.

Eine zweite Illustration ist die der Quittung bzw. des Kaufbelegs. Stellen Sie sich vor, Sie erstehen in einem der oberen Stockwerke eines großen Kaufhauses irgendeinen Artikel. Und wenn Sie nun unten, am Ausgang, von einem Kaufhausdetektiv angehalten werden, der wissen will, was Sie da in der Tüte haben? Dann ziehen Sie Ihre Quittung aus der Tasche und sagen: „Bitte sehr, hier ist der Beweis, dass ich das bezahlt habe." Und dann dürfen Sie gehen. Durch die Auferstehung Jesu hat Gott auf die Geschichte und auf Ihr Leben den Stempel „bezahlt" gedrückt. Sie ist die Zusicherung, dass die Schuld der Sünde bezahlt ist.

Paulus stellt fest: „Ist Christus aber nicht auferstanden, [...] so seid ihr noch in euren Sünden" (1. Korinther 15,17[15]) – weil Christus aber auferstanden *ist*, sind wir nicht mehr „in unseren Sünden". Stattdessen sind wir, wie Paulus in seinen Briefen über hundert Mal sagt, in *ihm*, in Christus. Ihre Sünden sind durch das Blut Jesu bedeckt, und der Vater liebt Sie gerade so, wie er Jesus liebt (Johannes 17,23). Der Vater schaut Sie an – und sieht einen kostbaren Schatz, und in dem Maße, wie Sie sich dessen bewusst sind, sind Sie frei von jeglichen Schuldgefühlen für irgendetwas in Ihrer Vergangenheit. Sie sind frei von dem, was die Leute über Sie sagen. Wenn Sie diese Freiheit nicht haben, beziehen Sie Ihre Identität aus dem, was die anderen über Sie und Ihr Leben sagen, und sitzen in einer Achterbahn. An einem Tag verbringen Sie eine schlaflose Nacht, weil irgendjemand Sie herabgesetzt hat. Am folgenden Tag schweben Sie auf Wolke sieben, weil alles gut gegangen ist. Aber wenn Christus auferstanden ist und Sie an ihn glauben, sind Sie nicht mehr in Ihren Sünden.

Es zählt nicht mehr, wer Sie in der Vergangenheit waren und was Sie getan haben. Denken Sie nur an Paulus. Wie sah seine Vergangenheit aus? Er konnte sich noch an die Schreie unschuldiger Menschen wie Stephanus erinnern und sah noch den Blick in ihren Gesichtern, als sie starben (Apostelgeschichte 7). Gibt es *so etwas* in Ihrer Vergangenheit? Und selbst wenn es das gibt – Gottes Gnade ist größer. Darum kann Paulus mitten in seiner Beschreibung der Auferstehung die neue Wahrheit konstatieren, dass er nur durch Gottes Gnade das ist, was er jetzt ist (1. Korinther 15,10).

In der Auferstehung hat Gott gesagt: „Diese Bezahlung reicht aus. Für diese Dinge braucht ihr nie mehr etwas zu bezahlen. *Nie mehr.*" Verstehen Sie das? Haben Sie Ihre Quittung zur Hand? Schauen Sie auf die Auferstehung Christi und sagen Sie: „Hier sagt Gott mir, dass ich nie mehr etwas für diese Dinge bezahlen muss"? Für die, die mit Jesus Christus verbunden sind, gibt es keine Verurteilung mehr (Römer 8,1).

In der Auferstehung hat Gott gesagt: „Diese Bezahlung reicht aus."

Ob der Teufel noch so brüllt,
was Böses ich getan –
Ich kenn' es wohl, ja tausend mehr,
doch Gott sieht es nicht an.[16]

Zweitens: Weil die Auferstehung uns frei macht von Schuld und Verdammnis, macht sie uns auch frei von der Angst vor dem Tod (Hebräer 2,14-15). Der auferstandene Christus zeigt uns nicht nur, wie unsere eigenen Auferstehungsleiber einmal aussehen werden, sondern seine Auferstehung ist die Garantie und der Beweis, dass dies tatsächlich unsere Zukunft sein wird. In 1. Korinther 15,23-26 erklärt Paulus, dass Christus, als er von den Toten auferstand, seine Herrschaft antrat und dass er weiter herrschen wird, bis „er allen gottfeindlichen Mächten, Kräften und Gewalten ein Ende bereitet hat" und „Gott ihm alle seine Feinde unter die Füße gelegt hat. Der letzte Feind ist der Tod, aber auch ihm wird schließlich ein Ende bereitet" (V. 24-26). Dieser königliche Triumph über den Tod ist schon jetzt eine Realität, wenn auch nur teilweise. Wir müssen nach wie vor den körperlichen Tod erleiden, aber dieser Tod kann uns nicht mehr von Gott und seiner Welt der Liebe trennen, ja eigentlich kann er unsere Erfahrung der Liebe und Freude der Gegenwart Gottes nur noch unendlich steigern.[17] Der Dichter George Herbert nennt den Tod, der einst ein „Henker" war, nur noch einen „Gärtner", einen „Lotsen" unserer Seelen, der diese „hinter die fernsten Sterne und Pole" geleitet.[18] Und am Ende der Zeit, wenn das Reich vollends da ist, wird der Tod vernichtet werden. Bis es so weit ist, sind ihm für die, die an Christus glauben, gleichsam die Zähne gezogen. Er kann uns nicht mehr von Gottes Liebe trennen. Im Gegenteil: Er kann uns nur mehr Liebe bringen, als wir uns je vorstellen konnten.

Drittens befreien der Tod und die Auferstehung Jesu uns von anderen „Mächten", die uns gerne versklaven möchten. In Kolosser 2,14-15 schreibt Paulus:

> *Den Schuldschein, der auf unseren Namen ausgestellt war und dessen Inhalt uns anklagte, weil wir die Forderungen des Gesetzes nicht erfüllt hatten, hat er für nicht mehr gültig erklärt. Er hat ihn ans Kreuz genagelt und damit für immer beseitigt. Und die gottfeindlichen Mächte und Gewalten hat er entwaffnet und ihre Ohnmacht vor aller Welt zur Schau gestellt […]*

Als die Welt zuschaute, wie Jesus am Kreuz starb, sah sie nur Schwäche und Niederlage. Wenn Jesus ein König sein wollte, dann war seine Kampagne grandios gescheitert. Doch in Wirklichkeit, so sagt Paulus, hat Jesus gleich zwei Mal triumphiert. Am Kreuz löschte er unsere „juristische" Schuld – die Schuld, in der wir vor Gott wegen unserer Sünde standen. Sie war die große Barriere zwischen uns und Gott, und Jesus hat sie weggeräumt. Und zweitens hat Jesus „die gottfeindlichen Mächte und Gewalten entwaffnet und ihre Ohnmacht vor aller Welt zur Schau gestellt". Die meisten Ausleger sind sich einig, dass damit nur die Auferstehung und Himmelfahrt Christi gemeint sein kann.[19] Die Auferstehung hat der Welt unmissverständlich demonstriert, dass Jesus unsere „Schulden" bei Gott bezahlt und eine Tür zu einem Leben ohne die erdrückende Last der Selbsterlösung eröffnet hat – ein Leben, in welchem Gottes alles neu machende Gegenwart in das Leben derer kommt, die ihn als Herrn und Heiland anerkennen.

Wir können diese „Mächte und Gewalten" sowohl persönlich als auch kosmisch verstehen. Solange wir noch nicht in das Königreich Gottes eingetreten sind, der uns aus Gnade errettet, leben wir in den Reichen falscher Götter, von denen wir Sinn und Sicherheit, Identität und Bedeutung erwarten. Wir müssen für irgendetwas leben, um unsere Existenz zu rechtfertigen, und dieses Etwas ist praktisch der Herr unseres Lebens. Rebecca Pippert schreibt: „Wer oder was uns beherrscht, ist unser Herr. Luther hat treffend formuliert: ‚Das, woran du dein Herz hängst, ist dein Gott.' Wer auf die Anerkennung seiner Mitmenschen aus ist, hängt sein Herz an seine Mitmenschen. […] Wer auf Macht versessen ist, macht die Macht zu seinem Gott."[20]

Es gibt auch kulturelle falsche Götter. Viele Gesellschaften haben sich kollektive Götzen der militärischen Macht und des Krieges, des materiellen Wohlstandes, der Sexualität, der Technologie und Wissenschaft oder der staatlichen Gewalt geschaffen. Auf der kulturellen Ebene führen diese Götzen zu den Ideologien des Nationalismus, des Kapitalismus, der sexuellen „Befreiung", der Technokratie und des Sozialismus und jede dieser Ideologien kann eine der „Mächte und Gewalten" in unserem Leben werden. Je mehr wir uns nach Glück, Sinn und Sicherheit sehnen, desto mehr versklaven sie uns. Das Kreuz hat uns grundsätzlich von diesen Mächten und Götzen befreit, aber erst die Auferstehung bringt uns die Kraft, die wir brauchen, um diese Freiheit in unserem realen Alltag auszuleben. Der auferstandene Christus sendet uns den Heiligen Geist, der Jesus in unseren Herzen groß macht, sodass die alten Mächte und Gewalten ihre Macht über uns verlieren.[21]

Dieselbe Freiheit von den Götzen der Kultur, die Gott damals den Kolossern anbot, bietet er heute uns an. Der Tod und die Auferstehung Jesu befreien auch uns von der Herrschaft aller anderen Herren. Wenn wir Buße tun und glauben (Markus 1,15) und von Neuem geboren werden (Johannes 3,3.5), werden wir in dieses neue Reich der Freiheit versetzt (Kolosser 1,13).

Das Urteil des Reiches

Diese drei Freiheiten – von den Mächten und Gewalten, von Scham und Schuld und von Tod – wurzeln in einem großen Geschenk, das wir durch die Auferstehung bekommen.

Unser ganzes Leben lang beurteilen andere Menschen uns und unser Verhalten. Eltern, Lehrer, Trainer, Ehepartner und Freunde geben uns gute und schlechte „Noten", geben uns „likes" oder „dislikes", überschütten uns mit ihren Urteilen über unser Aussehen, unsere Intelligenz, unsere politische Einstellung und unseren Charakter. Und wir mögen ihr Lob, aber die Wunden, die ihre Kritik reißt, heilen nie. Die Kritik bleibt viel stärker an uns hängen als das Lob.

Am Jüngsten Tag wird Gott alle Bewohner der Erde nach ihren Taten richten, nach dem, was sie für ihr Tun verdient haben (vgl. Römer 2,6). Doch Christen dürfen wissen: Wer an Jesus glaubt, der „hat das ewige Leben. Auf ihn kommt keine Verurteilung mehr zu" (Johannes 5,24). An jenem Tag werden wir hören, dass Gott uns genauso liebt, wie er seinen einzigen Sohn liebt (Johannes 17,23-24). Dann werden wir – endlich! – das gute Urteil bekommen, das tief in unser Herz eindringt und alle schlechten Urteile aufhebt. Dann werden alle unsere Schuld und Scham für immer der Vergangenheit angehören.

Aber das Evangelium versichert uns, dass die Christen nicht bis zum Ende der Zeit warten müssen, um dieses heilende Wort zu hören. In dem Augenblick, wo wir unser Vertrauen auf Jesus setzen, werden wir durch den Glauben gerecht gesprochen, erhalten die Vergebung unserer Sünden und werden von Gott als seine Kinder angenommen (Römer 3,21-24; 2. Korinther 5,21). Durch diesen Akt unserer Wiedergeburt erhalten wir das Lob Gottes. Wie ist das möglich? Paulus schreibt: „Deshalb kann es jetzt, nachdem wir aufgrund seines Blutes für gerecht erklärt worden sind, keine Frage mehr sein, dass wir durch ihn vor dem kommenden Zorn Gottes gerettet werden“ (Römer 5,9). Man beachte, wie Paulus hier das Gericht am Jüngsten Tag mit dem Für-gerecht-Erklären verknüpft, das wir bereits jetzt erhalten. Was dies bedeutet, hat Michael Horton wie folgt zusammengefasst:

> *Laut dem Neuen Testament […] ist das zukünftige Zeitalter in der Tat in das jetzige Zeitalter eingebrochen. […] Jesus ist auferweckt worden als der Anfang der allgemeinen Auferstehung, und […] das künftige Urteil des Jüngsten Tages ist in die Gegenwart übertragen worden.*[22]

Der Grund dafür, dass wir aufgrund unseres Glaubens, ohne irgendwelche eigenen Leistungen, gerecht gesprochen werden können, ist, dass wir durch die Auferstehung Christi mit dem Jüngsten Gericht verbunden werden und so bereits *jetzt* zugesagt bekommen: „Für die, die mit Jesus Christus verbunden sind, gibt es keine Verurteilung mehr“ (Römer 8,1).

Dieses große Geschenk der Zukunft kommt hier und jetzt in unser Leben hinein und macht uns frei von Scham, von der Unsicherheit und den Ängsten, die uns zu den Götzen des Geldes, des Sex und der Macht treiben, und von der Angst vor dem Tod und dem Tag des Gerichts.

Als Pastor habe ich mit vielen Menschen gesprochen, die dem Tod nahe waren und die wegen gewisser Dinge, die sie getan hatten, von Schuld und Scham geplagt wurden. Aber ich habe noch viel mehr Menschen erlebt, denen die Dinge leidtaten, die sie *nicht* getan hatten. Am Ende ihres Lebens mussten sie erkennen, dass sie einen Großteil ihrer Tage schlicht vergeudet hatten und dass ihr Leben ein negatives Urteil verdient hätte. Diese Erkenntnis plagt nichtreligiöse Menschen genauso, wenn nicht noch mehr, wie die religiösen. Meine Frau und ich sind jetzt beide über siebzig und ich habe Krebs und auch wir haben diese Last der Unterlassungssünden gespürt.

Meist das größere Problem: die Dinge, die wir *nicht* getan haben.

Wir alle leben mit dieser unsichtbaren Bürde. Wenn wir noch jung sind, sagen wir vielleicht: „Niemand darf mir Vorschriften machen, wie ich zu leben habe! Niemand hat das Recht, mir ein schlechtes Gewissen zu machen. Ich bin mein eigener Richter!“ Aber selbst innerhalb dieser Denke merken wir, früher oder später, wenn die Jahre ins Land gehen, dass wir sogar nach unseren eigenen Maßstäben immer wieder versagen. Und so wird die Bürde – dieses Gewicht, das anfangs kaum spürbar war – immer schwerer. Religiöse Menschen leiden oft eher unter der Last bestimmter Sünden, die sie begangen haben, bei nicht religiösen Menschen ist es eher das unbestimmte Gefühl, nicht der Mensch zu sein, der man eigentlich sein sollte.

Doch Christen wissen, dass das Urteil über sie bereits ergangen ist – ergangen in dem Augenblick, wo sie im Glauben eins wurden mit dem lebendigen, auferstandenen Christus. In seinem geliebten Sohn nimmt Gott uns an. In John Bunyans berühmter *Pilgerreise* gibt es eine berühmte Szene, wo der Pilger – Bunyan nennt ihn *Christ* – seine Straße geht. Er ächzt unter der schweren Bürde, die er auf dem Rücken trägt – der Last der Selbsterlösung, die aus der Schuld für bestimmte Sünden besteht, die er begangen hat, und aus der Scham zu wissen, dass es ihm nie gelingen wird, den moralischen Maßstäben, denen er verpflichtet ist, zu genügen.

> *Diese Straße entlang lief Christ, wenn auch mit großer Mühe wegen seiner schweren Bürde.*
>
> *So rannte er weiter bis zu einem Hügel, auf dem ein Kreuz stand. Etwas weiter abwärts, am Fuß des Hügels, befand sich ein Grab. Und ich sah in meinem Traum, wie Christ das Kreuz erreichte und sich im selben Moment die Bürde von seinen Schultern löste und von seinem Rücken fiel. Polternd rollte sie den Hang hinab, bis sie die Öffnung des Grabes erreichte, in der sie auf Nimmerwiedersehen verschwand.*
>
> *Christ war froh und erleichtert […] Staunend betrachtete er eine Weile das Kreuz, denn er war sehr überrascht, dass allein dessen Anblick genügt hatte, um ihn von seiner Bürde zu befreien. Er betrachtete es so lange, bis ihm die Augen überquollen und die Tränen über sein Gesicht strömten. […]*
>
> *Christ sprang dreimal vor Freude in die Luft und sang weiter:*
>
> *[…] Gepriesen seist du, Kreuz! Doch nicht genug: Gepriesen sei, der meine Schande trug.*“[23]

Bunyan zeigt uns einen Mann, dessen Bürde der Sünde und der Scham beim Anblick des Kreuzes von ihm abfällt und dann in dem leeren Grab verschwindet. Sein Freudenlied zeigt uns, dass das, was ihn frei macht, nicht allein der Anblick des Kreuzes und des Grabes ist, sondern das Wissen darum, dass da jemand die Last dieser Sünde und Scham getragen und bezahlt hat und anschließend triumphierend auferstanden ist, um uns die Vergebung zu schenken und den Anfang eines neuen Auferstehungslebens, das nie mehr aufhören wird.

Die Gegenwart des Königs

Die Auferstehung Jesu bedeutet, dass wir nicht bloß den Lehren eines toten Lehrers folgen. Wir haben vielmehr eine lebendige, liebende Gemeinschaft mit einem lebendigen Herrn. Der König Jesus ist bei uns. Wir wollen im Folgenden untersuchen, wie wir diese Gemeinschaft mit ihm erfahren, aber erst müssen wir uns darüber klar werden, dass wir nur durch einen auferstandenen, lebendigen Heiland erlöst werden können, nicht durch einen toten. Nach Römer 4,25 ist Jesus der, „der wegen unserer Verfehlungen dem Tod preisgegeben wurde und dessen Auferstehung uns den Freispruch bringt". Wie rettet uns ein auferstandener Christus? Der Theologe John Murray erklärt es in seinem Kommentar zum Römerbrief.

Erstens kann „die Gerechtigkeit Christi, durch die wir gerecht gesprochen werden (Römer 5,17-19), […] nicht von seiner Person losgelöst werden und als eine Art Reservoir der Verdienste, das man anzapfen kann, betrachtet werden".[24] Wenn Christen sagen, dass sie in Gottes Augen gerecht gesprochen sind, besteht die Gefahr, sich diese Gerechtigkeit als eine Art Tugend-Bankkonto vorzustellen, in das jemand Geld einzahlt, was die Erlösung zu einem mechanischen Prozess oder einer finanziellen Transaktion macht. Murray betont: „Unsere Rechtfertigung geschieht durch die Vereinigung mit Christus [*selber*]. Für den, der *mit Jesus verbunden* ist (LUT: der „*in* Christus Jesus" ist), gibt es keine Verurteilung mehr (Römer 8,1). Nur durch die Vereinigung mit Christus, durch den Glauben und den Heiligen Geist, werden wir Kinder Gottes, die von ihm geliebt und angenommen sind. „Nur als lebendiger Herr kann er der Gegenstand des Glaubens sein. […] Nur als der Lebendige kann Christus […] unsere Gerechtigkeit von Gott werden (1. Korinther 1,30)." Erlöst zu sein bedeutet nicht, moralische Vitamininfusionen oder Pluspunkte verabreicht zu bekommen, sondern wir bekommen ihn selber, Jesus Christus, „den Gerechten" (1. Johannes 2,1). Unsere Erlösung ist radikal persönlich und übernatürlich.

Und zweitens, so Murray, steht Christus jetzt als unser Fürsprecher vor dem Vater, sodass dieser unsere Bitten um Vergebung immer erhört (1. Johannes 1,8-9; 2,1-2; Hebräer 7,25) und alle Dinge zu unserem Besten dienen müssen und nichts uns von seiner Liebe trennen kann (Römer 8,28-30.33-39). Nur ein auferstandener Christus kann für uns beim Vater eintreten. Wir sind also nicht allein durch das Kreuz gerettet. „Tod und Auferstehung Christi sind untrennbar miteinander verbunden."[25]

> *Wir sind ja mit Gott durch den Tod seines Sohnes versöhnt worden, als wir noch seine Feinde waren. Dann kann es doch gar nicht anders sein, als dass wir durch Christus jetzt auch Rettung finden werden – jetzt, wo wir versöhnt sind und wo Christus auferstanden ist und lebt. (Römer 5,10)*

Der einstige und künftige König

Es gibt in der Familie der Menschheit zahlreiche Legenden über große Könige, die einst ihren Untertanen ein goldenes Zeitalter brachten. Als diese Könige mit Gerechtigkeit und Weisheit, Barmherzigkeit und Macht regierten, war alles gut in der Welt. In der Legende von Robin Hood geht es darum, die Stellung zu halten, bis der wahre König wiederkommt. *Der Herr der Ringe* ist im Wesentlichen eine Geschichte über die Wiederherstellung von Frieden, Gerechtigkeit und Wohlergehen, weil der rechtmäßige König wieder den Thron besteigt. An dem Grab von König Arthur soll der Legende nach die lateinische Inschrift gestanden haben: „Hic iacet Arthurus, rex quondam, rexque futurus" („Hier ruht Arthur, der einstige und künftige König"). Die Verheißung ist die, dass dieser gute König, der den „einen, kurzen, leuchtenden Augenblick" von Camelot brachte, eines Tages wiederkommen und die Welt in Ordnung bringen wird.

Das Merkwürdige an diesen Legenden ist, dass die Bilanz der tatsächlichen Könige in der Geschichte miserabel ist. Es ist eine Chronik der Tyrannei und Sklaverei. Im Laufe der Jahre ist fast überall die Monarchie durch die Demokratie ersetzt worden, was nicht zuletzt auf die Anstrengungen von Christen zurückzuführen ist. Eric Nelson, Professor an der Universität Harvard, schreibt, dass es Christen waren, die ihre Bibel kannten, die zum Entstehen der demokratischen Nationalstaaten im frühen modernen Europa führten.[26]

Und doch haben diese alten Legenden von dem wahren König weiter eine enorme Anziehungskraft, wie uns jedes Jahr neu ihre Verfilmungen zeigen, die ein breites Publikum finden. Aber nicht nur das, sondern in Ländern, wo es noch eine Monarchie gibt, werden die Angehörigen der Königsfamilie verehrt, und wo es keine Monarchie gibt (wie in den USA), machen wir Sportler, Milliardäre, Supermodels und Filmstars zu „Königen“. Oft erleben wir, wie solche Heldenverehrung für die Helden wie für die Verehrer Gift ist. Aber, wie C. S. Lewis schreibt, das Bedürfnis, irgendjemanden zu krönen und zu verehren, lässt sich einfach nicht kleinkriegen: „Denn die Seele fordert, genau wie der Leib, ihren Tribut; verweigere ihr die Nahrung, und sie wird Gift schlürfen.“[27]

Wir haben das Bedürfnis, einen König zu krönen – trotz fast durchgängig schlechter Vorbilder.

Wie meint Lewis das? Nun, in den Tiefen des Herzens des Menschen wohnt das Bedürfnis, einen König zu krönen. Die Bibel sagt, dass wir wissen, dass wir erschaffen sind, um einem König zu dienen, dieses Ur-Wissen aber verdrängt haben (vgl. Römer 1,18-19). Sie sagt uns weiter, dass wir einst einen solchen König hatten, dessen Schönheit und Liebe, Barmherzigkeit, Weisheit und Macht wie der Schein der Sommersonne waren. Wenn wir ihm nicht dienen können, dann *müssen* wir etwas anderem dienen und unser Leben darauf aufbauen. Was unsere Seele braucht, das nimmt sie sich. Es geht hier nicht um frei sein oder nicht frei sein. Niemand ist frei; jeder dient etwas oder jemandem. Die Frage ist vielmehr: Diene ich dem wahren König, der mir vergibt und mir die Freiheit gibt, das zu sein, wozu er mich erschaffen hat? Oder diene ich etwas, das mir mein Versagen nicht vergeben und mein Herz nicht füllen kann?

Das ist die gute Nachricht: Der König wird wiederkommen und seinen Thron besteigen, und alles Böse und Traurige wird nicht mehr sein. Endlich werden wir sein Angesicht sehen. Aber bis dahin gilt, dass „der rechtmäßige König gelandet ist, in Tarnung, könnte man sagen, und […] uns alle aufruft, uns an einem großen Sabotagefeldzug zu beteiligen.“[28] Wir sind nicht nur frei, wir sind Freiheitskämpfer, im Dienste unseres einstigen und künftigen Königs.

Kapitel 3

Eine herrliche Hoffnung

Aber Jesus sagte zu ihr: „Habe ich dir nicht gesagt: Wenn du glaubst, wirst du die Herrlichkeit Gottes sehen?" (Johannes 11,40)

Die Geschichte der Herrlichkeit Gottes

Die Auferstehung holt nicht nur die Zukunft in die Gegenwart hinein, sondern auch den Himmel auf die Erde. Sie vereinigt den Menschen wieder mit der Herrlichkeit Gottes. Dies ist einer der wichtigsten roten Fäden, die sich durch die ganze Bibel ziehen, und wenn wir ihm nachgehen, sehen wir, wie alle Bücher der Bibel zusammen eine einzige, in sich schlüssige Geschichte ergeben.

Die Bibel beginnt im Garten Eden, den Gott als Ort der Gemeinschaft mit den Menschen erschuf. Doch die Sünde trennte uns von Gottes Gegenwart; der Eingang zum Garten war hinfort durch Engel mit Flammenschwertern versperrt (1. Mose 3,24) – ein treffendes Bild für die Wahrheit, dass die Strafe für die Sünde der Tod ist. Der Weg zurück in Gottes Gegenwart war durch diese Schwerter der Gerechtigkeit versperrt. Es gab eine Schuld, die bezahlt werden musste. Ohne unter den Schwertern hindurchzugehen, gab es keinen Weg zurück zu Gott.

Als Gott die Israeliten aus der Sklaverei in Ägypten befreit hatte, führte er sie zum Berg Sinai. Dort kam seine Gegenwart auf den Gipfel des Berges herab, mit Blitz und Donner, Feuer und dichtem Rauch, sodass die Erde bebte (2. Mose 19,16-18). Als Gott dann zu dem Volk sprach, klang dies wie der unerträglich laute Schall eines Widderhorns. Niemand durfte den Berg berühren, wenn er nicht sterben wollte (2. Mose 19,19-24). Die direkte Gegenwart Gottes war so überwältigend, dass das Volk Mose anflehte: „Gott soll nicht mit uns sprechen, sonst sterben wir" (V. 19). Allein Mose näherte sich „der dunklen Wolke, in der Gott war" (V. 21).

Doch Mose wollte nicht weniger von Gottes Gegenwart, sondern mehr. Mit erstaunlichem Freimut bat er Gott: „Lass mich deine Herrlichkeit sehen!" (2. Mose 33,18). Doch Gott erwiderte ihm: „Mein Gesicht darfst du nicht sehen, denn niemand, der mir ins Gesicht sieht, bleibt am Leben!" (V. 20). Der Weg zurück in den Garten Eden, in ein Leben mit Gott, war weiter verschlossen. Die Flammenschwerter waren nach wie vor da. Sündige Menschen können die Gegenwart Gottes nicht ertragen; sie ist für uns gerade so tödlich wie die Oberfläche der Sonne.

Trotzdem bittet Mose Gott, dass wenigstens seine Gegenwart (wörtlich: sein „Angesicht") mit den Israeliten auf ihrer Wüstenreise mitgehen soll (2. Mose 33,14-17). Und so befiehlt Gott ihnen, ein tragbares Heiligtum zu bauen, wo die Menschen ihm begegnen können (2. Mose 25,22).

Mit dem Heiligtum (auch „Zelt der Begegnung" oder „Stiftshütte" genannt) begann Gott die Wiederherstellung dessen, was beim Sündenfall verloren gegangen war. In der Struktur des Heiligtums und später des Tempels finden wir etliche Merkmale des Gartens Eden wieder.[1] Sowohl der Eingang zum Garten Eden als auch das Bundeszelt waren nach Osten ausgerichtet (1. Mose 3,24; 2. Mose 38,13-18). Die Cherub-Engel – Zeichen der unmittelbaren Gegenwart Gottes – bewachten den Eingang des Gartens Eden (1. Mose 3,24) und das Allerheiligste im Tempel (1. Könige 6,23-28). Die Wände, Säulen, Geräte und Vorhänge des Tempels waren mit Darstellungen von Palmen, Löwen, Granatäpfeln, Tieren und Blumen verziert (1. Könige 7,13-26.36; 2. Chronik 3,5-7) – lauter greifbare Erinnerungen an den ursprünglichen Gottesgarten. Das Bundeszelt war eine erste Wiederherstellung der Wohnung Gottes auf der Erde (5. Mose 12,4).

Der Thronsaal Gottes im Heiligtum war das sogenannte Allerheiligste. Dies war der eine Ort in der Welt, wo Gottes „Name" und seine Herrlichkeitswolke (*Schechina*) wohnten. Es war der Ort, wo Himmel und Erde sich begegneten. Aber das Allerheiligste war durch einen dicken Vorhang vom Rest des Heiligtums getrennt, der mit Cherubim bestickt war (2. Mose 26,1). Die Menschen konnten dort nicht hineingehen. Durch diesen Vorhang durfte allein der Hohepriester gehen, und dies auch nur einmal im Jahr und nur dann, wenn er so viel Weihrauch verbrannte, dass der Rauch es verhinderte, dass er irgendetwas sah, das ihm den Tod bringen konnte (3. Mose 16, vor allem V. 13). Dort im Allerheiligsten stand die Bundeslade, eine hölzerne, mit Gold überzogene Truhe, in der die Steintafeln mit den Zehn Geboten lagen. Auf dem Deckel befand sich zwischen zwei Engelfiguren der sogenannte „Gnadenstuhl" aus reinem Gold. Hier brachte der Hohepriester am Großen Versöhnungstag (*Yom Kippur*) ein Blutopfer für die Sünden des Volkes dar, und allein hier sprach Gott (2. Mose 25,10-22).

Die Bilder könnten nicht deutlicher sein. Die Zehn Gebote verlangten einen Gehorsam und eine Heiligkeit, zu der kein Mensch fähig war. Die einzige Möglichkeit, Gemeinschaft mit Gott zu haben und seine Stimme zu hören, bestand darin, dass die Sünden der Menschen gesühnt wurden. So wie der Weg zurück in den Garten Eden durch ein Schwert der Gerechtigkeit versperrt war, musste der Hohepriester mit einem Blutopfer „unter dem Schwert durchgehen“ und so symbolisch die Sühne für die Sünde vollziehen und die Strafe bezahlen, um auch nur einen Augenblick lang vor Gott treten zu können. Am Ende des Gottesdienstes im Bundeszelt sprach Gott dem Volk seinen Segen und Frieden (*Schalom*) zu (4. Mose 6,24-27). Doch die ganze Zeit blieb Gottes Herrlichkeit hinter dem Vorhang versteckt, wo kein Sünder hineindurfte. Das Heiligtum brachte Gott den Menschen näher, doch nach wie vor konnte niemand seine Herrlichkeit sehen, ohne sterben zu müssen.

Der Zugang zu Gottes Wohnung auf der Erde – versperrt durch das Schwert der Gerechtigkeit.

Als König David sich mit dem Gedanken trug, das Zelt-Heiligtum durch ein permanentes Gebäude, den Tempel, zu ersetzen, schickte Gott ihm einen Propheten, der ihm eröffnete, dass einer seiner Nachkommen ein „Haus“ bauen würde, in welchem Gott und sein Volk endlich für immer zusammenwohnen würden (2. Samuel 7,1-16). Davids Sohn Salomo baute dann den ersten Tempel, aber er war nicht der Davidssohn, den die Prophezeiung meinte, denn sein Tempel wurde zerstört (1. Könige 11,11-13; 2. Könige 25,8-11). Während des babylonischen Exils verhieß Hesekiel einen neuen Tempel und einen neuen David, der sein Erbauer wäre (Hesekiel 37,24-28; Kapitel 40–48). Die Herrlichkeit des Herrn würde ihn erfüllen und er würde so groß sein, dass alle Völker der Erde in ihm Platz finden würden (Hesekiel 37,28).

Doch auch der zweite, nach der Rückkehr aus dem babylonischen Exil erbaute Tempel stellte noch nicht die Erfüllung der prophetischen Visionen dar (Haggai 2,1-9). Als die neuen Fundamente gelegt wurden, weinten viele der Älteren, weil sie viel kleiner waren als die des Tempels Salomos (Esra 3,12). Der neue Tempel war nicht der prophezeite Tempel; der würde erst erbaut werden, wenn der Messias, der neue „David", kam.

Das Neue Testament nimmt den Faden dieser Prophetien auf. Das Johannesevangelium erklärt, dass Jesus Christus Mensch wurde und unter uns „zeltete" (so wörtlich, in bewusster Anknüpfung an das Zelt des Bundes, die Stiftshütte) und dass wir seine Herrlichkeit sahen (Johannes 1,14). Ganz ähnlich sagt der Hebräerbrief, dass Jesus „das vollkommene Abbild von Gottes Herrlichkeit, der unverfälschte Ausdruck seines Wesens" *ist* (Hebräer 1,3). Es ist nicht nur so, dass Jesus Gottes Herrlichkeit hat oder sie uns bringt – er *ist* Gottes Herrlichkeit. Er offenbart Gottes Macht und Schönheit. Als er die Geldwechsler aus dem Tempel warf, fragte man ihn, mit welchem Recht er das tat. Er erwiderte:

> *„Reißt diesen Tempel ab, und ich werde ihn in drei Tagen wieder aufbauen." – „Wie?", entgegneten sie. „Sechsundvierzig Jahre lang wurde an diesem Tempel gebaut, und du willst ihn in drei Tagen wieder aufbauen?" Doch Jesus hatte mit dem Tempel seinen eigenen Körper gemeint. Später, als Jesus von den Toten auferstanden war, erinnerten sich seine Jünger an diesen Ausspruch […] (Johannes 2,19-21)*

Es überrascht nicht, dass selbst die Jünger Jesu nicht wussten, wovon er da sprach. Seine Botschaft war: Wenn er von den Toten auferstanden war, würde er der neue Tempel *sein*, also der Ort, an dem man Gott begegnet. Und damit sagte er auch, dass der alte Tempel und vorher das Zelt des Bundes (Stiftshütte) die ganze Zeit auf ihn hingedeutet hatten.

Mit seiner Erklärung, dass sein Auferstehungsleib der wahre Tempel ist, sagte Jesus ungefähr Folgendes: „In den Tempeln dieser Welt zelebrieren Priester Opfer und Rituale, um die Kluft zu überbrücken, die ihr zwischen euch und Gott spürt. Aber ich bin das Opfer, das das Ende aller Opfer ist. Ich bin der Priester, der allem anderen Priesterdienst ein Ende macht. Ich bin unter dem Schwert vor dem Garten Eden (1. Mose 3,24) hindurchgegangen. Ich bringe den Himmel hinab auf die Erde, denn ich bin nicht nur die Brücke über den Abgrund, der euch von Gottes Herrlichkeit trennt, ich *bin* diese Herrlichkeit." So etwas hatte noch nie jemand gesagt. Andere Religionsstifter haben viele Tempel errichtet, aber Jesus *ist* der Tempel, der das Ende aller Tempel bringt.

Der Tempel, der das Ende aller Tempel bringt

In Matthäus 27,51 lesen wir, dass in dem Augenblick, wo Jesus starb, der Vorhang vor dem Allerheiligsten im Tempel von oben nach unten zerriss, als ob zwei gewaltige Hände ihn gepackt hätten. Durch seinen Tod schaffte Jesus den alten Tempel ab, und durch seine Auferstehung errichtete er den neuen. Jedes Mal, wenn wir im Glauben und durch den Heiligen Geist Gemeinschaft mit dem auferstandenen Christus haben, haben wir Zugang zu der *Schechina*-Herrlichkeit Gottes, die früher unerreichbar hinter dem Vorhang verborgen war.

Für die Kirche bzw. Gemeinde hat das enorme Auswirkungen: Es bedeutet, dass ein Christ nicht in erster Linie ein netter Mensch ist, der an bestimmte Glaubensartikel und Werte glaubt. Es geht vielmehr um eine radikale Erneuerung und Umorientierung des Herzens und des Lebens. Wer an Christus glaubt, wird von Neuem geboren (Johannes 3,3), denn dieselbe Gegenwart Gottes, die einst Berge und Menschenherzen erzittern ließ und deren Anblick den Tod brachte, wohnt jetzt in ihm. Wenn wir an Jesus glauben, sind wir Tempel, in denen der Heilige Geist Gottes wohnt (1. Korinther 6,19; 2. Korinther 6,16). Wir haben durch das Gebet den direkten Zugang zu Gott. Wonach Mose sich nur sehnen konnte – Gottes Herrlichkeit und Angesicht zu sehen (2. Mose 33,18) –, ist unser tägliches Vorrecht (Johannes 1,14; 2. Korinther 4,6).

Dies bedeutet, dass wir als Christen Christi Partner und Mitarbeiter sind in seinem Werk der Ausbreitung der heilenden, neu machenden Kraft des Reiches Gottes in der Welt. Weil Jesus der Tempel ist, gehören auch wir als „lebendige Steine" zu diesem Tempel dazu (1. Petrus 2,4-10). Weil Jesus der Hohepriester ist, sind auch wir „Priester", die vor Gott treten (Hebräer 4,14-16) und andere zu ihm führen können (Hebräer 13). Weil Jesus die Tür zum Himmel ist (Johannes 1,51; 14,6), haben wir Zugang zum Himmel (Kolosser 2,20; Philipper 3,20). Weil Jesus (wie einst der Tempel) ein Gesalbter ist (Lukas 4,18), sind auch wir Gesalbte (1. Johannes 2,20). Alle gedanklichen Linien und Themen des Tempels laufen in Jesus zusammen: *Er* ist das Opfer, der Priester, der Altar, der Leuchter, das Brot, das Blut der Reinigung und die *Schechina*-Herrlichkeit. Denn alle Verheißungen Gottes finden ihr *Ja* in Jesus (2. Korinther 1,20).

Wenn Jesus wiederkommt, wird die neue Stadt Gottes ein perfekter Würfel sein (Offenbarung 21,16), wie früher das Allerheiligste im Tempel in Jerusalem (2. Chronik 3,8). Diese eschatologische Bildersprache will uns sagen, dass einst die ganze Welt ein gigantisches Allerheiligstes sein wird. Die ganze Erde wird wieder der Garten Eden sein. Und warum? Weil wir endlich Jesus von Angesicht zu Angesicht sehen werden – wieder und für immer.

Einen Tempel sah ich nicht in der Stadt. Der Herr selbst, der allmächtige Gott, ist ihr Tempel, er und das Lamm. Auch sind weder Sonne noch Mond nötig, um der Stadt Licht zu geben. Sie wird von der Herrlichkeit Gottes erhellt; das Licht, das ihr leuchtet, ist das Lamm (Offenbarung 21,22-23).

Herrlichkeit für mich persönlich

Was folgt alles aus dieser gewaltigen Realität, dass der auferstandene Christus Himmel und Erde zusammengebracht hat?

Mose hatte seine erste Begegnung mit der Gegenwart Gottes an dem brennenden Dornbusch (2. Mose 3). Der Busch brannte, aber wurde nicht verzehrt, weil das, was wie ein Feuer aussah, in Wirklichkeit die Herrlichkeit Gottes war. Am Berg Sinai sah Mose dann wieder, wie die Herrlichkeit und das Feuer der Gegenwart Gottes herabkamen. Als er nähertreten und diese Gegenwart direkt betrachten wollte, sagte Gott ihm: „Mein Gesicht darfst du nicht sehen“ (2. Mose 33,20). Dieser Satz zeigt uns, was Mose eigentlich wollte. Er wollte nicht bloß das Spektakel eines hellen Lichtes erleben. Im alttestamentlichen Hebräischen bedeutet der Ausdruck „das Gesicht von jemand sehen“, dass man enge Gemeinschaft mit ihm hat.

In Eden „ging“ Gott mit uns (1. Mose 3,8) – ein Ausdruck, der Freundschaft und Liebe meint. Wir Menschen sind für diese Gemeinschaft mit Gott erschaffen worden wie die Fische zum Schwimmen im Wasser. Unsere größte Erfüllung ist eigentlich Gottes liebevolle Gegenwart, aber als sich die Menschheit von Gott abwendete, verloren wir das, wozu wir erschaffen waren. Wir sind mit einer Sehnsucht nach Liebe und Schönheit erschaffen und wir haben diese Sehnsucht nach wie vor, aber ohne Gott finden wir nur kümmerlichen Ersatz, der unsere Herzen nicht wirklich befriedigt. Schon Mose ahnte, was später Augustinus in sein berühmtes Gebet fasste: „Denn zu dir hin hast du uns geschaffen, und unruhig ist unser Herz, bis es ruhet in dir.“[2]

Und jetzt kommt das große Paradox. Das Schlimmste, was einem Menschen passieren kann, ist „vom Herrn und von seiner Macht und Herrlichkeit getrennt" zu sein (2. Thessalonicher 1,9) – aber seit dem Sündenfall müssen wir sterben, wenn wir das sehen, wofür wir eigentlich erschaffen sind.

C. S. Lewis versucht, dies in seinem Science-Fiction-Roman *Perelandra* darzustellen, wo der Erzähler einem „Eldil" vom Mars begegnet, einem Wesen absoluter Güte. Er erlebt diese Begegnung als etwas außerordentlich Bedrohliches. Plötzlich kommt ihm, der sich bisher für einen ganz guten Menschen gehalten hatte, die Erkenntnis:

> *Ich war sicher, dass dieses Wesen im landläufigen Sinne gut war, nicht aber, ob das Gute mir auch in dem Maße zusagte, wie ich geglaubt hatte. Das ist eine schreckliche Erfahrung. Solange man sich vor etwas Bösem fürchtet, kann man immer noch hoffen, das Gute werde einem zu Hilfe kommen. Doch angenommen, man ringt sich zum Guten durch und merkt dann, dass es ebenfalls schrecklich ist? – Wie, wenn Nahrung sich gerade als das erweist, was man nicht essen kann, das Heim als die Stätte, wo man nicht leben kann, und der Tröster als derjenige, bei dem man sich unbehaglich fühlt? Dann ist wirklich keine Rettung möglich; dann ist das Spiel aus. Ich [...] wollte, dass es wieder verschwand. Ich wollte irgendeine Distanz – einen Abgrund, einen Vorhang, eine Wolldecke –, irgendeine Schranke zwischen diesem Wesen und mir schaffen. Aber kein Abgrund verschlang mich.*[3]

Der Sündenfall hat das, was wir eigentlich am meisten brauchen – die Gegenwart und Herrlichkeit Gottes –, zu dem gemacht, was wir am meisten scheuen und meiden. Das ist das Problem des Menschen, wie die Bibel es beschreibt.

Vor dem Hintergrund dieses alttestamentlichen Befundes

sind die Bilder, mit denen die Autoren des Neuen Testamentes die Erfahrung des Christen beschreiben, gelinde gesagt erstaunlich. Im 2. Korintherbrief erklärt Paulus:

> *Dieser Herr aber ist der Geist […] Und wo der Geist des Herrn ist, da ist Freiheit. Ja, wir alle sehen […] die Herrlichkeit des Herrn. […] und indem wir das Ebenbild des Herrn anschauen, wird unser ganzes Wesen so umgestaltet, dass wir ihm immer ähnlicher werden […] Diese Umgestaltung ist das Werk des Herrn; sie ist das Werk seines Geistes. […] Denn derselbe Gott, der gesagt hat: „Aus der Finsternis soll Licht hervorstrahlen!", der hat es auch in unseren Herzen hell werden lassen, sodass wir in der Person [oder: auf dem Angesicht] von Jesus Christus den vollen Glanz von Gottes Herrlichkeit erkennen. (2. Korinther 3,17-18; 4.6)*

Auch wenn wir den Herrn jetzt noch nicht leibhaftig so vor uns sehen, wie wir ihn sehen werden, wenn sein Reich in seiner ganzen Fülle kommt (1. Johannes 3,1-3), können wir durch das Evangelium im Glauben einen partiellen, aber verwandelnden Blick auf seine Herrlichkeit bekommen (2. Korinther 4,6). Im Gebet, durch den Geist, den der auferstandene Christus uns gegeben hat, wenn wir über sein Wort meditieren, können wir die Schönheit und Herrlichkeit Jesu im Herzen so konkret erfahren, dass es in uns eben diese Güte, Liebe, Weisheit, Freude und Frieden hervorruft.

Das Feuer der herrlichen Gegenwart Gottes, das Mose in dem brennenden Dornbusch sah und das am Ende der Zeit die Welt neu machen wird, ist in uns hineingekommen – ein sichtbares Zeichen dafür waren die Flammenzungen, die sich am Pfingsttag auf den Köpfen der Jünger niederließen (Apostelgeschichte 2,3). Jeder Christ ist ein kleiner brennender Busch, eine neue

Schöpfung, ein Mensch, der nach dem Bild Christi umgestaltet wird und der im Glauben Gottes Herrlichkeit sieht.

Herrlichkeit für die Gemeinde

Die Bibel kann den einzelnen Christen als von Gottes Geist erfüllten Tempel bezeichnen (1. Korinther 6,19), aber sie versteht auch die ganze Gemeinde als Tempel Gottes: „Lasst euch selbst als lebendige Steine in das Haus [Tempel] einfügen, das von Gott erbaut wird und von seinem Geist erfüllt ist“ (1. Petrus 2,5). Dies ist ein kontinuierlicher Prozess. Gott baut die einzelnen Christen als lebendige Steine zu einer Gemeinschaft zusammen, deren Mitte die Gegenwart Christi ist bzw. „die Kräfte der kommenden Welt“ (Hebräer 6,5) – eine Formulierung, die nicht nur davon spricht, dass der Himmel auf die Erde kommt, sondern auch, dass die Zukunft in die Gegenwart kommt. Das Kommen der Herrlichkeit Gottes auf die Erde führt nicht nur zu radikal verwandelten Individuen, sondern zu einer ganz neuen Art von Gemeinschaft – der Kirche bzw. Gemeinde. Wie Paulus schreibt: „Unser Bürgerrecht aber ist im Himmel“ (Philipper 3,19-20[4]).

Das hier mit „Bürgerrecht“ übersetzte griechische Wort ist *politeuma* und sollte besser mit „Gemeinwesen“ oder „Kolonie“ übersetzt werden. Es meint ein politisch organisiertes Gemeinwesen mit Gesetzen und Loyalitäten, die das Verhalten seiner Bürger regeln. Wörtlich verstanden, werden die Christen hier aufgefordert, ihre „Politik“ – also die Art, wie sie sich in der Gesellschaft verhalten – auf das Leben des „Himmels“ zu gründen. Philippi war eine römische Kolonie (Apostelgeschichte 16,12). Das Wort „Kolonie“ ist heute eher negativ besetzt, aber damals war der Status einer römischen Kolonie etwas sehr Begehrtes, bedeutete er doch, dass alle Bewohner als römische Bürger galten; ihre gesetzlichen Privilegien wie auch ihre Verpflichtungen waren gerade so, als ob sie in Rom selbst wohnten.[5]

Dies bedeutete, dass die christliche Kirche eine Alternativgesellschaft war und nicht einfach eine Ansammlung von Einzelnen, deren Sünden vergeben waren. Die Kirche ist „eine heilige Nation, ein Volk, das [Gott] allein gehört" (1. Petrus 2,9). Sie ist eine Gegenkultur, eine neue Gesellschaft, an der die Welt sehen kann, wie Geschäftspraktiken, Beziehungen zwischen verschiedenen ethnischen Gruppen, der Umgang in der Familie und alles andere im Leben aussehen können, wenn Gottes Geist angefangen hat, all die psychologischen, sozialen und physischen Folgen der Sünde zu heilen. In diesem Sinne hat die Kirche die Maßstäbe, Anweisungen und Gesetze *Gottes* zu befolgen und nicht die der Welt; sie zeigt der Welt, wie eine neue Menschheit aussehen sollte.

Kolonien des Himmels

Wie sieht ein „himmlisches Gemeinwesen auf Erden" aus? Es ist immer unvollständig, gleichsam noch im Bau. Aber manchmal leuchtet ein Stück Herrlichkeit auf, und wir ahnen etwas von dem „kostbaren Schatz" in den „zerbrechlichen Gefäßen" (2. Korinther 4,7).

Pastor Jeremy Treat besuchte einmal Kibera, ein sehr armes Viertel von Nairobi (Kenia). Um es zu erreichen, musste er einen offenen Abwasserkanal entlanggehen, der direkt an primitiven Hütten aus Holz und getrocknetem Lehm entlangführte. In dem Dreck neben dem Kanal spielten nackte Kinder. Ein älteres Mädchen – es mochte zwölf Jahre alt sein – war, wie seine Begleiter ihn aufklärten, bereits eine Prostituierte. Dem Pastor wurde elend zumute. Aber da hörte er die ersten Geräusche des Gebäudes, zu dem er hinwollte. Der Klang wurde lauter; jetzt klang es wie ein vielstimmiger Gesang. Schließlich erreichte er das Gebäude. Es war „kaum mehr als ein Schuppen", aber es war eine Kirche, in der gerade ein Gottesdienst stattfand. Etwa siebzig Personen sangen „aus voller Kehle und priesen Gott auf Swahili", die Arme anbetend erhoben. „Tränen. Lächeln. Gebete. Lob und Dank." Was war es, das diesen Menschen, die in solch einem Elend wohnten, solche Hoffnung, ja Freude gab? Treat schreibt: „In dieses Armenviertel war Gottes Reich hereingebrochen. [...] Noch nicht [...] in der ganzen Fülle, die Gott verheißen hatte, aber es war da, inmitten des größten Elends, das ich je erlebt hatte."[6]

Er sah, dass diese verwandelnde Kraft sowohl in den Einzelnen als auch in der Gemeinschaft am Werk war. „Gottes Reich war am Anbrechen und verwandelte das Leben realer Menschen. Diese Menschen hatten nichts – aber sie wussten, dass sie in Christus alles hatten." Und dieses „alles" war nicht nur ein innerer psychologischer Zustand und keine allgemeine religiöse Beruhigung. „Gottes Liebe war über sie ausgegossen und floss durch sie nach draußen." Sie überließen ihre Umgebung nicht dem Elend, das dort herrschte. „Den ganzen Tag hörte ich immer wieder Geschichten, wie diese Menschen anderen in dem Viertel dienten und sie liebten." Und er schloss: „In dieser Hütte erhaschte ich einen Blick auf die Kraft, die eines Tages die ganze Schöpfung neu machen wird."[7]

Ende der 1940er-Jahre wurden Francis und Edith Schaeffer als Missionare aus den USA nach Europa geschickt, um dort den protestantischen Fundamentalismus amerikanischen Stils unter die Leute zu bringen.[8] In Europa angekommen, hatte Francis eine Glaubenskrise, die zum Teil durch die Lieblosigkeit hervorgerufen wurde, die er unter den konservativen Verteidigern des Glaubens in seinen kirchlichen Kreisen erlebte. Nach einer Periode des Zweifels fand er zum christlichen Glauben zurück, aber jetzt war sein Ziel die Gründung einer Gemeinschaft, die in sich selber ein deutliches Zeichen für das Reich Gottes wäre – eine Gemeinschaft, die die Realität des Gottes der Christen verkörpern würde. Und so gründete er 1955 sein Werk *L'Abri* („Zuflucht") am Rande eines kleinen Dorfes in den Schweizer Alpen. Es begann damit, dass die älteste Tochter der Schaeffers, die an der Universität Lausanne studierte, an den Wochenenden Mitstudenten mitbrachte, mit denen sie aßen, Wanderungen machten und Gespräche führten.

Die Schaeffers lernten etwas kennen, das die USA damals noch nicht erreicht hatte. Immer mehr Studenten in Europa hatten den Glauben verloren – nicht nur den an die Kirche, sondern den Glauben, dass es allgemeingültige Wahrheiten gab. Sie kämpften mit „den Folgen der postmodernen Revolution", bevor jemand den Begriff erfunden hatte. Sie hatten ganz neue Probleme: Wo konnte man Sinn finden? Wo ein tragfähiges Fundament für moralische Werte und Gerechtigkeit? Wie bekam man eine stabile Identität und wie ging man mit dem schlechten Gewissen um, das einfach nicht weggehen wollte? Die Arbeit der Schaeffers „war ein beharrlicher und vielschichtiger Versuch", einer ganzen Generation dieser jungen, innerlich heimatlosen Skeptiker zu helfen.[9]

Es fing damit an, dass sie junge Leute herzlich und liebevoll als Gäste in ihr Haus aufnahmen. Sie fragten ehrlich nach den Problemen der jungen Leute, unabhängig von deren weltanschaulichem Hintergrund. Sie hörten aufmerksam zu und drängten ihren Gesprächspartnern nicht ihre eigene Theologie oder Agenda auf, auch wenn sie immer wieder ihre Überzeugung zum Ausdruck brachten, dass der christliche Glaube die Kraft zur Lösung der verschiedenen Aspekte des großen Problems der Menschheit hätte. Die Schaeffers setzten ihren Gästen kein von ihrer eigenen Agenda bestimmtes Studienprogramm vor, sondern ließen sie selber die Themen der Gespräche bestimmen. Sie setzten sich mit den literarischen Werken, der Kunst und der Kultur auseinander, mit denen sich die Studenten beschäftigten, und versuchten, ihnen vom christlichen Glauben her „ehrliche Antworten auf ehrliche Fragen" zu geben.

Im Laufe der nächsten zwanzig Jahre besuchten Hunderte, dann Tausende junge Leute L'Abri, das auf mehrere Chalets anwuchs. Zahlreiche junge Erwachsene, von denen man dies nie erwartet hätte, wurden Christen. Fragte man sie, was dazu geführt hatte, dass sie Christen geworden waren, war die Antwort, dass es die einzigartige Gemeinschaft von L'Abri gewesen sei.

Diese Einzigartigkeit bestand darin, dass in L'Abri Wahrheit und Liebe ausgewogen zusammenkamen. In so gut wie allen anderen christlichen Gemeinschaften, so die Studenten, betonte man entweder die Wahrheit oder die Liebe. Entweder jeder wurde so angenommen, wie er war, aber auf dem Hintergrund einer relativistischen Weltsicht, oder es herrschte Rechtgläubigkeit, aber verbunden mit einer exklusiven Abgrenzung gegenüber „der falschen Art von Leuten". L'Abri passte in keine dieser Schubladen. Es strahlte eine geistliche Atmosphäre aus, die unerklärlich war – es sei denn, die Botschaft des Christentums, die sein Fundament bildete, war wahr.

Selbst Frank, der Sohn der Schaeffers, der sich von dem christlichen Glauben seiner Eltern distanziert hatte, bezeugt diese Realität mit deutlichen Worten. Die Schaeffers vertraten zum Beispiel die traditionelle christliche Sexualethik, aber wenn alleinerziehende junge Mütter nach L'Abri kamen, wurden sie mit offenen Armen aufgenommen.

> *Wenn eine unserer „ledigen Mütter" zur Geburt des Kindes ins Spital in Aigle kam, ging manchmal meine Mutter oder ein anderer Mitarbeiter mit. Sünde war Sünde, aber da wir alle Sünder waren und Gottes Herrlichkeit meilenweit verfehlt hatten, haftete diesen Schwangerschaften kein besonderer Makel an. Übrigens auch nicht […] psychischen Krankheiten.*[10]

Die jahrzehntelange Gastfreundschaft der Schaeffers war für sie finanziell wie emotional nicht billig, wie alle Gäste und Mitarbeiter sehen konnten. Francis schrieb in einem seiner Bücher: „Innerhalb der ersten drei Jahre von L'Abri verschwanden alle unsere Hochzeitsgeschenke. Von den Laken waren nur noch Fetzen übrig. Löcher waren in unsere Teppiche gebrannt. […] In unserem Haus tauchte plötzlich Rauschgift auf. In unseren Zimmern erbrachen sich Leute […]"[11] Und wieder bezeugt Frank Schaeffer, wie überzeugend dies war:

> *Ich sah, dass meine Eltern ihr Mitgefühl konsequent lebten. […] Es war nicht ein Mitgefühl, das mit Steuergeldern jemanden bezahlen will, der sich dann kümmert und sich so die Menschen auf Abstand hält, sondern meine Eltern öffneten ihnen ihr Haus, mit dem Ergebnis, dass die Leute, die da an unserem Tisch saßen, die ganze Palette an Charakteren und intellektuellen Niveaus abbildeten, von psychisch Kranken bis zu Studenten aus Oxford, mit allen möglichen Zwischenstufen. Mein Vater und meine Mutter brachten ihre Argumente für Gott vor […] aber keine Worte waren so überzeugend wie ihre Bereitschaft, ihren Besitz, ihre Privatsphäre und ihre Zeit einzusetzen, manchmal unter persönlichen Risiken und immer mit dem Verständnis, dass es auch in Ordnung war, wenn sie ausgenutzt wurden.*[12]

Wir sehen, wie unterschiedlich diese „Kolonien des Himmels" sein können. Hier ein Chalet in den Schweizer Alpen, das das Leben vieler der intelligentesten jungen Köpfe Europas veränderte, dort eine Hütte in einem Slum, wo sich um die Ärmsten der Armen in Afrika gekümmert wird. So verschieden und doch gleich. Die Weisheit der Welt würde in der Schweiz ein College gründen und in Nairobi eine soziale Einrichtung. Doch beide wären letztlich nur Dienstleister und keine revolutionären neuen Gemeinschaften, die Menschenleben von innen her neu machen. Das Chalet und der Schuppen – beide waren „Pilotprojekte", Gemeinschaften des Königs, geprägt durch die Gegenwart Christi und Leuchttürme der Schönheit menschlicher Gemeinschaften, die um seine Herrlichkeit und Liebe kreisen und nicht mehr um unsere eigene Ehre und Kraft. Beide zeigen uns etwas von den „Kräften der kommenden Welt" (Hebräer 6,5), die eines Tages die ganze Schöpfung erneuern werden.

Das Chalet und der Schuppen – „Pilotprojekte", Gemeinschaften des Königs.

Herrlichkeit für die Welt

In Psalm 72 singt der Beter von einem König, der „bis zu den fernsten Winkeln der Erde" herrscht (V. 8), und dies, „solange die Sonne scheint und der Mond für uns leuchtet" (V. 5). Dieser König wird „sich über Schwache und Bedürftige erbarmen [...] Aus Unterdrückung und Gewalt wird er sie erlösen" (V. 13-14). Dann wird es heißen: „Gepriesen sei Gott, der HERR [...] seine Herrlichkeit erfülle die ganze Erde!" (V. 18-19). Unter dem Messias-König manifestiert sich Gottes Herrlichkeit darin, dass die Witwen und Waisen, die Immigranten und die Armen endlich gerecht behandelt und von den Mächten, die sie unterdrücken, befreit werden. In den Kulturen der Welt dagegen wollen die Menschen sich „einen Namen machen" (vgl. 1. Mose 11,4), d. h., sie leben für ihre eigene Ehre und nicht die Ehre Gottes, und wo dies geschieht, kommt es zu Kämpfen und Ausbeutung. Aber wenn Gottes Herrlichkeit die ganze Erde erfüllt, dann werden vollkommener Friede, Harmonie und Gerechtigkeit herrschen.

Wenn in der Bibel die Herrlichkeit Gottes so eng mit Recht und Gerechtigkeit verbunden ist und wenn wir durch die Auferstehung Jesu Zugang zu der himmlischen Herrlichkeit Gottes bekommen haben, die einst die Welt neu machen wird – was bedeutet dies konkret für unser Leben und Wirken in der Welt hier und jetzt?

Geerhardus Vos schreibt in seinem Buch *The Kingdom of God and the Church*, dass seit der Auferstehung Christi „die Kräfte des Reiches […] am Wirken sind", und dies nicht nur innerhalb der Kirchenmauern. Denn, so Vos weiter, da das Ziel des Reiches die Erneuerung der ganzen Welt ist, „will es […] das ganze Leben der Menschen durchdringen".[13] Er versteht dies nicht im Sinne einer theokratischen Machtübernahme durch die Kirche, sondern: Wenn Christen in ihrer Arbeit die Nächstenliebe und die Ehre Gottes zu ihren höchsten Zielen machen, dann werden in „Wissenschaft […] Kunst […] dem Staat [… und] Handel und Industrie" mehr gute, gerechte Beziehungen geschaffen. Die Menschen werden nicht auf Kosten ihrer Mitmenschen vorankommen, indem sie für ihre eigene Ehre leben, sondern durch Miteinander und Liebe. Und wo Christen sich in ihrer Arbeit durch „das Prinzip der Ehre Gottes" bestimmen lassen und nicht durch das ihrer eigenen Ehre, „dort können wir zu Recht sagen, dass das Reich Gottes offenbar geworden ist".[14]

Vos wiederholt seine Warnung, dass dies nicht zu triumphalistischen Projekten zur „Reinigung" der menschlichen Kultur von allen ihren Schlacken führen darf. Er weist auf die verschiedenen biblischen Gleichnisse hin und sagt: „Unser Herr möchte ganz klarstellen, dass [...] die völlige Trennung zwischen Gut und Böse vor dem Ende der Welt nicht möglich ist." In der Zeit, in der wir noch leben, ist das Reich draußen in der Welt „Begrenzungen und Unvollkommenheit" unterworfen, und doch sehen wir auch reale Fortschritte im Kampf gegen das Böse und die Ungerechtigkeit.[15] Christen sind in der Vergangenheit „Salz und Licht" der Erde gewesen und sie werden das auch in Zukunft sein. Ihre Möglichkeiten, das Reich Gottes in den verschiedenen Lebenssphären zum Ausdruck zu bringen, sind begrenzt, aber real.

Wenn der Tod und die Auferstehung Jesu „nur" bedeuten würden, dass meine persönlichen Sünden vergeben sind und ich in den Himmel komme, wenn ich sterbe, wäre dies bereits eine wunderbare Wahrheit. Aber sie bedeuten noch viel mehr, ob wir es fassen können oder nicht. Michael Horton berichtet, wie er in fundamentalistischen christlichen Kreisen aufgewachsen ist, die den Gedanken des Reiches Gottes nicht denken konnten und nicht sahen, dass das Ziel der Auferstehung Christi in der Erneuerung der ganzen Welt liegt. Er schreibt: „In meiner Kindheit und Jugend ging es bei der Erlösung [nur] darum, dass ‚ich in den Himmel komme, wenn ich sterbe.' Wir glaubten natürlich an die Auferstehung des Leibes und das ewige Leben, aber das Ganze war nicht ganz klar: Waren wir nun durch den Tod [Jesu] erlöst oder durch [seine] Auferstehung?"

Erlöst durch Tod *und* Auferstehung

Wenn wir nur das Kreuz schauen, sehen wir den Glauben an Christus womöglich nur als etwas, was dem einzelnen Menschen Vergebung und Seelenfrieden bringt. Horton berichtet, wie es war, als ihm der ganze Sinn der Auferstehung aufging:

Es war ein befreiendes Erlebnis, zu erfahren, dass Christus der Anfang (der Erstgeborene) der neuen Schöpfung war, dass in der Vereinigung mit ihm [durch den Glauben] [...] all das, was mit ihm geschehen ist, auch bei mir geschehen ist, zurzeit geschieht und noch geschehen wird und dass meine Erlösung mit der Erlösung eines Volkes – dem Israel Gottes – zu tun hat und mit der Erlösung eines Ortes, der neu gemachten Schöpfung, in welcher Gerechtigkeit wohnt. Es macht für unseren Alltag einen großen Unterschied, ob wir denken: Es wird einmal alles verbrennen oder: Die ganze Schöpfung sehnt sich danach, frei zu werden von ihrer Knechtschaft und teilzuhaben an der herrlichen Freiheit der Kinder Gottes.[16]

Jesus, die Himmelstreppe zu Gott

Als Jesus Natanael kommen sah, sagte er: „Seht, da kommt ein wahrer Israelit, ein durch und durch aufrichtiger Mann!" Verwundert fragte Natanael: „Woher kennst du mich?" Jesus antwortete: „Schon bevor Philippus dich rief, habe ich dich gesehen; ich sah dich, als du unter dem Feigenbaum warst." Da rief Natanael: „Rabbi, du bist der Sohn Gottes, du bist der König von Israel!" Jesus entgegnete: „Weil ich dir gesagt habe, dass ich dich unter dem Feigenbaum sah, glaubst du. Aber du wirst noch viel Größeres erleben." Und er fuhr fort: „Ich versichere euch: Ihr werdet erleben, dass der Himmel offen steht und die Engel Gottes von dem Menschensohn hinauf- und zu ihm heruntersteigen." (Johannes 1,47-51)

Im 1. Buch Mose lesen wir, wie Jakob seinen alten erblindeten Vater Isaak mit einem Trick dazu bringt, ihm den Erstgeburtssegen zuzusprechen, der eigentlich seinem Bruder Esau gehörte. Als Esau ihm auf die Schliche kommt, beschließt er, ihn umzubringen, und Jakob flieht. Die erste Nacht schläft er im Freien, mit einem Stein als Kopfkissen (1. Mose 28,11), und hat einen Traum. Er sieht eine Treppe, die bis zum Himmel geht und auf der Engel Gottes hinauf- und hinuntersteigen. In der Bibel stehen Engel für die direkte, herrliche Gegenwart Gottes, und wie wir schon sahen, ist diese Gegenwart nichts, womit sündige Menschen Kontakt haben können. Als Jesaja in seiner Berufungsvision einen Blick auf die Majestät Gottes erhascht, ruft er aus: „Weh mir, ich vergehe!" (Jesaja 6,5[17]) Jakob war ein Gauner und Betrüger, der nie Buße getan hatte für das, was er getan hatte. Aber hier sah er eine Treppe, eine Verbindung zwischen Himmel und Erde, eine Verbindung, die für *ihn* da war. Warum kam Gott mit seiner Gegenwart in Jakobs Leben hinein? Wie war das überhaupt möglich? Wie konnte der Himmel sich für einen wie Jakob öffnen?

Die Antwort kam Jahrhunderte später. Philippus war ein Jünger Jesu, der zu seinem Freund Natanael ging, um ihm zu sagen, dass er den Messias gefunden hatte – Jesus aus Nazareth (Johannes 1,45). Nazareth? Natanael ist skeptisch. Was kann aus einem Provinznest wie Nazareth Gutes kommen?

Aber gut, er lässt sich von Philippus zu Jesus führen. Der sagt ihm: „Ich sah dich, als du unter dem Feigenbaum warst" (V. 48). Wir verstehen das mit dem Feigenbaum nicht. Natanael schon, und er ist schockiert, dass Jesus das weiß. Ist er womöglich ein Zauberer? Und Natanael ruft aus: „Du bist der König von Israel!" (V. 49).

Was antwortet Jesus? Er sagt: „Das mit dem Feigenbaum beeindruckt dich? Ich versichere dir: Du wirst noch größere Dinge sehen. Du wirst den Himmel offen und die Engel Gottes von mir hinauf- und zu mir herabsteigen sehen."

Es hat womöglich nie eine steilere Behauptung gegeben.

Viele alte Legenden sprachen von einer Art „Weltachse", die Himmel und Erde verband und über die ein Pilger, der sich genug um sein Seelenheil bemüht hatte, in die Sphäre Gottes gelangen konnte. Hätte Jesus gesagt: „Ich kann dir das Tor zum Himmel zeigen, den Ort, wo Himmel und Erde verbunden sind", hätte er sich als Prophet geoutet, wie andere große Religionsgründer. Aber das sagte er nicht, sondern: „*Ich bin* die Weltachse. *Ich* bin der Ort, wo Himmel und Erde zusammenkommen. Durch mein Leben, meinen Tod und meine Auferstehung wird der Geist der Herrlichkeit in die Welt und in dein Leben kommen."

„Ich *bin* die Weltachse."

In seinem Essay „Das Gewicht der Herrlichkeit" schreibt C. S. Lewis: „In den unbarmherzigen Mauern der Welt hat sich […] ein Spalt aufgetan, und wir sind aufgefordert, unserem großen Kapitän hindurchzufolgen."[18] Jesus hat ein Loch gesprengt in die undurchdringliche Mauer zwischen uns und Gott. Und so gibt es für uns „Jakobs" – für all die, die ihr Leben an die Wand gefahren und nur noch einen Stein als Kopfkissen haben – Hoffnung, unendliche Hoffnung. Sogar wir können die Herrlichkeit und Kraft Gottes in unserem Leben haben.

Kapitel 4

Eine Hoffnung, die die Welt unterwandert

Was nach dem Urteil der Welt ungebildet ist, das hat Gott erwählt, um die Klugheit der Klugen zunichte zu machen, und was nach dem Urteil der Welt schwach ist, das hat Gott erwählt, um die Stärke der Starken zunichte zu machen. Was in dieser Welt unbedeutend und verachtet ist und was bei den Menschen nichts gilt, das hat Gott erwählt, damit ans Licht kommt, wie nichtig das ist, was bei ihnen etwas gilt. Denn niemand soll gegenüber Gott mit vermeintlichen Vorzügen prahlen können. Ist es bei euch nicht genauso? Dass ihr mit Jesus Christus verbunden seid, verdankt ihr nicht euch selbst, sondern Gott. Er hat in Christus seine Weisheit sichtbar werden lassen, eine Weisheit, die uns zugute kommt. Denn Christus ist unsere Gerechtigkeit, durch Christus gehören wir zu Gottes heiligem Volk, und durch Christus sind wir erlöst. „Wenn also" – um es mit den Worten der Schrift zu sagen – „jemand auf etwas stolz sein will, soll er auf den Herrn stolz sein." (1. Korinther 1,27-31)

Ein Königreich, das die Welt unterwandert

Als Jesus von den Toten auferstand, holte er das künftige Reich Gottes in die Gegenwart hinein und den Himmel auf die Erde. Wir betreten dieses Reich in unserem Leben durch die Buße und den Glauben an Jesus sowie durch die Wiedergeburt durch den Heiligen Geist (Johannes 3,3.5). Wir werden damit aus dem Reich dieser Welt herausgenommen und „in das Reich versetzt, in dem [Gottes] geliebter Sohn regiert“ (Kolosser 1,13). Dies ist viel mehr als das Einüben eines neuen Glaubensbekenntnisses und einer neuen Ethik. In ein anderes Königreich zu kommen heißt, eine neue Loyalität zu bekommen, eine neue Liebe, neue Werte, die mein Leben bestimmen. Hier erfahren Herzen und Familien, Beziehungen, Communities und Bereiche der menschlichen Kultur Heilung und Wiederherstellung, weil sie auf die Herrlichkeit und Ehre Gottes ausgerichtet werden und unter die Autorität des Königs Jesus kommen, durch sein Wort und seinen Geist (Psalm 72; Kolosser 1,16-20; Epheser 1,9-10).

Dies ist eine Zusammenfassung dessen, was wir bis jetzt gesehen haben. Aber wir haben uns noch nicht angeschaut, *wie* diese einzigartige Botschaft und die Werte dieses Reiches sich von denen des Reiches dieser Welt unterscheiden und auf welche Weise sie langsam, aber sicher unser Leben verwandeln.

Zur Zeit Jesu stand die Botschaft vom Reich Gottes im Widerspruch zu allen Maßstäben und Denkkategorien der Welt. In unserer Zeit wird der christliche Glaube eher als etwas Traditionelles denn als etwas Radikales oder Revolutionäres gesehen. Nichts könnte weiter von der Wahrheit entfernt sein. Richtig verstanden, untergräbt die Botschaft vom Reich Gottes die vorherrschenden Glaubensvorstellungen unserer eigenen Kultur. Der Hauptgrund für dieses Missverständnis ist, dass wir die Bibel als eine Sammlung von Geschichten darüber sehen, wie wir uns selber retten können, indem wir moralisch leben. Wir sehen sie nicht als das, was sie in Wirklichkeit ist: als die große, in sich geschlossene Geschichte, wie Jesus Christus die Welt durch die große Umkehrung erlöst. In den folgenden beiden Kapiteln wollen wir dem roten Faden dieser Geschichte folgen.

Das Königreich, das die Verhältnisse umkehrt

Die Welt erwartete, dass ein Messias kommen würde – ein einziges Mal. Stattdessen kündigt Jesus einen Messias an, der zwei Mal kommt, und das bedeutet etwas Unerhörtes: Ein Messias, der zwei Mal kommt, kommt das erste Mal in Schwachheit und nicht mit gigantischer Kraft. Und damit ist dieses Gottesreich, das sich in zwei Etappen entfaltet, mit den Augen der Welt gesehen ein „verkehrtes" Königreich. Der König kommt auf eine Art, die die Werte der Welt auf den Kopf stellt. Er kommt nicht mit Stärke und Macht, sondern in Schwachheit und um zu dienen, um als Lösegeld für unsere Schuld zu sterben.

Daraus ergeben sich drei entscheidende Konsequenzen: Erstens: Das Prinzip, dass alles auf den Kopf gestellt ist, gilt auch für unseren Weg in das Reich Gottes. Wir erlangen die Erlösung nicht dadurch, dass wir (wie in anderen Religionen) all unsere Kräfte mobilisieren, um ein tugendhaftes Leben zu führen. Wir empfangen das Heil durch die Schwäche der Reue und Buße. Zweitens bedeutet es, dass wir auch in diesem Reich leben, wachsen und dienen. Und das heißt, dass wir nicht Macht ausüben, sondern Jesus folgen und dabei unsere eigene Macht aufgeben, um zu vergeben, zu opfern und zu dienen. Und drittens fangen wir an, die ganze Welt mit anderen Augen zu sehen. Wir verehren nicht mehr die Kompetenten, Starken und Erfolgreichen, wir verneigen uns nicht mehr vor den Reichen, Brillanten und Fähigen (vgl. Jakobus 2,1-7), sondern wir reichen den Schwachen und denen, die am Rand stehen, die Hand.

Diese neue Struktur fordert nicht nur die dominante Kultur, in der wir leben, heraus – sie krempelt unser eigenes Leben komplett um. Und sie tut das erstens dadurch, dass sie uns einen Schlüssel in die Hand gibt, um zu verstehen, was die Bibel im Innersten zusammenhält.

Die Bibelwissenschaftler haben diverse Schlüsselthemen herausgearbeitet, die sich durch alle biblischen Bücher und durch alle Abschnitte der Geschichte der Beziehung Gottes zu den Menschen ziehen. Da sind das Reich und der Bund, Anbetung und Heiligtum, Ruhe und Sabbat, Exil und Rückkehr, und man könnte noch weitere Themen nennen. Aber durch sie alle hindurch zieht sich der rote Faden der großen Umkehrung. Der Theologe G. K. Beale spricht von „Gottes ironischem Umstoßen der Weisheit der Menschen".[1] In einem Akt dramatischer Ironie werden Ereignisse, die erzählt werden, umgepolt und in eine Richtung gelenkt, die das Gegenteil von dem ist, was wir erwartet hatten. Beale sieht dabei in Gottes Handeln an den Menschen zwei verschiedene ironische Strategien, die einander aber ähneln:

Da ist zunächst einmal die *Umkehrung der Vergeltung*, bei der die erhofften Früchte des sündigen Lebens sich als Flüche entpuppen. Die Freiheiten und Belohnungen, die die Sünde scheinbar bietet, bringen in Wirklichkeit Unfreiheit und Strafe. Die Sünde hat einen Bumerang-Effekt: Der Verräter wird selber verraten, der Lügner selber belogen, und wer mit dem Schwert lebt, wird durch das Schwert sterben. Und zweitens gibt es die *Umkehrung der Erlösung*, bei der Gott die Schwachen erwählt (und nicht die Starken) und die Einfältigen (und nicht die Weisen), um die Welt zu erlösen. Wohlgemerkt: Gott erlöst *durch* die Schwäche und nicht trotz ihr. „Die Getreuen scheinen bestraft zu werden, aber wenn sie im Glauben beharren, befinden sie sich in Wirklichkeit mitten im Gesegnetwerden."[2]

Die erstaunliche Botschaft der Bibel lautet also: „Letztlich verläuft das Leben jedes Menschen im Rahmen eines dieser beiden […] Grundmuster."[3] Die guten Dinge dieser Welt, die uns als lauter Segen erscheinen (Schönheit, Macht, Komfort, Erfolg, Anerkennung), aber die wir ohne Gott empfangen, werden zu Flüchen, die uns versklaven und verzehren, und das Gerechteste, was Gott mit den Menschen machen kann, die ihn nicht wollen, ist, dass er sie an das preisgibt, was sie wollen (Römer 1,21-25). Und die schweren Dinge dieser Welt, die uns als Flüche erscheinen (Schwachheit, Entbehrung, Verlust und Zurückweisung), aber die wir im Glauben an Gott annehmen, verwandeln sich in Segen (2. Korinther 4,16-17; 12,10). Jeder Mensch lebt in einer dieser beiden Grundstrukturen; jeder von uns befindet sich auf einem dieser beiden Wege.

Die guten Dinge verwandeln sich zu Flüchen, die schweren zu Segen.

In Gottes Ökonomie werden die Großen erniedrigt und die Kleinen erhöht. Wie Hanna, die Mutter Samuels, singt: „Der Bogen der Starken ist zerbrochen, und die Schwachen sind umgürtet mit Stärke" (1. Samuel 2,4[4]). Wer zu den Höhen der Macht emporsteigen will, wird erleben, dass sein Leben nach unten geht, und wer in Demut hinabsteigt, wird erleben, dass er nach oben gekommen ist, denn „jeder, der sich selbst erhöht, wird erniedrigt werden, und wer sich selbst erniedrigt, wird erhöht werden" (Lukas 14,11; vgl. die vorangehenden Verse 7-10).

Wir können diese Gedanken wie folgt zusammenfassen: *Es gibt die guten Dinge dieser Welt, die schweren Dinge dieser Welt und die besten Dinge dieser Welt (Gottes Liebe, Herrlichkeit, Heiligkeit und Schönheit). Die Botschaft der Bibel lautet, dass der Weg zu den besten Dingen nicht über die guten Dinge verläuft, sondern üblicherweise über die schweren Dinge, wie Jesus selber uns in Philipper 2,5-11 zeigt.* Es gibt keine Botschaft, die der Art, wie die Welt das Leben sieht, mehr widerspricht oder die die Werte der Welt stärker unterminiert.

Aber die große Umkehrung hinterfragt nicht nur das Denken der Welt, sie ist auch der praktischste Ratgeber für das reale Alltagsleben. Dieses Umkehrungsmuster ist durch den Schöpfer und Erlöser der Welt tief in deren Substanz eingebettet worden, und es nicht zu sehen, macht einen überheblich wie die Freunde Hiobs, die genau zu wissen meinten, dass jemand, dem es schlecht ging, ein schlechter Mensch sein müsse. Doch diese Selbstgefälligkeit ist nur vorübergehend, weil das Leiden früher oder später jeden trifft, und wenn es einen trifft, wird eine allzu einfache Weltsicht ihn entweder in die Verzweiflung oder in den Zynismus stürzen. Aber wenn ich erkenne, dass Gott der Gott der großen Umkehrung ist – der Gott, der nach dem Tod das Leben, nach der Kreuzigung die Auferstehung bringt, der den Ersten den Letzten und den Letzten den Ersten sein lässt –, dann werde ich fähig sein, Mut zu schöpfen. Wenn wir diese Dinge nicht vergessen, können wir jede Herausforderung bestehen.

Im Rest dieses Kapitels werde ich diesen entscheidenden biblischen Handlungsstrang im Alten Testament nachzeichnen, um dann im folgenden Kapitel zu Jesus zu kommen, seiner ultimativen Verkörperung und Erfüllung.

Die Männer, die keiner ausgesucht hätte

Im 1. Buch Mose finden wir Kulturen, in denen zwei eherne Gesetze herrschten.[5] Das erste lautete, dass der Wert einer Frau in ihrer Schönheit und Fruchtbarkeit bestand: Wie viele Kinder würde sie zur Welt bringen, um ihren Stamm mit neuen Arbeitern und Soldaten zu versorgen? Das zweite war das Gesetz der Erstgeburt, das dem ältesten Sohn fast den gesamten Besitz der Familie sicherte. Aber auf den Seiten des 1. Buchs Mose finden wir einen Gott, der die Werte der Welt umdreht. In einer Generation nach der anderen arbeitet Gott nicht mit dem älteren Sohn, der die größere kulturelle Macht und Status hat, sondern mit dem jüngeren Sohn: Abel und nicht Kain, Isaak und nicht Ismael, Jakob und nicht Esau, Josef und Juda und nicht Ruben, Ephraim und nicht Manasse. Später dann erwählt Gott Mose und nicht Aaron und David und nicht seine älteren Brüder.

Doch all diese Männer waren nicht nur jüngere Söhne, was an sich schon bemerkenswert genug war, sie waren auch Männer mit Fehlern und Schwächen, und die biblischen Texte versuchen gar nicht, das zu verbergen. Jakob war ein Mann, der es nicht verwinden konnte, dass Esau Papas Liebling war, und so zu einem Betrüger und Intriganten wurde. Mose hatte einen Sprachfehler. Später erwählt Gott Erlösergestalten wie Gideon, Jeftah und Simson, deren Lebensläufe Trümmerhaufen aus Fehlentscheidungen und üblen Taten waren. Dass Gott sich wieder und wieder so schwache, fehlerhafte Männer aussucht, kann kein Zufall sein. Er tut dies, um zu demonstrieren, dass er die Macht hat, selbst aus den hoffnungslosesten Fällen etwas zu machen.

Die erwählten Erlösergestalten sind die Schwachen, Fehlerhaften.

Die Frauen, die keiner wollte

Ein anderes Grundmerkmal unserer Welt, ob in der Antike oder der Moderne, ist, dass diejenigen Frauen, die schön und die fruchtbar sind, die Gunst, Macht, Privilegien und natürlich die Aufmerksamkeit der mächtigsten Männer bekommen. Dieses

Denken ist so hartnäckig, dass selbst in unseren heutigen, mehr egalitär orientierten Gesellschaften der Körper und das Aussehen einer Frau als Maß für ihren Wert gelten. Frauen, die zu Recht gegen dieses Klischee protestieren, stellen fest, dass sie aufpassen müssen, es nicht auf sich selber anzuwenden. So tief verwurzelt ist dieses Denken im Leben und der Kultur der Menschen.

Doch auch hier sehen wir, wie Gott die Dinge auf den Kopf stellt, und dies schon lange, bevor Jesus es im Tempel tat. Da wirkt er durch die alte, verbrauchte Sara und nicht die junge Hagar, durch die unscheinbare Lea und nicht die schöne Rahel oder durch Hanna und die Mutter Simsons, beides unfruchtbare Frauen.

Und er wirkte auch durch Tamar, Rahab, Rut und Batseba – nach den sozialen Normen ihrer Zeit lauter Außenseiterinnen. Tamar verführte ihren eigenen Schwiegervater durch einen Trick zum Geschlechtsverkehr. Rahab war eine Prostituierte, Rut eine Heidin aus einem verachteten Volk, Batseba die Frau eines anderen Mannes, die von König David zum Ehebruch gezwungen wurde. Wieder haben wir es mit Menschen zu tun, die in den Augen der kulturellen Eliten moralisch, ethnisch und sozial Randsiedler waren. Doch im Stammbaum Jesu in Matthäus 1 werden sie alle vier genannt (V. 3-6), weil sie zu seinen weiblichen Vorfahren gehören; von ihnen stammt der Erlöser der Welt ab! Gott nimmt Menschen, die in der Welt am Rand stehen, und stellt sie ins Zentrum.

Die Menschen, die von allen verachtet wurden

In Offenbarung 7,9 erfahren wir, dass Gott „eine riesige Menschenmenge aus allen Stämmen und Völkern, Menschen aller Sprachen und Kulturen“ erlösen wird. Und wir könnten noch hinzufügen: aus jeder sozialen Schicht. Gott ist keiner Ethnie oder Klasse gegenüber voreingenommen, und viele von denen, die an ihn glauben und von ihm benutzt werden, sind reiche Menschen; Abraham, Hiob und Josef von Arimathäa sind nur drei Beispiele. Aber es ist eine besondere Spezialität Gottes, dass er sich Menschen und Gruppen zuwendet, die nicht zu den Großen und Mächtigen dieser Welt gehören.

In 5. Mose 7,6-8 sagt Gott zu Israel:

> *Denn du bist ein heiliges Volk dem HERRN, deinem Gott. Dich hat der HERR, dein Gott, erwählt zum Volk des Eigentums aus allen Völkern, die auf Erden sind. Nicht hat euch der HERR angenommen und euch erwählt, weil ihr größer wäret als alle Völker – denn du bist das kleinste unter allen Völkern –, sondern weil er euch geliebt hat und damit er seinen Eid hielte, den er euren Vätern geschworen hat. Darum hat der HERR euch herausgeführt mit mächtiger Hand und hat dich erlöst von der Knechtschaft, aus der Hand des Pharao, des Königs von Ägypten.*[6]

Gott weiß alles und ohne Zweifel wusste er auch, dass die Ägypter und danach die Assyrer, Babylonier, Perser, Griechen und Römer militärisch, ökonomisch und kulturell zu Weltmächten aufsteigen würden. Hätte es unter diesen Nationen nicht bessere Botschafter gegeben, durch die Gott seine Erlösung in die Welt bringen konnte? Warum offenbarte er sich ihnen nicht selbst? Warum wählte er stattdessen dieses kleine und rückständige Volk Israel? In diesem bemerkenswerten Bibelabschnitt erklärt Gott den Israeliten, dass er sie nicht *trotz* ihrer Machtlosigkeit erwählt hat, sondern gerade *deswegen*.

Und diese Erwählung eines kleinen, machtlosen Sklavenvolkes zum Träger der Erlösung der Welt war nicht nur eine einmalige Aktion Gottes, sondern in der Folge lässt er wiederholt aus der Schwäche der Israeliten Stärke kommen. Wir sehen dies zum Beispiel bei den „Richtern" (wie Jeftah, Gideon und Simson), an die Israel sich um Hilfe wandte, wenn es nicht weiterwusste und merkte, dass es Gott brauchte. Und als der Prophet Habakuk Gott bittet, das in Korruption und Unrecht gefallene Israel zu erneuern (Habakuk 1,1-4), erwidert Gott ihm, dass er Israel erst noch schwächer werden lassen wird, bevor er es zu neuer Kraft emporhebt (V. 5-11).

Und tatsächlich widerfuhren Israel schreckliche Dinge. Die Babylonier eroberten Jerusalem und töteten viele seiner Bewohner. Andere wurden nach Babylon ins Exil verschleppt, um die kulturelle Identität der im Land verbliebenen Juden zu zerstören. Die Eroberer gingen davon aus, dass binnen zwei Generationen die Israeliten ihre religiöse und nationale Identität verlieren und Babylonier werden würden. Kurz: Israel stand vor der vollständigen Auslöschung. Die Exulanten schienen resigniert zu haben, wenn sie fragten: „Doch wie könnten wir ein Lied für den HERRN auf fremden Boden singen?" (Psalm 137,4). Doch genau das lernten sie schließlich. Im Exil stellten die Israeliten sich endlich ihrem eigenen Unrecht und ihrer eigenen Sünde (Daniel 9,4-14). Und sie lernten etwas, was für die Zukunft von Gottes Erlösungsplan entscheidend wichtig war: Sie lernten es, die Lieder des Herrn in der Fremde zu singen, an ihrem Glauben festzuhalten und durch den Synagogengottesdienst in einer hoch pluralistischen Gesellschaft als religiöse Minderheit zu wachsen. Dies garantierte nicht nur das langfristige Überleben Israels, während mächtigere Völker und Nationen im Laufe der Jahrhunderte untergingen, sondern die Synagoge wurde, wie viele Historiker betonen, eines der wichtigsten Vorbilder für die christliche Kirche.

Wieder sehen wir, wie der Weg nach oben zuerst nach unten

und der Weg zur Kraft zuerst durch Schwäche führt und dass Gott einen Plan hat und mit uns geht, inmitten unseres Leidens, unserer Zerbrechlichkeit und Hilflosigkeit.

Der Weg nach oben führt zuerst nach unten.

Die Geschichte, die keiner erleben will

Wir möchten gerne unseren Lebenslauf als Erfolgsgeschichte schreiben, in der wir stark sind und Erfolg haben und die am Ende gut ausgeht. Aber in der gesamten Bibel sehen wir etwas völlig anderes: ein beständiges Erzählmuster vom Leben durch den Tod oder vom Triumph durch die Schwäche, das offenbart, wie Gott in der Geschichte und in unserem Leben wirkt.

In der Geschichte von Naaman, dem syrischen General, der an Aussatz erkrankt war (2. Könige 5,1-19), haben die Könige von Syrien und Israel und auch Naaman selber keinen Schimmer, wie sie Gottes Hilfe erfahren können, während die Diener und Sklaven klüger sind. Im Buch Jona rennt der Prophet vor seinem Gott weg und bringt die Mannschaft des Schiffes, auf dem er ist, in große Bedrängnis – und die heidnischen Matrosen zeigen mehr Verstand, Mitmenschlichkeit und Charakterstärke als Jona (vgl. Jona 1). Jona selber wird erst fähig, Gottes Ruf zu folgen, als er buchstäblich fast stirbt (in dem großen Fisch) und wieder aufersteht.

Josef rettet Ägypten und seine Familie vor einer Hungersnot – aber erst, nachdem er eine Art Sterben mitgemacht hat, den „Tod" der Sklaverei, des Gefängnisses und der Verzweiflung (vgl. 1. Mose 37–50). Simson war ein Mann mit ungeheuren körperlichen Kräften, aber, gelinde gesagt, seelisch unreif. Erst als seine Dummheit und sein Stolz ihn das Augenlicht gekostet und ihn in Ketten gelegt hatten, gelangte sein Glaube an

Gott zur Reife. Erst aus dieser Erfahrung der Schwäche heraus wurde er wahrhaftig stark und konnte seinen größten Triumph über die Feinde seines Volkes feiern (vgl. Richter 13–16).

Die Moabiterin Rut hatte, wie fast alle Frauen ihrer Zeit, wenig gesellschaftliche Macht. Sie liebte ihre Schwiegermutter Noomi und folgte ihr zurück nach Israel, wo sie gleich doppelt benachteiligt war: als Witwe und als Angehörige eines verachteten Volkes. Sie tat dies, um Noomi zu helfen, wohl wissend, dass sie verletzlich war und dass sie missbraucht werden könnte (Rut 2,8-10). Aber durch diesen freiwilligen „Tod" wurde sie nicht nur Noomis Beschützerin, sondern auch Gottes Erwählte, die zu einer Vorfahrin König Davids, ja von Jesu selbst werden sollte.

Die vielleicht bekannteste Geschichte im Alten Testament, an der Gottes Umkehrung der Werte deutlich wird, ist die von David und Goliat. Die Armee der Philister hatte einen Einzelkämpfer namens Goliat, der die Israeliten herausforderte, einen der Ihren im Duell gegen ihn kämpfen zu lassen. Das Volk des Verlierers würde als von dem anderen besiegt gelten. David war kein Elitesoldat. Er war überhaupt kein Soldat. Er war noch zu jung, um in die Armee zu gehen. Aber er besiegte Goliat, und das nicht, *obwohl* er so klein und vergleichsweise schwach war, sondern *weil* er es war. Seine schmächtige Gestalt ließ seinen riesenhaften Gegner unvorsichtig werden, sodass er ein gutes Ziel für die kleinen, aber tödlichen Steine von Davids Schleuder abgab. „Gott […] ließ aus der Schwäche dieses noch so jungen Mannes die Kraft kommen, den starken Riesen zu besiegen."[7] Als der Prophet Samuel gerade den künftigen König nach dem äußeren Erscheinungsbild casten wollte, bringt Gott die Sache, um die es geht, auf den Punkt: „Ein Mensch sieht, was vor Augen ist; der HERR aber sieht das Herz an" (1. Samuel 16,7[8]).

Es ist ein ebenso eindeutiges wie durchgehendes Muster. Der Verfasser des Hebräerbriefes fasst aus der Rückschau die Geschichten all der Glaubenshelden Israels so zusammen:

Wie viele andere Beispiele wären noch zu nennen! Die Zeit fehlt mir, um auf Gideon und Barak einzugehen, auf Simson und Jeftah, auf David und Samuel und auf die Propheten. Was haben Menschen wie sie durch ihren Glauben nicht alles zustande gebracht! Sie zwangen Königreiche nieder, sie sorgten für Recht und Gerechtigkeit, sie erlebten die Erfüllung von Zusagen, die Gott ihnen gemacht hatte, sie hielten Löwen das Maul zu, sie blieben mitten im Feuer unberührt von den Flammen, sie entkamen dem tödlichen Schwert, sie wurden, wo es ihnen an Kraft fehlte, von Gott gestärkt […] Es kam sogar vor, dass Frauen, die Gott vertrauten, ihre verstorbenen Angehörigen zurückerhielten, weil Gott sie wieder lebendig machte. Andere, die auch Gott vertrauten, ließen sich lieber zu Tode foltern, als sich von Gott loszusagen, obwohl sie dadurch freigekommen wären. Sie waren bereit, ihr irdisches Leben zu verlieren, um durch die Auferstehung ein besseres Leben zu erhalten. (Hebräer 11,32-35)

„Sie wurden, wo es ihnen an Kraft fehlte, von Gott gestärkt […]" Wen meint der Autor des Briefes hier? Praktisch jede der wichtigeren Personen in der Bibel. Gideon war der Jüngste im Hause seines Vaters und seine Familie die ärmste in ihrem Stamm (Richter 6,15). Jeftah war der Sohn einer Hure und wurde von seiner Familie verstoßen (Richter 11,1-3). Und sowohl die arme Witwe in Sarepta (1. Könige 17,17-24) als auch die reiche Frau in Schunem (2. Könige 4,17-37) wurden aus dem Loch der Verzweiflung herausgezogen, als sie „ihre verstorbenen Angehörigen [ihre Söhne] zurückerhielten". In einem Fall nach dem

anderen wählt Gott die Schwachen aus und schenkt Errettung nicht *trotz* ihrer Schwäche, sondern *durch* sie.

Und die Verfasser der Bibel erzählen uns nicht nur Geschichten, die dieses Thema illustrieren, sondern sprechen es auch direkt an. Jesaja sagt, dass Gott es liebt, die Verhältnisse der Welt auf den Kopf zu stellen und die Armen reich und die Starken schwach zu machen (Jesaja 29,19-21). Und in Psalm 8,3 heißt es:

> *Schon Säuglingen und kleinen Kindern hast du dein Lob in den Mund gelegt, damit sie deine Macht bezeugen.*
> *Das hast du so bestimmt, um deine Gegner zu beschämen, um jeden Feind und Rachsüchtigen zum Schweigen zu bringen.*

Gott wird durch „Säuglinge und kleine Kinder" Rettung und Erlösung bringen und über seine Feinde triumphieren – durch die Schwachen, nicht die Starken. In diesem Psalm sieht David das Wirken der großen Umkehrung in der Geschichte der Menschheit, obwohl er noch nicht ihren Höhepunkt sehen kann, der mit dem Tod und der Auferstehung des Sohnes Gottes kommt, wo Jesus sich durch seine Demütigung und Kreuzigung als der Starke erweist und als der, der unseren großen Feind, den Tod, ein für alle Mal entmachtet (Hebräer 2,9.14; vgl. 1. Korinther 15,26).

Das Evangelium, das die Menschen nicht hören wollen

Als Maria von dem Engel erfahren hat, dass sie den Messias zur Welt bringen wird, ruft sie aus: „Er hat die Mächtigen vom Thron gestürzt und die Geringen emporgehoben. Den Hungrigen hat er die Hände mit Gutem gefüllt, und die Reichen hat er mit leeren Händen fortgeschickt" (Lukas 1,52-53). Dies ist nicht eine kategorische Feststellung, dass Gott *jeden* König vom Thron stürzt und *jeden* Armen groß macht. Aber Maria lässt hier die hebräischen heiligen Schriften Revue passieren und sieht sich, geleitet durch den Heiligen Geist, selber als eine Figur in diesem Drama. Ähnlich schaut später Jakobus auf das Alte Testament zurück und kommt zu dem Schluss: „Hat Gott nicht gerade die, die in den Augen dieser Welt arm sind, dazu erwählt, durch den Glauben reich zu werden? Hat er nicht gerade sie zu Erben seines Reiches bestimmt – zu Erben des Reiches, das er denen zugesagt hat, die ihn lieben?" (Jakobus 2,5).

Gott rettet Menschen aus jeder Gesellschaftsschicht. Aber die Botschaft des Evangeliums ist für die Mächtigen und Privilegierten nicht unbedingt attraktiv. Instinktiv schreiben wir die Erfolge in unserem Leben uns selber zu. Wir bilden uns ein, dass das, was wir erreicht haben, die Frucht *unserer* Arbeit und *unseres* Charakters ist. Was wir haben, haben wir uns verdient. Jede Religion, die sich auf natürliche Weise an kompetente, selbstbewusste und erfolgreiche Menschen wendet, unterstützt dieses Selbstverständnis. Die Botschaft, die uns Menschen einleuchtet, lautet: „Reiß dich zusammen! Spuck in die Hände! Sei diszipliniert, moralisch, gut. Wer immer strebend sich bemüht, den kann Gott auch erlösen!"

Die Botschaft des Evangeliums ist für die Privilegierten nicht unbedingt attraktiv.

Demgegenüber will der Mensch folgende Botschaft von Natur aus *nicht* hören – sie bedroht den Kern seines Selbstbildes: „Du bist ein verlorener Sünder. Du hast viel Unrecht getan und das Gute, das du getan hast, hast du vor allem aus eigennützigen Motiven getan. Mit all deinen Bestrebungen, auch den religiösen, hast du eigentlich nur Gott manipulieren wollen, um ihn in eine Position zu bringen, in der er deinen Interessen dienen muss. In Wirklichkeit ist alles, was du hast, ein Geschenk Gottes. Ihn solltest du lieben und ganz für ihn leben und das tust du nicht und schaffst du nicht. Aber du kannst gerettet werden, wenn du zu ihm umkehrst, und diese Rettung geschieht dann allein durch seine unverdiente Gnade."

Aber genau das ist das Evangelium des Neuen Testamentes, das auf all dem aufbaut, was bereits das Alte Testament über das Wesen Gottes und des Menschen lehrt. Und je mächtiger, wohlhabender und abgesicherter man ist, desto mehr fühlt man sich von so einer Botschaft angegriffen und desto undenkbarer wird sie.

Ich wohne jetzt seit über drei Jahrzehnten in New York City, einer der weltweit größten Ansammlungen der Kompetenten, Erfolgreichen, Selbstbewussten. Wie nicht anders zu erwarten, ist der christliche Glaube im Zentrum, in Manhattan, wo unsere Familie gewohnt hat, eher schwach vertreten. Aber in den Stadtvierteln, wo die Arbeiter und die Armen wohnen, blüht das Christentum. Das ist nicht besonders überraschend. Ich hörte einmal, wie ein Sozialforscher (er war kein Christ) Folgendes über New York City sagte: „Die säkularen Eliten behaupten, sie stünden auf der Seite der Armen, aber ironischerweise stehen die Armen auf der Seite des Glaubens und insbesondere des wiedergeborenen Christentums."

Gott wirkt gerecht und fair – und die Verhältnisse auf den Kopf stellend und umstürzend – immer wieder gerade unter den Menschen, auf die „die Guten und die Großen" der Welt herabsehen.

Kapitel 5
Die große Umkehrung

Jesus Christus, der Gott in allem gleich war und auf einer Stufe mit ihm stand, nutzte seine Macht nicht zu seinem eigenen Vorteil aus. Im Gegenteil: Er verzichtete auf alle seine Vorrechte und stellte sich auf dieselbe Stufe wie ein Diener. Er wurde einer von uns – ein Mensch wie andere Menschen. Aber er erniedrigte sich noch mehr: Im Gehorsam gegenüber Gott nahm er sogar den Tod auf sich; er starb am Kreuz wie ein Verbrecher. Deshalb hat Gott ihn auch so unvergleichlich hoch erhöht und hat ihm als Ehrentitel den Namen gegeben, der bedeutender ist als jeder andere Name. Und weil Jesus diesen Namen trägt, werden sich einmal alle vor ihm auf die Knie werfen, alle, die im Himmel, auf der Erde und unter der Erde sind. Alle werden anerkennen, dass Jesus Christus der Herr ist, und werden damit Gott, dem Vater, die Ehre geben. (Philipper 2,6-11)

Wir haben das Prinzip der großen Umkehrung als häufiges, wiederkehrendes Motiv im Alten Testament gesehen. In jeder Generation hat Gott mit denjenigen Männern und Frauen, den Familien und Völkern gearbeitet, die keiner haben wollte. Und er hat die Schwachen und Unerwünschten nicht nur erwählt, er hat sie auch wieder und wieder gerade *durch* ihr Versagen, ihre Hilflosigkeit und ihre Leiden gerettet. Ist Gott also ein Romantiker, der auf der Seite der Benachteiligten steht? Ohne Zweifel ist er ein liebender Gott, aber es geht hier um wesentlich mehr als Sentimentalität.

Diese Begebenheiten im Alten Testament sind nicht nur interessante Geschichten, sondern Vorgeschmack und Fingerzeig auf die endgültige Erlösung, die Gott in Jesus Christus geschenkt hat. In Jesus entdecken wir nicht die nächste unerwartete Wende, sondern die große Umkehrung, und es gibt hier keine bessere Darstellung als Philipper 2. Vers 8 sagt uns, dass Jesus am Kreuz gestorben ist, und Vers 9 beginnt mit: „*Deshalb* hat Gott ihn auch so unvergleichlich hoch erhöht …“ Gott hat Jesus nicht *trotz* seines Todes erhöht, sondern gerade *wegen* ihm. Jesus wurde abgelehnt, verurteilt, gefoltert und hingerichtet und *deshalb* hat Gott ihn erhöht. Die Bestätigung Jesu durch die Auferstehung ist sowohl die Umkehr der Kreuzigung als auch deren Ergebnis. Die Finsternis des Karfreitags führt zum Sonnenaufgang von Ostern. So wirkt Gott! Dies ist die große Umkehrung der Weltgeschichte, die im gesamten Neuen Testament bezeugt wird.

Das Markusevangelium – nicht sich dienen lassen, sondern dienen

Ein Paradebeispiel ist das Markusevangelium.

Das Evangelium beginnt mit einem Zitat der berühmten Prophezeiung aus Jesaja 40, dass Gott selber eines Tages sein Volk besuchen wird. Es folgt die erstaunliche Behauptung, dass das Kommen Jesu in die Welt die Erfüllung dieser Worte Jesajas ist (Markus 1,1-4). Der allmächtige Herr des Universums ist in Jesus Christus auf die Erde gekommen. In der ersten Hälfte des Markusevangeliums wird beim Leser immer mehr die Erwartung geweckt, dass Jesus bald seine Macht ausspielen und alle Feinde vernichten wird. Wieder und wieder demonstriert er seine übernatürliche Macht, wenn er Kranke heilt, den Sturm stillt und Tausenden zu essen gibt. Selbst die Dämonen zittern und schreien vor ihm (Markus 1,24). Es scheint, als würde der Messias Jesus bald alle Mächte des Bösen, die die Welt in ihrem Griff halten, bezwingen.

Doch in der zweiten Hälfte des Evangeliums ist plötzlich alles umgekehrt: Auf einmal wird der Messias von Feinden verfolgt und von seinen Freunden verlassen. Am Kreuz verlässt selbst sein Vater ihn (Markus 15,34). Und mittendrin stellt Jesus klar, dass er als König nicht gekommen ist, um sich dienen zu lassen, sondern um selber zu dienen (Markus 10,45).

Doch auch schon in der ersten Hälfte des Buchs gibt es Indizien dafür, dass Jesus sich nicht so verhält, wie wir das von einem typischen Befreier erwarten. Der amerikanische Neutestamentler Richard B. Hays bemerkt, dass Jesu Kampf gegen das Böse „ein merkwürdiger Kampf ist, den niemand erwartet hätte und dessen Höhepunkt das Kreuz ist“.[1] Er nennt drei Merkmale des Wirkens Jesu im Markusevangelium, die uns merkwürdig und überraschend erscheinen.

gekommen um zu dienen

Erstens: Im Markusevangelium „führt Gottes […] Einbruch in die Welt zu einem kompletten Umbruch: Gott dreht die Positionen der Insider und der Outsider um.“ In Markus 3 lehnen die Oberen des Volkes ihn ab, während die einfachen Leute sich in Massen um ihn drängen, um ihn zu berühren (vgl. Markus 3,9-10). Die Menschen, die die Vorreiter sein sollten, bleiben „hinten“, und die, die hinten sein sollten, sind ganz vorne.

Die, die Autorität und privilegierte Positionen haben, lehnen Jesus und seine Botschaft ab; selbst seine eigenen Jünger [erweisen sich immer wieder als] schwer von Begriff. Doch andere – Menschen mit niedrigem, ja verachtetem Status in der sozialen Welt der jüdischen Kultur des 1. Jahrhunderts – nehmen das Evangelium bereitwillig an, denn ihre Not ist groß. Die Aussätzigen, die Besessenen, die Frau mit den Blutungen (Markus 5,25-34), die syrophönizische Frau (7,24-30), die kleinen Kinder (10,13-16), der blinde Bartimäus (10,46-52), die unbekannte Frau, die Jesus in Betanien für sein Begräbnis salbt (14,3-9), der heidnische Centurio unter dem Kreuz (15,39) – sie sind lauter Beispiele von Menschen, die Jesus im Glauben annehmen. „Aber viele, die jetzt die Ersten sind, werden dann die Letzten sein, und die Letzten werden die Ersten sein" (Markus 10,31). Diejenigen unter uns, denen diese Geschichte vertraut ist, sollten den Schock dieser Umkehrung nicht unterschätzen.[2]

Zweitens: „Das Markusevangelium definiert das Wesen der Macht und den Wert des Leidens neu." Jesus erwählt die Machtlosen und nicht die Mächtigen – aber sein Ziel ist nicht, wie bei Revolutionären, einfach die Plätze zu tauschen, sondern das Evangelium *definiert* Macht *neu.* Hays schreibt: „Diejenigen, die Macht ausüben, um andere zu beherrschen, zu töten und zu unterdrücken, werden nicht nur als Schurken dargestellt, sondern überraschenderweise auch als Spielball von Mächten, die sie nicht kontrollieren können." Fallstudien hierfür sind Herodes (Markus 6,14-29) und Pilatus (Markus 15,1-15).

Wir sehen, wie Jesus auf seine Macht verzichtet und ein einfacher Mensch und das Opfer eines tödlichen Justizirrtums wird. Doch seine scheinbare Machtlosigkeit ist in Wirklichkeit Macht, die anderen dient, anstatt sie zu kontrollieren. Aus Liebe auf Macht zu verzichten heißt, sich der Macht der Liebe zu bedienen, um die Verhältnisse zu ändern. Das ist die wahre

Macht Gottes: „Denn auch der Menschensohn ist nicht gekommen, um sich dienen zu lassen, sondern um zu dienen und sein Leben als Lösegeld für viele hinzugeben" (Markus 10,45). Nur so konnten die Sünde und der Tod besiegt werden. Das Zurückstellen von Macht und das Ja zum Leiden werden, so Hays, „in dem geheimnisvollen Wirken des Willens Gottes sinnvoll und notwendig".[3]

Und schließlich schreibt Hays: „Markus' Sicht des moralischen Lebens ist zutiefst *ironisch*."[4] Unter „Ironie" versteht Hays ebenso wie Beale Aussagen oder Ereignisse, die am Ende auf das Gegenteil von dem herauslaufen, was man am Anfang angenommen hatte. Ironie ist immer überraschend, weil sie Erwartungen zunichtemacht.[5] Anders als viele Menschen meinen, ist Gott nicht ein kosmischer Gesetzeshüter, der die Bösen straft und die Braven mit Segen überschüttet. Hays erklärt, dass die Erkenntnis, dass Gott immer wieder auf eine Weise wirkt, die wir nicht erwartet hatten und die unserer Intention zuwiderläuft, unser übermäßiges Selbstvertrauen untergräbt und uns demütig und unvoreingenommen macht.[6]

Gottes Ironie – gegen alle Erwartungen

Das Lukasevangelium – die Ersten werden die Letzten sein

Lukas hat sowohl das gleichnamige Evangelium als auch die Apostelgeschichte verfasst. In beiden Büchern wird die Handlung von dieser überraschenden Umkehrung der Verhältnisse bestimmt. Vielleicht in keinem anderen Evangelium zeigt sich die Liebe Jesu zu den Ausgestoßenen so deutlich wie im Lukasevangelium. „Es gibt Letzte, die werden Erste sein, und Erste, die werden Letzte sein" (Lukas 13,30).

Die Samariter galten bei den Juden als minderwertiges Volk, ja als Feinde, doch Jesus stellt sie geistlich auf dieselbe Ebene wie die Juden (Lukas 9,54; 17,16) oder sogar höher (10,25-37). Jesu Freiheit von dem damals so grassierenden rassistischen Stammesdenken war geradezu explosiv. Einmal wollten die Leute ihn lynchen, als er erklärte, dass Gott die Heiden gerade so liebte wie die Juden (Lukas 4,25-30).

Eine andere verachtete Gruppe waren die Zolleinnehmer – in der Regel Juden, die im Auftrag der römischen Besatzer die Steuern und Zölle von der Bevölkerung eintrieben und dabei unter dem Schutzschirm der Macht des Imperiums enorme Summen in den eigenen Taschen verschwinden ließen. Sie wurden zu Recht als Kollaborateure betrachtet, so ähnlich wie später zum Beispiel die Menschen, die im Zweiten Weltkrieg in dem von den Deutschen besetzten Teil Frankreichs Posten und Machtpositionen übernahmen und aus der Zusammenarbeit mit den Nazis ihren Profit schlugen. Aber im Lukasevangelium sind alle sechs Erwähnungen der Zolleinnehmer positiv gefärbt. Die Zolleinnehmer waren unter den Menschen, die zu Johannes dem Täufer und zu Jesus strömten, um sie zu hören (Lukas 3,12; 5,27-30; 7,29.34; 15,1). Der Zöllner Zachäus kam zum Glauben an Jesus, und in dem Gleichnis von dem Pharisäer und dem Zöllner im Tempel ist es der Zolleinnehmer, der „in Gottes Augen gerechtfertigt" nach Hause ging, weil er Gottes Gnade begriffen hatte. „Denn jeder, der sich selbst erhöht, wird erniedrigt werden, aber wer sich selbst erniedrigt, wird erhöht werden" (18,14).

Jesus kümmerte sich auch besonders um die kleinen Kinder, obwohl seine Jünger das für Zeitvergeudung hielten (Lukas 18,15-17). Und er wandte sich den Aussätzigen zu, die verarmt, krank und dem Tod entgegengehend am Rand der Gesellschaft ihr Dasein fristeten. Jesus rührte sie buchstäblich an, setzte sich über gesellschaftliche Verbote hinweg, und gab ihnen so die menschliche Nähe, die sie so dringend brauchten (Lukas 5,12-16; 17,11-19).

Lukas dokumentiert auch Jesu „Ja“ zu den Frauen. Er erwähnt 13 Frauen, die anderswo in der Bibel nicht vorkommen, darunter die Witwe von Nain (Lukas 7,11-17) und die Frauen, die Jesus finanziell unterstützten (8,1-3). Er nimmt die Frau an, „die für ihren unmoralischen Lebenswandel bekannt war“ und ihm weinend die Füße salbte (7,36-50). In den Erzählungen von seiner Geburt und von seiner Auferstehungsgeschichte stehen Frauen an prominenter Stelle.

Und schließlich dokumentiert Lukas, was für ein großes Herz Jesus für die Armen hatte. Mehrere Male nennt Jesus sein Evangelium Gottes gute Botschaft für die Armen (vgl. Lukas 4,18; 7,22). Er weist seine Jünger an, nicht nur radikal großzügig gegenüber den Armen zu sein (11,41; 12,33; 19,8), sondern sie sogar in ihre Häuser und Familien aufzunehmen (14,13). Und Jesus erklärt, dass die bescheidene Opfergabe einer armen Witwe (zwei Kupfermünzen) für Gott mehr zählt als die großzügigen Spenden der Reichen (Lukas 21,2-3).[7]

„So muss auch der Menschensohn erhöht werden“

Warum sucht Gott sich immer wieder die Schwachen aus, um dann durch ihre Machtlosigkeit und ihr Leiden seine Rettungsaktionen durchzuführen? Diese Geschichten bewegen uns, weil wir es lieben, wenn eine vergessene Frau oder ein verachteter Mann auf einmal von hinten das Spielfeld aufrollen und gewinnen. Und diese Berichte über Jesu Liebe zu den Armen, Außenseitern, Aussätzigen und Zolleinnehmern machen uns Mut, weil wir moderne Menschen einen Sinn für Gerechtigkeit haben. Aber es wäre ein großer Fehler, wenn wir meinen würden, diese biblischen Geschichten seien nur dazu da, uns zu inspirieren. Sie wollen uns nicht inspirieren, sie wollen uns *bekehren* – bekehren zu Jesus Christus (1. Korinther 10,1-4.11). Alle diese kleinen Wenden weisen uns hin zu der großen Umkehrung, dem Tod und der Auferstehung des Sohnes Gottes.

Jesus Christus war ein König, der triumphierend in seine Stadt einzog (Johannes 12,12-19), und seine Anhänger erwarteten, dass er dort seinen Thron besteigen würde. Unmittelbar nach seinem triumphalen Einzug sagte er, dass er „über die Erde erhöht werden" würde, aber um zu sterben (Johannes 12,32-33). Er würde nicht auf einem Thron sitzen, sondern an einem Kreuz hängen. Ein anderes Mal hat Jesus das so ausgedrückt:

> *Und wie Mose damals in der Wüste die Schlange erhöhte, so muss auch der Menschensohn erhöht werden, damit jeder, der glaubt, in ihm das ewige Leben hat. (Johannes 3,14-15)*

Jesus spielt hier auf ein merkwürdiges Ereignis während der Wüstenwanderung der Israeliten an, bevor sie das Land der Verheißung erreichten; es wird in 4. Mose 21 berichtet. Das Volk hatte gegen Gott rebelliert, worauf dieser Giftschlangen schickte, durch deren Bisse viele starben. Die Israeliten kamen darauf zur Besinnung und baten Mose, Gott zu bitten, die Schlangen wegzunehmen. Gott erhörte ihre Bitte und wies Mose an, ein Abbild dieser Schlangen aus Bronze zu fertigen und inmitten des Lagers an einer Stange aufzurichten. Jeder, der gebissen worden war, brauchte nur auf die Bronzeschlange zu schauen und wurde geheilt. Das Ironische an diesem Heilmittel war, dass die Menschen durch das Anschauen von eben dem, das sie krank gemacht hatte, wieder gesund wurden. Es war eine bildhafte Vorwegnahme der Tatsache, dass Gott den Fluch des Todes nicht einfach wegnehmen, sondern *durch ihn* Segen bringen würde.

Als Jesus sagte, dass er an einem Kreuz erhöht werden würde, so wie Mose damals die Schlange an einer Stange anbrachte, meinte er dasselbe, was Paulus meinte, als er in 2. Korinther 5,21 schrieb, dass Jesus „für uns zur Sünde gemacht" wurde, und in Galater 3,13, dass Christus uns erlöste, indem er „zum Fluch wurde für uns"[8]. Der „Lohn, den die Sünde zahlt" – also die verdiente Verdammung und Strafe für die Sünde –, ist der Tod (Römer 6,23). Am Kreuz wurde Jesus gewissermaßen zu dem, was uns zerstört. Er wurde so behandelt, als ob er voller Sünde war; er trug an unserer Stelle den Fluch und erlitt den Tod. Und nur wenn wir ihn im Glauben dort am Kreuz anschauen, wie er zu der Sünde wird, die uns tötet, und wie er den Tod auf sich nimmt, den wir verdient haben, können wir Vergebung und Heilung erlangen. Am Kreuz hat Gott den Fluch des Todes, der die Strafe für die Sünde ist, für uns in Segen verwandelt.

Am Kreuz wurde Jesus selbst zu dem, was uns zerstört.

Das Evangelium und die große Umkehrung

Die große Umkehrung hilft uns also, das Evangelium zu verstehen. Der Neutestamentler Simon J. Gathercole (Cambridge, UK) weist darauf hin, dass zahlreiche Menschen das Evangelium traditionell ganz am Kreuz verorten und auf die Aussage „Jesus starb, um dir deine Sünden zu vergeben" reduzieren. Die Auferstehung ist hier lediglich so etwas wie eine wunderbare Zugabe.[9] Um dies zu vermeiden mehren sich in neuerer Zeit die Stimmen derer, die sagen, dass das Evangelium einfach in der Aussage „Jesus ist der Herr" besteht. Auch diese Aussage vereinfacht zu sehr, denn sie vermittelt den Eindruck, das Evangelium bestünde lediglich darin, dass man die Lehren Jesu befolgt. Ohne Zweifel sollen Christen das tun, aber diese Formulierung verdeckt die Tatsache, dass die Erlösung durch Jesus aus reiner Gnade kommt, unabhängig von unseren moralischen Bemühungen.[10]

Nachdem er verschiedene Darstellungen des Evangeliums in den Briefen des Paulus untersucht hatte, identifizierte Gathercole drei Leitideen. *Erstens* die gute Nachricht, wer Jesus *ist* (Römer 1,3-4). Er ist der ewige Sohn Gottes, der sich selbst erniedrigte und ein Mensch wurde, der Messias. *Zweitens* die gute Nachricht von dem, was Jesus *getan hat*: Er starb am Kreuz und stand von den Toten auf (1. Korinther 15,3-4). Und *drittens* die gute Nachricht, was Jesus *bringt*: Als er von den Toten auferstand, brachte er die neue Schöpfung und die Kraft des Heiligen Geistes zu uns (Kolosser 2,13-15; Epheser 2,4-7). Zusammenfassend schreibt Gathercole, dass das Evangelium darin besteht, dass „der Messias Jesus" durch seinen Tod und seine Auferstehung „die Sühne für die Sünde ist und die neue Schöpfung heraufführt."[11]

Gathercoles Studie zeigt uns, dass dem Evangelium die Idee der großen Umkehrung zugrunde liegt. Die Menschwerdung, der Tod und die Auferstehung Jesu sind eine frohe Botschaft wegen der wunderbaren Liebe, die er uns dadurch zeigte, dass er unsere Stelle einnahm. Er kam vom Himmel auf die Erde, damit wir von der Erde in den Himmel gehen können. Er war reich und wurde arm, damit wir durch seine Armut reich würden (2. Korinther 8,9). Er wurde zur Sünde, damit wir dadurch in ihm die Gerechtigkeit Gottes bekämen (2. Korinther 5,21). Der Fluch, den er erlitt, ist unser Segen (Galater 3,13-14). *Das* ist das Evangelium.

Torheit und Schwachheit

Der Tod und die Auferstehung Jesu bringen uns nicht nur die Erlösung, sondern sind auch die ultimative Widerlegung der Weisheit der Welt.

Lassen Sie uns ein Gedankenexperiment machen. Sie versammeln ein paar Spitzenberater aus Wirtschaft und Politik, die alle auf die besten Hochschulen gegangen sind und für die besten Firmen und Projekte gearbeitet haben und deren Kunden am meisten Erfolg gesehen haben, und stellen ihnen die folgende Frage: „Ich habe folgendes langfristiges Ziel: Ich möchte der berühmteste und einflussreichste Mensch werden, der je gelebt hat. Ich möchte, dass noch in Jahrhunderten ganze Zivilisationen auf meinen Lehren aufgebaut sind, und ich möchte im Zentrum des Lebens von Hunderten Millionen Menschen stehen. Was muss ich tun, um das zu erreichen?"

Nehmen wir einmal an, die größten Berater der Welt würden Sie ernst nehmen – was würden sie wohl sagen? Etwa so etwas wie: „Sie müssen im Verborgenen und am Ende der Welt geboren worden sein. Meiden Sie sämtliche politischen, ökonomischen oder akademischen Netzwerke, die irgendwie Einfluss haben. Sorgen Sie dafür, dass Sie einen tragischen Tod erleiden, noch bevor Sie vierzig werden oder je ein Buch geschrieben haben." Selbstverständlich würde keiner dieser Gurus Ihnen diesen Rat geben – aber genauso hat Jesus es geschafft, und er hat damit die Weisheit der Welt zur Torheit gemacht.

Und wie grandios wäre er wohl gescheitert, hätte er die Erfolgsrezepte der Welt befolgt! Wenn er nun als Philosoph mit einem großen intellektuellen Lehrgebäude gekommen wäre? Dann hätten sich ihm nur die Intellektuellen angeschlossen. Wenn er eine moralische Revolution angestoßen hätte,

> Jesus wäre gescheitert, hätte er die Erfolgsrezepte der Welt befolgt.

mit sich selber als dem großen Vorbild? Davon hätten nur die etwas gehabt, die stark genug und fähig waren, ihm nachzueifern.

Aber quer durch die Geschichte und die Nationen der Welt haben Menschen aus allen Klassen und Verhältnissen Frieden und Kraft im Evangelium von Jesus gefunden. In Armenvierteln kommen die Menschen selten zusammen, um über Platon oder Aristoteles zu fachsimpeln, aber sie tauschen sich über die Botschaft Jesu aus und studieren sie, und ihr Leben wird verändert. Jesus kam nicht und sagte: „Ich bin stark, ich bin brillant. Strengt euch an, dann könnt ihr auch so werden wie ich." Sondern Jesus hat seinen Platz mit dem unseren vertauscht. Er kam, um das Leben zu leben, das ich hätte leben sollen, und den Tod zu sterben, den eigentlich ich hätte sterben müssen, damit ich mit Gott versöhnt werde, Vergebung bekomme und ein neuer Mensch werde.

Das ist der Grund, weshalb die Botschaft des Evangeliums gut für jeden Menschen ist und immer mehr Menschen auf der Erde verwandelt und erneuert. Das Evangelium ist nicht nur etwas für die Anständigen, die Starken oder die Intellektuellen. Es ist egal, wer ich bin oder was ich getan habe. Darum konnte Paulus schreiben:

> *Wie steht es denn mit ihnen, den Klugen, den Gebildeten, den Vordenkern unserer Welt? Hat Gott die Klugheit dieser Welt nicht als Torheit entlarvt? Denn obwohl sich seine Weisheit in der ganzen Schöpfung zeigt, hat ihn die Welt mit ihrer Weisheit nicht erkannt. Deshalb hat er beschlossen, eine scheinbar unsinnige Botschaft verkünden zu lassen, um die zu retten, die daran glauben.*
>
> *Die Juden wollen Wunder sehen, die Griechen fordern kluge Argumente. Wir jedoch verkünden Christus, den ge-*

kreuzigten Messias. Für die Juden ist diese Botschaft eine Gotteslästerung und für die anderen Völker völliger Unsinn. Für die hingegen, die Gott berufen hat, Juden wie Nichtjuden, erweist sich Christus als Gottes Kraft und Gottes Weisheit. Denn hinter dem scheinbar so widersinnigen Handeln Gottes steht eine Weisheit, die alle menschliche Weisheit übertrifft; Gottes vermeintliche Ohnmacht stellt alle menschliche Stärke in den Schatten. (1. Korinther 1,20-25)

In den Augen der Welt stellte Jesu Tod am Kreuz die totale Niederlage dar. „Wie", fragten die einen, „konnte er der Welt helfen, ohne ein großer Philosoph und Lehrer zu werden? Er musste doch zuerst eine neue Denkschule gründen!" Andere fragten: „Wie konnte er der Welt helfen, ohne ein großer Führer und Kriegsherr zu werden? Er musste ein Reich gründen!" Der gekreuzigte Messias war für die Griechen eine Verrücktheit und für die Juden eine Lächerlichkeit – aber die Geschichte hat diese Skeptiker des 1. Jahrhunderts kräftig Lügen gestraft. Die große Umkehrung ist beides: *echte* Weisheit und *echte* Macht, und sie demonstriert das Paradox, dass das, was die Welt unter Größe versteht, eine Schwachheit ist, die ständig neu zu Kriegen und Konflikten führt. Und was die Welt unter Weisheit versteht – Verstand ohne Gott –, ist das Fruchtloseste, was es überhaupt gibt. Und deshalb steht hinter dem Handeln Gottes eine Weisheit, die alle menschliche Weisheit übertrifft, und Gottes vermeintliche Ohnmacht stellt alle menschliche Stärke in den Schatten (1. Korinther 1,25).

Die Gründer der anderen großen Weltreligionen starben friedlich im Bett, umgeben von ihren Getreuen und in dem Wissen, dass ihre Bewegung wuchs und gedieh. Jesus dagegen starb einen Verbrechertod, verraten, verleugnet und von allen verlassen, sogar von seinem Vater.

Andere Religionen lehren Erlösung durch den allmählichen Aufstieg zu Gott mittels guter Werke, moralischer Tugend, der Befolgung von Ritualen und der Transformation des Bewusstseins. Im Christentum dagegen kommt die Erlösung dadurch, dass Gott zu uns herabsteigt. Dies ist der große Unterschied zwischen dem christlichen Glauben und allen anderen Philosophien und Religionen.

Nimm dein Kreuz auf dich und gib deine Herrlichkeit auf

Wenn Jesus uns dazu auffordert, unser Kreuz auf uns zu nehmen und ihm nachzufolgen (Matthäus 16,24), bedeutet das: Um durch die große Umkehrung gerettet und verändert zu werden, müssen wir durch unsere eigene „Umkehrung“ gehen. So wie Jesus unsere Erlösung nicht durch das Ausüben seiner Macht bewirkte, sondern durch die freiwillige *Aufgabe* von Macht, so erlangen wir diese Erlösung nicht dadurch, dass wir all unsere Kraft zusammennehmen, um moralisch perfekt zu werden, sondern indem wir unsere totale Schwäche, Hilflosigkeit und Bedürftigkeit eingestehen. Und so wie bei Jesus Schwachheit und Schande der einzige Weg zu wahrer Kraft und Herrlichkeit war, so ist bei uns die Reue über unsere Schuld und Sünde der einzige Weg zu größter Zuversicht und Ehre – zu dem Wissen, dass wir in Christus von dem Herrn des Universums angenommen und geliebt sind.

Es gibt Geschenke, die man nicht annehmen kann, ohne seine Schwachheit zuzugeben. Stellen Sie sich einen älteren Mann vor, der langsam schwerhörig wird, sich das aber nicht eingestehen will. Für ihn ist die Sache klar: Die Leute nuscheln alle. Endlich kann seine Frau ihn zu einem Hörtest überreden. Das

Ergebnis ist eindeutig: Der Mann braucht ein Hörgerät. Aber als er die Preise hört, sagt er resigniert: „So teuer? Das können wir uns nicht leisten." Worauf seine Frau entgegnet: „Kauf dir das beste, und ich schenk' es dir." Das klingt nett, aber der Mann merkt, dass er, um dieses Geschenk anzunehmen, seine Schwachheit zugeben muss. Er muss seiner Frau sagen: „Danke, Schatz! Ja, ich werde allmählich alt und höre nicht mehr richtig, was die Leute mir sagen." Es gibt Geschenke, die kann man nur annehmen, wenn man seine Bedürftigkeit zugibt.[12]

Das Evangelium ist das ultimative Geschenk, und es erfordert ein radikales Eingeständnis.

Diese demütige Selbsterkenntnis und die Bereitschaft, die Herrschaft über mein Leben an Gott abzugeben, können wir nur mit Gottes Hilfe entwickeln. Aber ich habe es erlebt, wie Menschen diese Hilfe erfahren haben, als sie die ganze Schönheit dessen, was Jesus für sie getan hat, betrachteten. Die größte Herrlichkeit besteht darin, die eigene Herrlichkeit jemand anderem zu schenken. Es gibt nichts Schöneres als jemanden, der seine eigene Schönheit drangibt, um andere zu retten.

Er hatte keine Gestalt und Hoheit. Wir sahen ihn, aber da war keine Gestalt, die uns gefallen hätte. Er war der Allerverachtetste und Unwerteste, voller Schmerzen und Krankheit. Er war so verachtet, dass man das Angesicht vor ihm verbarg; darum haben wir ihn für nichts geachtet. Fürwahr, er trug unsre Krankheit und lud auf sich unsre Schmerzen. Wir aber hielten ihn für den, der geplagt und von Gott geschlagen und gemartert wäre. Aber er ist um unsrer Missetat willen verwundet und um unsrer Sünde willen zerschlagen. Die Strafe liegt auf ihm, auf dass wir Frieden hätten, und durch seine Wunden sind wir geheilt. (Jesaja 53,2-5[13])

Johann Calvin hat das wunderbare Paradox der großen Wende Jesu Christi so ausgedrückt:

> *Er wurde verkauft, um uns zurückzukaufen, gefangen, um uns zu befreien, verurteilt, um uns freizusprechen. Er wurde zum Fluch gemacht zu unserem Segen, zum Sündopfer für unsere Gerechtigkeit. Er wurde hässlich gemacht, damit wir schön seien. Er starb für unser Leben. Und so wird durch ihn die Wut milde gemacht, der Zorn besänftigt, die Finsternis in Licht verwandelt, die Angst beruhigt, die Verachtung verachtet, die Schuld gelöscht, die Mühe leichter gemacht. Die Traurigkeit wird fröhlich, das Unglück wird zum Glück, das Schwierige einfach, die Unordnung ordentlich, das Getrennte zusammengebracht. Was schändlich ist, wird ehrbar, was rebellisch ist, unterjocht, die Ängstigung geängstigt, der Hinterhalt bloßgelegt, der Angreifer angegriffen, die Macht entmachtet, der Kampf bekämpft, der Krieg bekriegt, die Rache gerächt, die Qual gequält, die Verdammnis verdammt, der Abgrund in den Abgrund geworfen, die Hölle durchbohrt, der Tod getötet, das Sterbliche unsterblich gemacht. Kurz: Die Gnade hat alles Elend verschlungen und die Güte alles Missgeschick.*[14]

Kapitel 6

Persönliche Hoffnung: 1

Die Auferstehung Jesu Christi hat sich tatsächlich ereignet, aber sie ist keine historische Tatsache wie alle anderen. Ob ich daran glaube oder nicht, dass Julius Caesar 49 v. Chr. den Rubikon überschritt, ändert nichts an meinem Leben. Doch der Glaube an die Historizität der Auferstehung Jesu kann mich total verändern – allerdings nicht durch Glauben im Sinne eines bloßen Für-wahr-Haltens. Nur durch die persönliche Begegnung mit dem auferstandenen Herrn selber und die Vereinigung mit ihm im Glauben können wir verändert werden. Nur so können wir die gewaltige Hoffnung, zu der Gott uns berufen hat (vgl. Epheser 1,18), tatsächlich erfahren. Im Neuen Testament gibt es fünf Fallstudien von Menschen, die Jesus nach seiner Auferstehung begegneten. Vier von ihnen finden sich in den letzten beiden Kapiteln des Johannesevangeliums, die letzte (die Bekehrung des Paulus) im 9. Kapitel der Apostelgeschichte, und alle zusammen zeigen uns, wie es ist, dem auferstandenen Christus persönlich zu begegnen.

Maria Magdalena begegnet Jesus

Maria aber blieb draußen vor dem Grab stehen; sie weinte. […] Auf einmal stand Jesus hinter ihr. Sie drehte sich nach ihm um und sah ihn, erkannte ihn jedoch nicht. „Warum weinst du, liebe Frau?", fragte er sie. „Wen suchst du?" Maria dachte, es sei der Gärtner, und sagte zu ihm: „Herr, wenn du ihn weggebracht hast, sag mir bitte, wo du ihn hingelegt hast, dann hole ich ihn wieder." – „Maria!", sagte Jesus. Da wandte sie sich um und rief: „Rabbuni!" (Das bedeutet „Meister"; Maria gebrauchte den hebräischen Ausdruck.) Jesus sagte zu ihr: „Halte mich nicht fest! Ich bin noch nicht zum Vater in den Himmel zurückgekehrt. Geh zu meinen Brüdern und sag ihnen, dass ich zu ihm zurückkehre – zu meinem Vater und eurem Vater, zu meinem Gott und eurem Gott." Da ging Maria aus Magdala zu den Jüngern zurück. „Ich habe den Herrn gesehen!", verkündete sie und erzählte ihnen, was er zu ihr gesagt hatte. (Johannes 20,11.14-18)[1]

Als der auferstandene Jesus zu ihr trat, sah Maria ihn, „erkannte ihn jedoch nicht" (V. 14). Dies sollte uns nicht überraschen. Wir sahen bereits, wie die Jünger, die nach Emmaus unterwegs waren, ihn auch zuerst nicht erkannten. Der Auferstehungsleib Christi war einerseits der Leib, den er früher gehabt hatte, doch andererseits war er verwandelt und vollkommen gemacht, sodass die Menschen, die Jesus von früher her kannten, ihn nicht sofort identifizieren konnten.

Aber es dürfte noch mehr gesteckt haben hinter Marias Unvermögen, Jesus zu erkennen. In ihrem Hinterkopf hatte sie ein Narrativ, durch das sie alles, was sie sah, filterte, und dieses Narrativ lautete: „Sie haben meinen Herrn weggenommen, und ich weiß nicht, wohin sie ihn gebracht haben" (V. 13). Und so erkannte sie weder die Engel vor dem Grab noch Jesus selber. Der auferstandene Jesus und die Erlösung, die er brachte, passten nicht zu ihren Erwartungen, die wie ein Filter oder eine Brille wirkten, sodass sie den Wald vor lauter Bäumen nicht sah. Da stand Jesus leibhaftig vor ihr – und sie erkannte ihn nicht.

Und damit steht Maria Magdalena stellvertretend für die

ganze Menschheit. In Apostelgeschichte 13,27 sagt Paulus in einer seiner Predigten: „Die Einwohner von Jerusalem und ihre führenden Männer erkannten nämlich nicht, wer dieser Jesus ist. […] So kam es, dass sie ihm den Prozess machten, und gerade auf diese Weise haben sie die prophetischen Ankündigungen erfüllt!“ Wir dürfen dies nicht so verstehen, dass die Bewohner Jerusalems geistlich außergewöhnlich blind waren und dass man Jesus in einer anderen Stadt (zum Beispiel Rom) als Gott und Messias erkannt hätte. Nein, es handelt sich um ein Problem *aller* Menschen.

Ein Problem aller Menschen: „Sie erkannten ihn nicht.“

„Keiner fragt nach Gott“, schreibt Paulus in Römer 3,11. Damit will er *nicht* sagen, dass kein Mensch nach dem Göttlichen oder Transzendenten oder allgemein nach Spiritualität sucht, sondern niemand sucht den *wahren* Gott. Wir suchen Spiritualität, aber immer unter der Bedingung, dass wir einen Gott finden, der unseren Wünschen entspricht, einen Gott, den wir kontrollieren können und der unsere Selbsteinschätzung und unsere Narrative nicht infrage stellt. Was immer Maria in dieser Situation für eine Vorstellung von Jesus hatte – die Gestalt, die da plötzlich vor ihr stand, passte nicht dazu. Die Botschaft der Bibel lautet, dass Gott sich nie an unsere Kategorien und Konzepte von ihm anpasst.

Es gäbe keine Hoffnung für uns, wenn Gott darauf wartete, dass wir den ersten Schritt tun. Wir wären verloren, wenn er ungeduldig vom einen Fuß auf den anderen treten würde, während wir krampfhaft darüber nachdenken, wer er ist und wo er ist. Riefe er uns nicht mit Namen, wir würden nie zu ihm kommen.

Auch bei Maria von Magdala ergreift *er* die Initiative. Er beginnt mit Fragen: „Warum weinst du? Wen suchst du?“ Er kommt nicht wie ein Polizist daher, der Gehorsam fordert, sondern wie ein Seelsorger, der zur Einsicht führen möchte. Kann sein, dass Maria den Rest ihres Lebens über die Doppelbödigkeit dieses „Wen suchst du?" nachdachte. Es ist gerade so, als ob Jesus sagt: „Maria, du liebst mich, aber du hast noch lange nicht begriffen, wer ich bin."

Und dann bricht Jesus zu ihrem Herzen durch. Man beachte hier die Reihenfolge. Es kommt nicht zuerst Marias „Rabbuni!" und danach sagt Jesus „Maria!", sondern es ist gerade umgekehrt: Er sagt: „Maria!" und darauf erwidert sie hoch erstaunt: „Rabbuni!" Im Christentum ist Erlösung nie *unser* Verdienst, gleichsam die Belohnung eines langen Ringens, während Gott danebensteht und wartet, sondern *er* kommt zu *uns* und weckt uns aus unserem Schlaf auf. Erlösung ist immer ein Geschenk der Gnade.

Liebe, die du mich zum Bilde
deiner Gottheit hast gemacht,
Liebe, die du mich so milde
nach dem Fall hast wiederbracht:
Liebe, dir ergeb' ich mich,
dein zu bleiben ewiglich.[2]

Wir erfahren weiter, dass christlicher Glaube enge, persönliche Gemeinschaft meint. Auf Marias Ausruf „Rabbuni!" erwidert Jesus: „Halte mich nicht fest!" (V. 17). Auf den ersten Blick ist dies ein merkwürdiger Satz und manche verstehen ihn so, als ob Jesus sagt: „Berühre mich nicht, ich bin zu heilig!" – so ähnlich, wie einst Gott aus dem brennenden Dornstrauch zu Mose sprach (2. Mose 3,5). Aber dies will nicht dazu passen, dass Jesus ein paar Verse später Thomas dazu auffordert, ihn anzufassen (V. 27), oder dass er es zulässt, dass andere Zeuginnen der Auferstehung seine Füße umfassen (Matthäus 28,9).

Die Sache wird deutlicher, wenn wir uns klarmachen, dass das griechische Wort, das hier mit „festhalten" übersetzt ist, ein Festhalten mit aller Kraft meint, bis hin zum Kneifen. Es ist mehr als wahrscheinlich, dass Maria Jesus mit all ihrer körperlichen und seelischen Kraft umarmte, als sie ihn endlich erkannte. Das wäre die naheliegende Reaktion – Jesus hatte schließlich nicht weniger als sieben Dämonen aus ihr ausgetrieben (Lukas 8,2). Er hatte sie aus einer geistlichen und emotionalen Hölle herausgerissen. Als er am Kreuz starb, hatte sie geglaubt, ihn für immer verloren zu haben, und jetzt war sie wie vom Donner gerührt, dass er lebte. Natürlich hat sie ihn mit aller Kraft in den Arm genommen. Aber Jesus sagt ihr:

> *„Halte mich nicht fest! Ich bin noch nicht zum Vater in den Himmel zurückgekehrt. Geh zu meinen Brüdern und sag ihnen, dass ich zu ihm zurückkehre – zu meinem Vater und eurem Vater, zu meinem Gott und eurem Gott." Da ging Maria aus Magdala zu den Jüngern zurück. „Ich habe den Herrn gesehen!", verkündete sie und erzählte ihnen, was er zu ihr gesagt hatte. (Johannes 20,17-18)*

Was Jesus hier zu Maria sagt, könnte man so ausdrücken:[3] „Maria, ich weiß, warum du dich so an mich klammerst. Es war furchtbar für dich, mich zu verlieren, und jetzt meinst du, du musst mich festhalten und nie mehr loslassen. Aber du verstehst das nicht. Wenn ich zum Vater auffahre und mich zu seiner Rechten setze und den Geist sende, wird *jeder* in der ganzen Welt, der an mich glaubt, Gemeinschaft mit mir haben können. Durch den Geist werde ich zu euch kommen, euch meine Liebe schenken und in euch wohnen können. Lass mich zum Vater gehen, und du und alle anderen, die dies auch wollen, ihr werdet eine Gemeinschaft mit mir haben, wie ihr euch das jetzt noch gar nicht vorstellen könnt."

Die Gemeinschaft mit dem auferstandenen Herrn ist eines der Geschenke, die Gott denen macht, die an die Auferstehung Jesu glauben. Es ist ein himmelweiter Unterschied, ob man *etwas über Gott weiß* oder ihn *persönlich kennt*. Gott persönlich kennen ist ewiges Leben (Johannes 17,3). Das ist nichts Abstraktes. Es geht um eine echte Beziehung mit Geben und Nehmen, Reden und Hören, die wir durch Anbetung, durch das Hören auf Gottes Wort und im Gebet leben. Solch eine Beziehung ist deswegen möglich, weil Jesus kein toter Lehrer ist, sondern ein auferstandener, lebendiger Erlöser.

Diese Gemeinschaft mit Jesus wirft sehr praktische Fragen auf. Wenn Sie beten, haben Sie dann den Eindruck, dass Ihnen wirklich jemand zuhört? Spüren Sie Gottes Gegenwart? Erleben Sie es, dass Sie beim Beten manchmal – nicht immer, ja noch nicht einmal regelmäßig, aber doch oft – von Gedanken über Gottes Güte, Weisheit und Gnade erfüllt werden, die groß und klar werden und die Trost bringen und wundervoll sind? Oder dass die Lasten, die Sie niederdrücken, weniger werden? All diese Dinge können Christen erleben, die diesen unvergleichlichen Segen erfahren haben, den auferstandenen Herrn zu kennen.

Es liegt ein gewisses Paradox in den Worten, die Jesus an Maria Magdalena richtet. Er muss weggehen, um ihr näher kommen zu können als je zuvor. Er hat dies seinen Jüngern detailliert in Johannes 14–16 erklärt. Er wird sie verlassen und anschließend seinen Geist senden, aber mit diesem Geist wird er selber kommen (Johannes 14,17-18.28). Der Geist wird ihnen seine Herrlichkeit offenbaren (Johannes 16,14), sodass sie seine Schönheit und

Jesus muss weggehen, um Maria näher kommen zu können als je zuvor.

Größe auf eine Art sehen können, wie ihnen dies nicht möglich war, als er noch auf der Erde war. Und Paulus erklärt: Wenn wir im Glauben und in der Kraft des Geistes Jesus im Evangelium betrachten, dann leuchtet seine Herrlichkeit in unseren Herzen auf und verwandelt uns (2. Korinther 3,7–4,6). Jesus sagt: „Wenn ich zur Rechten des Vaters auffahre, werde ich euch den Heiligen Geist senden, und der wird mich in euch groß machen und euch meine Herrlichkeit zeigen."

Dies ist eine unvergleichliche Ermutigung für uns heute. Wir sind ja manchmal versucht zu denken: „Hätte ich nur damals auch dabei sein können, wie die Jünger, hätte ich nur auch Jesu Stimme hören und seine Hand anfassen können!" Aber Jesus sagt hier, dass wir eine viel größere Erfahrung seiner Herrlichkeit und Nähe haben können als damals die ersten Jünger – eine größere Nähe, als wenn er uns buchstäblich in den Armen halten und küssen würde.

Maria hat Jesus erst nicht erkannt, aber ihre Sehnsucht nach Gemeinschaft mit ihm war ein Zeichen dafür, dass sie begriffen hatte, was Gottes Gnade ist. Ihr Leben war ein Trümmerhaufen gewesen, und als Jesus sie aus diesem Leben herausholte, muss sie gedacht oder sogar laut gesagt haben: „*Ich*? Ich bin halb nackt und schreiend durch die Straßen gerannt. *Ich* soll ein Kind Gottes sein?" Aber Jesus hatte ihr gezeigt, dass gerade sie ein Kind Gottes sein konnte, allein durch Gottes Gnade. Und das hatte sie zu einem neuen Menschen gemacht.

In genau dem Maße, wie wir unser Bedürfnis nach Gnade erkennen, explodiert der Glaube in unserem Leben und er tut dies in Form von Liebe. Wie Paulus in Galater 5,6 (NLB) sagt: „Denn wenn wir unser Vertrauen auf Christus Jesus setzen, fragt Gott nicht danach, ob wir beschnitten oder unbeschnitten sind. Entscheidend ist der Glaube, der sich in der Liebe zeigt."[4]

Johannes begegnet Jesus

Es gibt in Johannes 20 einen weiteren Zeugen der Auferstehung. Der Text nennt ihn den „Jünger, den Jesus besonders lieb gehabt hatte" (Johannes 20,2). Die Tradition identifiziert ihn mit Johannes, einem der zwölf Apostel, also dem Verfasser des Evangeliums selber.[5]

> *Sofort machten sich Petrus und der andere Jünger auf den Weg und gingen zum Grab hinaus. Die beiden liefen zusammen los, aber der andere Jünger war schneller als Petrus und erreichte das Grab als Erster. Er beugte sich vor, um hineinzuschauen, und sah die Leinenbinden daliegen; aber er ging nicht hinein. Simon Petrus jedoch, der inzwischen auch angekommen war, ging in die Grabkammer hinein. Er sah die Leinenbinden daliegen und sah auch das Tuch, das man dem Toten um den Kopf gewickelt hatte. Es lag zusammengerollt an einer anderen Stelle, nicht bei den Binden. Jetzt ging auch der Jünger, der zuerst angekommen war, ins Grab hinein und sah alles. Und er glaubte. (Johannes 20,3-8)*

Anders als Maria Magdalena gehen Johannes und Petrus in das leere Grab hinein und schauen sich dort um. Sie inspizieren die Grabtücher, und ihre grauen Zellen beginnen zu arbeiten. Dies wird in den gängigen Bibelübersetzungen nicht wirklich deutlich. In Johannes 20,1, wo Maria *sieht*, dass der Stein, der das Grab verschlossen hatte, weggerollt worden war, wird im Griechischen das Wort für „sehen" benutzt – *blepei*. Aber als Petrus und Johannes sich in dem leeren Grab umschauen, steht im Griechischen das Wort *theōreō*, das so viel wie „theoretisieren", „gründlich nachdenken" bedeutet. Mit anderen Worten: Die Jünger begnügten sich nicht mit einem flüchtigen Blick; sie begannen nachzudenken, Hypothesen zu entwickeln, die ihnen das, was sie da vor sich sahen, erklären konnten. Es handelte sich um den gleichen Denkprozess, der bei einem Wissenschaftler abläuft, der nach einer Arbeitshypothese sucht, um ein Phänomen zu erklären.

Aber was sahen die Jünger denn? Zunächst einmal sahen sie die Grabtücher („Leinenbinden") „daliegen". Das mit „daliegen" übersetzte griechische Wort impliziert, dass die Tücher „ordentlich" dalagen. Sie waren nicht zerrissen und lagen auch nicht in einem wirren Haufen da. Und das Tuch, das um den Kopf gewickelt gewesen war, lag nicht bei den übrigen Binden, sondern für sich, und zwar säuberlich zusammengefaltet. Warum ließ dieser Anblick die Gehirne der Jünger auf Hochtouren arbeiten? Damals legte man die Leichen Verstorbener nicht in ihren Alltagskleidern ins Grab, sondern wickelte sie in Leinenbinden; sodass sie ähnlich wie eine Mumie ausgesehen haben. Darum befahl Jesus nach der Auferweckung des Lazarus: „Befreit ihn von den Tüchern und lasst ihn gehen!" (Johannes 11,44). Es wäre Lazarus nicht möglich gewesen, sich ohne fremde Hilfe von den Leinenbinden zu befreien.

Das ist der Grund, warum Johannes und Petrus sich das, was sie da vor sich sahen, nicht erklären konnten. Warum lagen die Grabtücher säuberlich zusammengefaltet da? Wenn irgendwelche Feinde den Leichnam gestohlen hätten, warum hätten sie die Grabtücher von ihm abnehmen sollen? Die Verwesung musste doch schon begonnen haben (vgl. Johannes 11,39). Und wenn es Freunde gewesen wären, die den Leichnam gestohlen hätten, wie hätten sie so pietätlos sein können, ihn nackt davonzutragen? Und wenn Jesus nur scheintot gewesen und wieder zu sich gekommen war und das Grab verlassen hatte, warum sahen die Grabtücher dann nicht zerrissen aus? Vor allem: Woher hätte ein so schwer verletzter Mann die

Kraft nehmen sollen, sich die Binden vom Leib zu reißen? Und wenn es ihm tatsächlich gelungen wäre, warum hätte er sie dann so sorgfältig zusammengefaltet?

Die Jünger dachten über diese Möglichkeiten nach, und langsam, aber sicher lösten sich alle nicht-übernatürlichen Erklärungen für das, was sie da sahen, in nichts auf. Wie Arthur Conan Doyle durch den Mund seines berühmten Sherlock Holmes sagte: „Wenn man das Unmögliche ausgeschlossen hat, dann muss das, was übrigbleibt – egal, wie unwahrscheinlich es aussieht –, die Wahrheit sein."[6]

Der Bibeltext informiert uns, dass Johannes als Erster, noch vor Petrus und Maria, zu diesem unwahrscheinlichen, aber wahren Fazit kam: dass Jesus von den Toten auferstanden war. Er „sah alles" und er „glaubte" (V. 8), und im Johannesevangelium bedeutet das Wort „glauben" nicht nur eine intellektuelle Zustimmung, sondern einen Glauben des Herzens, der zur Erlösung führt.

Glaube ist also mehr als intellektuelles Nachdenken und Zustimmen. Er ist mehr, als die Indizien zu prüfen und Schlussfolgerungen zu ziehen. Aber er ist auch nicht weniger. Glaube schließt Denken ein – wie könnte er sonst etwas sein, das den *ganzen* Menschen betrifft? Johannes, der Denker, wurde der erste Mensch, der glaubte, dass Jesus von den Toten auferstanden war. Er war offen für die Fakten, er zog die logischen Schlussfolgerungen, aber er beließ es nicht beim Denken und Kombinieren. Er kam nicht nur zu dem logischen Schluss, dass Jesus auferstanden war, er war bereit, ab jetzt sein Leben auf diese Tatsache zu gründen.

Glaube ist mehr als intellektuelles Nachdenken – aber auch nicht weniger.

Es gibt eine Geschichte über einen berühmten Hochseilartisten, der einer staunenden Menge sein Können demonstrierte, indem er mehrmals auf einem Seil über einen tiefen Abgrund spazierte.[7] Er ging bis zur Mitte des Seils und aß dort sein Frühstück, er fuhr mit einem Fahrrad hinüber und lief mit einer Schubkarre zurück. Die Zuschauer waren absolut beeindruckt. Der Artist fragte sie, ob sie glaubten, dass er mit der Schubkarre ein Gewicht von hundert Kilogramm sicher über die Schlucht bringen konnte. Niemand hatte irgendwelche Zweifel. Dann bat er um einen Freiwilligen, der bereit wäre, sich in die Schubkarre zu setzen. Niemand meldete sich, obwohl es mehr als wahrscheinlich war, dass das Experiment gelingen würde. Die Leute glaubten an das Können des Artisten, aber ihr Leben wollten sie ihm nun doch nicht anvertrauen.

Johannes benutzte seinen Verstand und kam durch Nachdenken zu der Überzeugung, dass Jesus von den Toten auferstanden sein musste. Und dann – kletterte er in die Schubkarre. Es ist übrigens bemerkenswert, dass Johannes zu einem echten, rettenden Glauben an die Auferstehung Jesu kam, *ohne* den Auferstandenen mit eigenen Augen gesehen zu haben. Die meisten anderen Jünger mussten ihm erst leibhaftig begegnet sein. Aber Jesus betont, wie wir noch sehen werden, dass die Menschen zu einem Glauben, der ihr Leben verwandelt, auch ohne ein solches Erlebnis kommen können. Hier ist Johannes ein Vorbild für uns. Er dachte nach und dann glaubte er, ohne den auferstandenen Christus gesehen zu haben. Das können wir auch.

Thomas begegnet Jesus

Thomas, auch Didymus genannt, einer der Zwölf, war nicht dabei gewesen, als Jesus zu den Jüngern gekommen war. Die anderen erzählten ihm: „Wir haben den Herrn gesehen!" Thomas erwiderte: „Erst muss ich seine von den Nägeln durchbohrten Hände sehen; ich muss meinen Finger auf die durchbohrten Stellen und meine Hand in seine durchbohrte Seite legen. Vorher glaube ich es nicht."

Acht Tage später waren die Jünger wieder beisammen; diesmal war auch Thomas dabei. Mit einem Mal kam Jesus, obwohl die Türen verschlossen waren, zu ihnen herein. Er trat in ihre Mitte und grüßte sie mit den Worten: „Friede sei mit euch!" Dann wandte er sich Thomas zu. „Leg deinen Finger auf diese Stelle hier und sieh dir meine Hände an!", forderte er ihn auf. „Reich deine Hand her und leg sie in meine Seite! Und sei nicht mehr ungläubig, sondern glaube!" Thomas sagte zu ihm: „Mein Herr und mein Gott!" Jesus erwiderte: „Jetzt, wo du mich gesehen hast, glaubst du. Glücklich zu nennen sind die, die nicht sehen und trotzdem glauben." (Johannes 20,24-29)

Die Evangelien haben nicht viel über Thomas zu sagen. In Johannes 11,16 zeigt er seine Loyalität zu Jesus, wenn auch auf eine fatalistische Art und Weise („Ja, lasst uns mitgehen [nach Betanien], um mit ihm zu sterben"). Als Jesus davon redet, dass er ins Haus seines Vaters gehen wird, um Wohnungen für seine Jünger vorzubereiten, zeigt Thomas durch seine Reaktion, dass er nicht versteht, wovon Jesus überhaupt redet (Johannes 14,5). Diesen paar Szenen können wir entnehmen, dass Thomas „ein loyaler, aber etwas phantasieloser Mensch" war, der sich der Dinge absolut sicher sein musste, bevor er handelte.[8] Dass er nach dem Tod von Jesus nicht bei den anderen Jüngern ist (Johannes 20,24), überrascht nicht. Ein Ausleger mutmaßt, dass „der Tod Jesu ihn so mitgenommen hatte, dass er allein sein musste, um ihn zu verdauen. Als Jesus also am Osterabend zu den Jüngern kommt, ist Thomas nicht da."[9] Und als die anderen ihm berichten, dass sie Jesus gesehen haben, beeindruckt ihn das noch nicht.

Anstatt das Zeugnis seiner Freunde einfach anzunehmen, formuliert Thomas Bedingungen für seinen Glauben. Er wird erst dann an die Auferstehung glauben, wenn er persönlich die Nägelmale an den Händen Jesu und die durchbohrte Stelle an seiner Seite betastet hat. Er weiß, dass man mit solchen Wunden nicht überleben kann, und wenn er folglich einen lebendigen Körper sehen und anfassen kann, der diese Wunden aufweist, dann kann er vielleicht glauben, dass er nicht einen Betrüger oder Geist vor sich hat, sondern Christus.

Thomas ist der berühmteste Zweifler der Antike; fast könnte man ihn mit den säkularen Skeptikern von heute vergleichen. Viele Menschen heute sind moderne ungläubige Thomasse, teils aufgrund ihres Charakters, teils aus Vernunftgründen. In modernen Persönlichkeitstests (etwa dem Myers-Briggs-Test) würde man Thomas wahrscheinlich als einen „Sensoriker" bezeichnen. „Sensoriker" achten in besonderem Maße auf die physische Realität und harte Fakten und heute gibt es Millionen solcher „Thomasse". Andere, auch sie nicht wenige, haben mehr philosophische Einwände gegen die Auferstehung. „Ein Toter *kann nicht* wieder lebendig werden", sagen sie. Wie wir in Kapitel 1 sahen, dachten Thomas und alle anderen Juden seiner Zeit so, obwohl sie es etwas anders ausdrückten: „Es ist unmöglich, dass ein konkreter Toter bereits mitten in der Geschichte der Menschheit wieder lebendig wird." Und es gibt noch ein drittes Merkmal, das Thomas möglicherweise mit heutigen Zweiflern gemeinsam hatte: Es ist offensichtlich, dass er Jesus bewunderte und liebte; immerhin war er einer seiner Jünger gewesen. Aber eben aus diesem Grunde dürfte er gezögert haben, sich zu viel Hoffnungen zu machen. Die anderen Jünger sagen: „Er lebt!", und Thomas erwidert: „Macht mir keine Hoffnungen, das tut zu weh!"

All diese Gründe und Motive stellen für den modernen

Menschen ein Hindernis für den Glauben dar. Man kann eine Weltsicht haben, nach der „so etwas nicht möglich ist", einen Charakter, der zur Skepsis, vielleicht sogar zum Zynismus neigt, oder ein Herz, das Angst davor hat, enttäuscht zu werden.

Doch trotz alledem erleben wir in Johannes 20, wie Thomas vom tiefsten Zweifler unter den Jüngern zum lautesten Bekenner im Evangelium wird. Er ruft aus: „Mein Herr und mein Gott!" (V. 28). Welcher Jude hätte das je von einem Menschen gesagt? Die Szene gilt als Höhepunkt des Johannesevangeliums. Der größte Zweifler verwandelt sich in den größten Bekenner, und dies geschieht in zwei Etappen.

Erstens: Thomas nimmt das Zeugnis der anderen Apostel zur Kenntnis. In diesem Punkt sitzt er mit uns heute im selben Boot. Er hört sich an, was Augenzeugen, die den auferstandenen Jesus gesehen haben, zu sagen haben. Die Augenzeugen, die Thomas hörte, lebten noch; heute können wir ihre Berichte im Neuen Testament nachlesen. Und darüber hinaus können wir uns in moderne Bücher über die Auferstehung vertiefen, zum Beispiel N. T. Wright, *Die Auferstehung des Sohnes Gottes* oder Richard Bauckham, *Jesus and the Eyewitnesses.*[10] Bauckham weist nach, dass die Evangelien nicht die Merkmale einer fiktiven mündlichen Überlieferung aufweisen, sondern die von Augenzeugenberichten.

Nicht nur allgemein, sondern *für ihn* vom Tod auferstanden

Also: Thomas hatte erstens dieselben Augenzeugenberichte zur Verfügung wie wir heute. Doch das Zweite, was er brauchte, war die Erkenntnis, dass Jesus nicht nur ganz allgemein vom Tod auferstanden war, sondern *für ihn.*

Als Jesus wieder den Jüngern erscheint, nimmt er sich den Zweifler vor, hält ihm seine Hände hin und sagt: „Lege deinen Finger auf diese Stelle! Und hier ist meine

Seite – berühre sie mit deiner Hand!“ Worauf Thomas, ohne zu zögern, erwidert: „Mein Herr und mein Gott!“ Woher dieser plötzliche Glaube? Es gibt in dem Bibeltext keinen Hinweis, dass Thomas der Aufforderung von Jesus nachkam und tatsächlich die Hand in seine Wunden legte. Was war es, das seinen Zweifel wegnahm? Leon Morris schreibt:

> *Es ist gut möglich, dass es vor allem die Worte Jesu waren, die Thomas überzeugten, denn sie zeigten, dass Jesus genau wusste, was für Bedingungen Thomas für seinen Glauben formuliert hatte. Und wie konnte Jesus das wissen, wenn er nicht unsichtbar [an Thomas' Seite gewesen war]?*[11]

Morris argumentiert folgendermaßen: Woher wusste Jesus überhaupt, was für Bedingungen Thomas genannt hatte, damit er glauben konnte? Wusste einer der Jünger, wo Jesus sich aufhielt, und war er zu ihm gerannt und hatte ihm gesagt: „Weißt du schon, was Thomas gesagt hat“? Natürlich nicht. Jesus wusste alles über Thomas, weil er die ganze Zeit unsichtbar an seiner Seite gewesen war. Er hatte genau gehört, was er den anderen Jüngern gesagt hatte. Er sah den Zynismus und die Angst in Thomas' Herz. Und er erfüllte seine Forderung.

Jesus sagt (sinngemäß) zu Thomas: „Thomas, ich kenne alle deine Zweifel, alle deine Ängste, alle deine gebrochenen Versprechen und alle deine Fehler. Ich kenne dich durch und durch. Aber trotzdem liebe ich dich und bin für dich da.“ Thomas war überwältigt von der Güte und Freundlichkeit Jesu, und Jesu Wunden bekamen plötzlich eine neue Bedeutung für ihn. Er hatte sie als Beweis für die Macht Jesu inspizieren wollen; jetzt sah er sie als das, was sie eigentlich waren – Zeichen der Liebe Jesu, die sich für ihn geopfert hatte. Jesus sagte ihm praktisch: „Meine Wundmale sind nicht nur der Beweis dafür, dass ich lebe. Sie sind der Beweis dafür, dass ich für dich gestorben bin, dass ich deine Schuld vollständig bezahlt habe und dass der Tod keine Macht mehr über dich hat."

Schon als bloßes Wunder ist die Auferstehung Jesu spektakulär und bestens bezeugt. Aber ihre ganze Kraft entfaltet sie erst, wenn wir sie nicht bloß als Demonstration der Macht Gottes sehen, sondern als Höhepunkt der Geschichte unserer Erlösung, als die endgültige Niederlage unserer beiden größten Feinde – der Sünde und des Todes. Das hatte Thomas erfahren.

Hat Thomas eine Sonderbehandlung bekommen?

Zum Schluss sagt Jesus: „Jetzt, wo du mich gesehen hast, glaubst du. Glücklich zu nennen sind die, die nicht sehen und trotzdem glauben" (Johannes 20,29). Jesus stellt hier klar, dass wir ihn nicht mit unseren physischen Augen zu sehen brauchen, um zu einem vollen, das Leben verändernden Glauben an die Auferstehung zu kommen. Wir wissen das bereits, weil wir es anhand von Johannes im leeren Grab gesehen haben. Aber warum hat Jesus sich dann Thomas leibhaftig gezeigt? Warum hat er ihm diese „Extrawurst" spendiert?

Wir dürfen nicht vergessen, dass Thomas einer der Apostel war, der ersten Lehrer und Evangelisten, die Jesus aussandte. Eines der Kennzeichen eines Apostels war, dass er ein persönlicher Schüler von Jesus war und zugleich ein Augenzeuge seiner Auferstehung. Was bedeutet, dass Thomas in der Tat eine Sonderbehandlung brauchte. Jesus sorgt in dieser Szene dafür, dass er die nötige Qualifikation eines Apostels bekommt.

Wir brauchen zwar, um glauben zu können, nicht die Augenzeugen-Begegnung mit Jesus, die Thomas hatte, aber wir müssen die gleiche Entdeckung machen wie er: Wir müssen erkennen, dass Jesus geduldig in unserem Leben am Wirken ist, um uns zu ihm zu ziehen.

In einer der Narnia-Geschichten von C. S. Lewis, *Der Ritt nach Narnia*, geht es darum, dass der Held, Shasta, aus der Fremde nach Narnia flüchtet. Auf seiner langen Reise scheint alles schiefzugehen, was schiefgehen kann. Wiederholt begegnet er gefährlichen Löwen. Dann muss er durch einen dichten Nebel hindurch. Er spürt, wie da irgendjemand ist, der ihn durch den Nebel führt. Schließlich hört er eine Stimme, die ein Gespräch mit ihm beginnt. Shasta erzählt seinem unsichtbaren Begleiter von seiner Reise und sagt: „Findest du nicht auch, dass es schrecklich ist, so vielen Löwen zu begegnen?"

> *„Da war nur ein Löwe", sagte die Stimme.*
>
> *„Wie kommst du denn darauf?" […]*
>
> *„Ich war der Löwe." Und als Shasta nach Luft japste und nichts mehr sagte, fuhr die Stimme fort. „Ich war der Löwe, der dich zwang, dich mit Aravis zusammenzutun. Ich war die Katze, die dir bei den Stätten der Toten Trost spendete. Ich war der Löwe, der dir die Schakale vom Leib hielt, als du schliefst. Ich war der Löwe, der den Pferden in ihrem Entsetzen neue Kraft verlieh, damit ihr rechtzeitig bei König Lune ankamt. Und ich war der Löwe, der das Boot anschob, in dem du als kleines Kind und dem Tode nahe lagst, bis es am Strand ankam, wo noch um Mitternacht ein Mann wachte, um dich in Empfang zu nehmen."*[12]

In dieser Geschichte denkt C. S. Lewis an seine eigene Reise vom Atheismus zum christlichen Glauben zurück. Wenn wir uns dem Hafen des Glaubens nähern, merken wir, dass der Gott, an den wir zu glauben beginnen, nie passiv ist. Jesus ist lebendig, er ist auferstanden und er geht uns aktiv nach. Wie einst Thomas, so können auch uns die Augen aufgehen und wir merken, dass er ja die ganze Zeit neben uns hergegangen ist.

Kapitel 7
Persönliche Hoffnung: 2

Petrus begegnet Jesus

Petrus ist dem auferstandenen Jesus viele Male begegnet. Er war dabei – einmal ohne Thomas, einmal mit ihm –, als Jesus den Jüngern erschien (Johannes 20,19-29). Aber Jesus ist ihm auch alleine erschienen (Lukas 24,34; 1. Korinther 15,5). Möglicherweise gab es noch weitere Begegnungen: „In den vierzig Tagen nach seiner Kreuzigung erschien er den Aposteln immer wieder und bewies ihnen auf vielfältige Weise, dass er wirklich lebt. Und er sprach mit ihnen über das Reich Gottes" (Apostelgeschichte 1,3[1]). Aber in Johannes 21 werden wir Zeugen eines höchst bemerkenswerten Gespräches zwischen Petrus und dem Auferstandenen.

Sieben der Jünger – Petrus, Thomas, Natanael, Jakobus, Johannes und zwei weitere, nicht namentlich genannte Jünger (Johannes 21,2) – haben die ganze Nacht auf dem See Genezareth gefischt und nichts gefangen. Als sie noch draußen auf dem Wasser sind, erscheint Jesus am Ufer.

> *Als es dann Tag wurde, stand Jesus am Ufer, doch die Jünger erkannten ihn nicht. „Kinder", rief er ihnen zu, „habt ihr nicht ein paar Fische für das Frühstück?" – „Nein", riefen sie zurück, „nicht einen einzigen!" – „Werft das Netz auf der rechten Seite des Bootes aus!", forderte er sie auf. „Ihr werdet*

sehen, dass ihr etwas fangt." Sie warfen das Netz aus, aber dann konnten sie es nicht mehr einholen, solch eine Menge Fische hatten sie gefangen.

Da sagte jener Jünger, den Jesus besonders liebte, zu Petrus: „Es ist der Herr!" Als Simon Petrus ihn sagen hörte: „Es ist der Herr", warf er sich das Obergewand über, das er bei der Arbeit abgelegt hatte, band es fest und sprang ins Wasser, um schneller am Ufer zu sein. Die anderen Jünger kamen mit dem Boot nach, das Netz mit den Fischen im Schlepptau. Sie hatten es nicht weit bis zum Ufer – nur etwa hundert Meter. Als sie aus dem Boot stiegen und an Land gingen, sahen sie ein Kohlenfeuer, auf dem Fische brieten; auch Brot lag dabei. (Johannes 21,4-9)

Eine andere Fischfang-Geschichte, die der in Johannes 21 ähnlich und doch verschieden ist, finden wir in Lukas 5. In beiden Fällen sind die Jünger die ganze Nacht auf dem See gewesen und haben nichts gefangen. Beide Male weist Jesus sie an, die Netze noch einmal auszuwerfen, worauf sie eine enorme Menge Fische fangen. Aber in Lukas 5 lautet die Reaktion des Petrus: „Herr, geh fort von mir! Ich bin ein sündiger Mensch" (Lukas 5,8). Hier, in Johannes 21, tut er das genaue Gegenteil: Er springt ins Wasser und hastet ans Ufer, um so schnell wie möglich zu Jesus zu kommen.

Wenn das, was Jesus von sich behauptet, mit offenen Ohren gehört und ernst genommen wird, ruft es nie wohltemperierte Reaktionen hervor. Jesus hat sich als den Herrn und Gott des Universums bezeichnet, der auf die Erde kam, um sich für uns in den Tod zu geben, damit wir für ihn leben können. Dies ist ein Aufruf zu totaler Treue und Hingabe, der uns nur zwei Möglichkeiten lässt: Entweder wir rennen vor Empörung und Angst schreiend von ihm weg oder wir rennen voller Freude und Liebe zu ihm hin, fallen vor ihm nieder und sagen: „Ich gehöre dir." Ein Mittelding macht keinen Sinn. Wer weder vor Jesus wegrennt noch zu ihm hinrennt, weiß nicht, wer Jesus ist. Petrus hat beides getan. Aufgrund der Unterweisung, die er von dem auferstandenen Jesus erhalten hat, weiß Petrus mittlerweile so viel über das Evangelium der Gnade, dass ihm klar ist, dass er von Jesu göttlicher Gegenwart nichts zu befürchten hat. Aber es gibt eine Menge Dinge zwischen Petrus und seinem Erlöser, die noch der Klärung bedürfen.

Wer weder vor Jesus wegrennt noch zu ihm hinrennt, weiß nicht, wer Jesus ist.

Jesus konfrontiert Petrus

Nach der Mahlzeit mit den Jüngern nimmt Jesus Petrus beiseite zu einem kleinen Spaziergang am Ufer.

> *Als sie gegessen hatten, sagte Jesus zu Simon Petrus: „Simon, Sohn des Johannes, liebst du mich mehr als irgendein anderer hier?" Petrus gab ihm zur Antwort: „Ja, Herr, du weißt, dass ich dich lieb habe." Darauf sagte Jesus zu ihm: „Sorge für meine Lämmer!" Jesus fragte ihn ein zweites Mal: „Simon, Sohn des Johannes, liebst du mich?" Petrus antwortete: „Ja, Herr, du weißt, dass ich dich lieb habe." Da sagte Jesus zu ihm: „Hüte meine Schafe!" Jesus fragte ihn ein drittes Mal: „Simon, Sohn des Johannes, hast du mich lieb?" (Johannes 21,15-17)*

Um zu begreifen, was Jesus hier macht, müssen wir uns klarmachen, wie gründlich Petrus versagt hatte. Er hatte laut getönt, dass *er* Jesus *niemals* verlassen würde, und wenn er für ihn sterben müsste (Johannes 13,37; Matthäus 26,33-35). Aber als Jesus dann verhaftet worden war und die übrigen Jünger geflohen waren, wurde Petrus dreimal in der Öffentlichkeit gefragt, ob er einer der Jünger Jesu sei (Lukas 22,54-62; Markus 14,66-71; Matthäus 26,69-75). Er hatte drei Gelegenheiten, öffentlich zu seinem Herrn zu stehen, und jedes Mal leugnete er, ihn zu kennen. *Eine* Verleugnung hätte man noch auf das Konto einer vorübergehenden Schwäche buchen können, aber drei Mal hintereinander, dafür gab es keine Entschuldigung.

Die dritte Verleugnung hatte er sogar mit Flüchen unterstrichen (Markus 14,71). Petrus war in heller Panik gewesen. Er musste diesen Leuten beweisen, dass er nichts mit Jesus zu tun hatte, damit sie ihn nicht auch noch verhafteten! Und der beste Beweis war doch wohl, dass er Jesus öffentlich verfluchte.[2] In der damaligen Ehren- und Schamkultur war Loyalität alles, und kein echter Jünger kam auf die Idee, seinen Herrn zu verleugnen. Petrus verleugnete Jesus, um seine eigene Haut zu retten, aber als dann der Hahn krähte, muss ihm die furchtbare Wahrheit gedämmert sein: Er war *kein* echter Jünger Jesu.

Stellen Sie sich einen Menschen vor, dem Sie alles verdanken, und dann stellen Sie sich vor, wie Sie diesen Menschen im Stich lassen, um Ihre eigene Haut zu retten. Wie kann man sich so etwas je vergeben? Gab es einen Weg zurück für Petrus? Ja. Und Jesus zeigt ihm (und uns) diesen Weg.

Zunächst einmal führt Jesus Petrus in die Verleugnungssituation zurück, was wehtut. Er führt Petrus zu einem Feuer (Johannes 21,9; vgl. Lukas 22,55), denn Petrus hat ihn drei Mal bei einem Feuer verleugnet. Und jetzt fragt er ihn ebenfalls drei Mal, ob er ihn liebt. So oft, wie Petrus ihn verleugnet hatte. Jedem Leser der Evangelien, der einen Einblick in Jesu Wesen bekommen hat, ist klar, dass Jesus Petrus nicht demütigen will. Er möchte vielmehr, dass Petrus ein realistisches Bild von sich selber bekommt, sich selber verstehen kann. Dies wird sehr deutlich, als er Petrus fragt: „Würdest du immer noch behaupten, dass du mich mehr liebst als irgendeiner von den anderen hier?" (vgl. Johannes 21,15). Jesus geht nicht nur zurück zu Petrus' Verhalten in der Nacht seiner Verleugnung, er geht noch tiefer – zu dem Problem in Petrus' Herz, das zu der Verleugnung führte. Jesus streut nicht Salz in Petrus' seelische Wunden, sondern er sucht wie ein guter Arzt, der seine Diagnose stellt, nach der Ursache von Petrus' Krankheit.

Jesus führt Petrus in die Verleugnungssituation zurück.

Das Problem des Petrus war das, was der Theologe Miroslav Volf (zurzeit Professor an der Yale University) eine „falsche Identität" nennt.

In seinem Buch *Von der Ausgrenzung zur Umarmung* untersucht Volf unter anderem die biblische Geschichte von Kain und Abel. Er fragt: Warum tötete Kain seinen jüngeren Bruder? Seine Antwort lautet: „Kains Identität war im Blick auf Abel konstruiert; er war groß im Vergleich zu Abels ‚Nichtssein'." Kain bezog sein Selbstwertgefühl aus seiner Überlegenheit gegenüber seinem Bruder. Als Abel auf einmal mehr wert wurde als er, musste Kain diese Realität verneinen, weil sein Selbstwert komplett auf der Gewissheit ruhte, dass er besser war als Abel. „Als Gott erklärte, Abel sei ‚besser', musste Kain entweder seine Identität radikal anpassen oder Abel aus dem Weg räumen." Der Mord, so Volf, entsprang nicht aus einem gewalttätigen Affekt, sondern aus der kalten Logik eines „pervertierten Selbst", „um seine falsche Identität aufrechterhalten zu können." Die Tatsache von Abels Wesen und Leben bedrohte Kains Selbstbild, und so kam sein Herz zu dem Schluss: „Daher darf Abel nicht mehr sein."[3]

Wie Kain, so gründete auch Petrus seine Identität auf die Annahme, dass er jemand anderem (hier: den übrigen Jüngern) überlegen war. Hatte er Jesus nicht beteuert, dass *er* der Treueste und Ergebenste war? Er gründete seine Identität nicht auf Jesu großer Liebe zu ihm, sondern auf *seiner* großen Liebe zu Jesus. Mit anderen Worten: Jesus durfte gerne Petrus' Lehrer sein, aber Petrus war sein eigener Erlöser.

Jesus durfte gerne Petrus' Lehrer sein, aber Petrus war sein eigener Erlöser.

Jede Identität, die auf unserem „Bessersein" basiert, führt zu mindestens zwei Dingen: Zerbrechlichkeit und Feindseligkeit. Zerbrechlichkeit bedeutet, dass ich unfähig bin, mich selber realistisch zu sehen. Obwohl Jesus ihn sehr direkt vor seiner kommenden Niederlage gewarnt hatte (Matthäus 26,34; Markus 14,30; Lukas 22,34), war Petrus sich keiner Gefahr bewusst. Warum nicht? Wenn ich mein Selbstwertgefühl darauf gründe, dass ich tapfer bin, dann *muss* ich, wenn ich in mein Herz hineinschaue und dort Feigheit entdecke, diese Feigheit verdrängen oder mein Selbst zerbricht. Dies gilt für jede Art von Identität, die nicht auf der unverdienten Liebe Jesu basiert, ob es sich nun um die traditionelle Identität handelt, die vom Wohlwollen der Sippe und Familie abhängt, oder die moderne „westliche", die sich auf meine persönlichen Leistungen gründet. Alle diese Identitäten sind zerbrechlich und radikal bedroht und angstbesetzt und führen zwangsläufig zu Verdrängungsaktionen und mangelhafter Selbsterkenntnis.

Die zweite Folge ist die Feindseligkeit gegenüber denen, die anders sind. Wenn ich meine Identität darauf gründe, dass ich der entschiedenste Jünger Jesu bin, den es gibt, dann kann ich Menschen, die sich meinem Herrn Jesus entgegenstellen, nur mit Zorn oder sogar Gewalt begegnen. Als Jesus verhaftet wurde, war Petrus der einzige Jünger, der gewalttätig wurde; er zog ein Schwert und hieb einem der Häscher das Ohr ab. Da stand Petrus, der sich für den treuesten Anhänger Christi hielt, und tat das genaue Gegenteil von dem, was Jesus tat. Jesus starb für seine Feinde und betete: „Vater, vergib ihnen." Aber weil Petrus, wie Kain, seine Identität auf seine Leistungen gründete und darauf, dass er besser war als diese Ungläubigen, musste er eben die Menschen, die Jesus erlösen wollte, angreifen. Wo eine falsche Identität bedroht wird, ist das Ergebnis immer Feindseligkeit.

Für viele Christen in den USA sind heute die Geschichten von Kain und Petrus unangenehm aktuell. Sie leben in einem Land, das mit dem Problem des Rassismus zu kämpfen hat. Es wird heftig darüber gestritten, ob die USA Fortschritte im Kampf gegen den Rassismus erzielt haben oder nicht. Über Einzelheiten kann man streiten, aber wenn eine Gruppe in Amerika wissen sollte, wie tief der Rassismus in der sündigen Natur des Menschen wurzelt, dann sind es die Christen. Die moderne Philosophie und Anthropologie reden von der Schaffung einer Identität durch die Methode des „Othering", das heißt der Betonung des Andersseins („other") von Menschen, die nicht zu meiner Gruppe, meinem Volk etc. gehören. Man sieht diese Menschen als Fremdkörper und richtet das Augenmerk auf ihre (wie man meint) Schwächen und Übel, um sich und seinen Mitmenschen zu beweisen, wie viel „besser" man selber ist. Ein klassisches Beispiel aus der Bibel ist der Pharisäer, der in einem der Gleichnisse Jesu im Tempel betet: „Ich danke dir, Gott, dass ich nicht so bin wie die übrigen Menschen – ich bin kein Räuber, kein Betrüger und kein Ehebrecher, und ich bin auch nicht wie jener Zolleinnehmer dort" (Lukas 18,11).

Dieser Beter ist bis in seine direkte Wortwahl hinein ein perfektes Beispiel für die Praxis des „Othering", des Ausgrenzens der „anderen". Kriterium ist für ihn nicht die Kategorie der Rasse, sondern die der Moral und der Politik. Die Zolleinnehmer waren Kollaborateure der Römer in einem besetzten Land.

Indem er sich mit anderen vergleicht und auf sie herabsieht, baut der Pharisäer sich eine positive Identität als edler, guter und wahrhaftiger Mensch auf. Zahlreiche Denker unserer Zeit haben darauf hingewiesen, dass die Schaffung einer Identität durch Verachten anderer ironischerweise abhängig von diesen anderen macht: Sie werden sozusagen ein Teil meines Ichs; ich *brauche* es, dass sie so bleiben, wie sie sind und meinen Stereotypen von ihnen entsprechen. Und wenn irgendetwas mein eindimensionales Negativbild von ihnen bedroht, ist das ein Angriff auf das Fundament meines Lebens. *Deswegen* musste Kain Abel töten, *deswegen* reagierte Petrus so aggressiv. Ihre falsche Identität war erschüttert worden, und anstatt sie zu verändern und sich ein anderes Fundament zu suchen, gingen sie auf die Menschen, die diese Identität bedrohten, los.

Der Pharisäer in Lukas 18 gründet seine Identität nicht auf der Abgrenzung von Menschen einer anderen „Rasse", aber wir wissen, wie oft es in der Geschichte der USA, ja der ganzen Welt das rassistische „Othering" gegeben hat. Die Equal-Justice-Initiative von Bryan Stevenson schätzt, dass es in den USA in der Zeit zwischen dem Sezessionskrieg (1861–1865) und dem Zweiten Weltkrieg 4.400 rassistisch motivierte Lynchmorde gab – im Durchschnitt über einen pro Woche über einen Zeitraum von mehr als 75 Jahren.[4] Diese Gewalttaten gegen „die anderen" sind die furchtbaren und tragischen Resultate des Verhaltensmusters, das Kain geschaffen hat. Wenn meine Rasse und Kultur, meine moralische Qualität, meine politischen Überzeugungen oder irgendetwas anderes das Fundament meines Selbstwertgefühls sind, dann werde ich, wenn jemand dieses Selbstbild bedroht, nicht in der Lage sein, ihm zuzuhören oder von ihm zu lernen, sondern ich werde ihn angreifen.

Jesus baut Petrus wieder auf

Jesus fragte ihn ein drittes Mal: „Simon, Sohn des Johannes, hast du mich lieb?" Petrus wurde traurig, weil Jesus ihn nun schon zum dritten Mal fragte: „Hast du mich lieb?" – „Herr, du weißt alles", erwiderte er. „Du weißt, dass ich dich lieb habe." Darauf sagte Jesus zu ihm: „Sorge für meine Schafe!

Ich möchte dir etwas sagen: Als du noch jung warst, hast du dir den Gürtel selbst umgebunden und bist gegangen, wohin du wolltest. Doch wenn du einmal alt bist, wirst du deine Hände ausstrecken, und ein anderer wird dir den Gürtel umbinden und dich dahin führen, wo du nicht hingehen willst." Jesus deutete damit an, auf welche Weise Petrus sterben würde und dass durch seinen Tod die Herrlichkeit Gottes offenbart würde. Er schloss, indem er sagte: „Folge mir nach!" (Johannes 21,17-19)

Petrus hatte seinen Selbstwert darauf gegründet, dass er Jesus treuer war als alle anderen. Wenn er jetzt auf die Frage Jesu: „Liebst du mich *mehr* als irgendein anderer hier?", einfach antwortet: „Herr, du weißt, dass ich dich lieb habe", ist dies ein Zeichen, dass er anfängt, sich von seiner alten Identität zu verabschieden. Aber Jesus fragt ihn nicht nur ein Mal, sondern drei Mal, ob er ihn lieb hat – so wie er ihn auch drei Mal verleugnet hatte. Wie antwortet Petrus darauf?

Nehmen wir erst einmal wahr, was Petrus *nicht* macht. Er bringt keine Ausreden vor. Er verteidigt sich nicht und macht keine Schuld-Verschiebespiele. Er sagt nicht: „Ja, ich habe es damals nicht geschafft, dir meine Liebe zu zeigen, aber du musst doch verstehen, dass ..." Er verweist auch nicht auf seine sonstigen hervorragenden Leistungen, die doch zeigen, dass er Jesus liebt. Er sagt nicht: „Ja, ich habe dich verleugnet und das war schlimm. Aber bedenke doch, wie treu ich dir im Übrigen gedient habe." Mit solchen Antworten wäre Petrus zu seiner alten, falschen Identität zurückgekehrt. Er kriecht auch nicht im Staub. Er schlägt sich nicht demonstrativ an die Brust, unter vielfacher Beteuerung, wie unwürdig er doch sei, um so Buße für seine Sünden zu tun. Nein, er sagt einfach: „Herr, ich habe dich lieb." Mit anderen Worten: „Ich weiß, dass ich dich drei Mal verleugnet habe, aber ich möchte trotzdem eine liebende Beziehung zu dir haben. Ich weiß, dass ich versagt habe, da gibt's nichts zu beschönigen."

Petrus zeigt hier, was Paulus in 2. Korinther 7,10 den „Schmerz, wie Gott ihn haben will" nennt – einen inneren Schmerz, der zur Umkehr führt und der im Gegensatz zu dem „Schmerz, den die Welt empfindet", steht, der zum Tod führt. Der erstere Schmerz heilt, macht gesund und verändert uns nachhaltig; der zweite kann zwar sehr gefühlsstark sein, bleibt aber letztlich ohne Folgen. Der Schmerz der Welt ist eine Art Selbstmitleid; der Betreffende ist betrübt über die schmerzlichen Folgen der Sünde in seinem Leben, über die Schande, die er gegenüber seinen Mitmenschen empfindet, vor allem aber über den Schaden, den sein Selbstbild genommen hat, das nach wie vor das eines guten, anständigen Menschen ist. Der Schmerz der Welt ist Reue über die negativen *Folgen* meiner Sünde für mein Leben. Der Schmerz, den Gott haben will, ist Reue über die Sünde selber und über die Betrübnis, die sie meinem Schöpfer und Erlöser gebracht hat. Egozentrische Reue dreht sich um sich selber und kann daher die Sünde selbst nicht hassen, und wenn ihre Folgen nachlassen, kommt sie mit ihrer ganzen alten Kraft wieder. Echte Reue und Buße speist sich daraus, dass es uns leidtut, dass wir dem, den wir lieben, wehgetan haben. Unsere Liebe zu Christus

Egozentrische Reue dreht sich um sich selber.

flammt neu auf und lässt uns die Sünde hassen – worauf diese anfängt, ihre Macht über uns zu verlieren.

Und so tut Petrus Buße. Und Jesu Reaktion nimmt uns den Atem. Drei Mal antwortet Petrus mit demütiger Liebe und Reue – und jedes Mal gibt Jesus ihm darauf den Auftrag, für seine „Schafe" bzw. „Lämmer" – also sein Volk – zu sorgen. Das ist keine Wiederaufnahme in die Gemeinde auf Bewährung. Petrus wird zum Leiter berufen!

Wie kann so ein Versagen, so eine Schwäche der Weg zu Größe sein und für eine Leitungsposition qualifizieren? Im Rahmen von Petrus' alter Identität wäre das ein Ding der Unmöglichkeit. Auch in der Welt, wie sie ist, ist das wenig sinnvoll, denn eine Führungsperson muss kompetent, selbstsicher und erfolgreich sein. In der Welt wachsen meine Selbstsicherheit und Gelassenheit in direktem Verhältnis zu meinen Leistungen. Je mehr ich „abliefere", umso mehr Anerkennung und Liebe glaube ich verdient zu haben. Doch Jesus lädt Petrus in eine völlig andere Art von Identität ein – eine Identität, die mit Paulus sagen kann: „Denn gerade dann, wenn ich schwach bin, bin ich stark" (2. Korinther 12,10).

Diese Identität gründet nicht in unseren Leistungen, sondern in der unverdienten Gnade Gottes. Aber wie kann Jesus solch ein großes Ja zu Petrus sprechen? Warum fordert er ihn nicht auf, erst einmal seine Schulden abzuarbeiten?

Petrus mag Jesus öffentlich verflucht haben, um seine eigene Haut zu retten – aber Jesus hat die Flüche, die Petrus und Sie und ich verdient hatten, auf sich genommen, um uns zu retten. „Christus nun hat uns vom Fluch des Gesetzes losgekauft, indem er an unserer Stelle den Fluch getragen hat" (Galater 3,13). Eine christliche Identität gründet letztlich immer in der Erkenntnis der Größe von Gottes unveränderbarer Liebe zu uns. Wir kennen diese Dynamik: Je mehr wir einen Menschen bewundern, desto mehr Befriedigung und Erfüllung gibt es uns, wenn er seinerseits Ja zu uns sagt. „Das Lob der Lobenswerten ist die größte Belohnung, die es gibt."[5] Wenn ich weiß, dass Gott mich in Jesus ohne Einschränkung liebt und Ja zu mir sagt, wird mich dies so verwandeln, wie dies nichts anderes in der Welt es kann.

Was Jesus zu Petrus sagt, könnte man so formulieren: „Deine Identität war so stark auf *deinen* Mut, *deine* Weisheit und *dein* Gutsein gegründet, dass meine Liebe zu dir nicht mehr zu sein schien als dein wohlverdienter Lohn. Aber jetzt, wo du deine Sünde gesehen hast und zu mir gekommen bist, wird dein Versagen dich durch meine Gnade und Vergebung zu einer Führungspersönlichkeit machen. Denn wer kann die Herzen der Menschen besser ansprechen als jemand, der sein eigenes Herz kennengelernt hat? Wer kann besser führen als jemand, den die Gnade Gottes demütig gemacht hat und den ich durch meine bedingungslose, unverdiente Liebe bestätige?"

Der Standardmodus des menschlichen Herzens ist zu glauben, dass Stärke uns mit Gott verbindet, aber das Evangelium sagt, dass der Zugang zu Gott in meiner *Schwachheit* liegt. Nur in dem Maße, wie ich meine Schwachheit erkenne, bin ich stark.

Paulus begegnet Jesus

Als er nun nach Damaskus unterwegs war und die Stadt schon fast erreicht hatte, leuchtete plötzlich vom Himmel her ein Licht auf. Von allen Seiten umgab ihn ein solcher Glanz, dass er geblendet zu Boden stürzte. Gleichzeitig hörte er, wie eine Stimme zu ihm sagte: „Saul, Saul, warum verfolgst du mich?" – „Wer bist du, Herr?", fragte Saulus. Die Stimme antwortete: „Ich bin der, den du verfolgst; ich bin Jesus. Doch jetzt steh auf und geh in die Stadt! Dort wird man dir sagen, was du tun sollst."

Die Männer, die mit Saulus reisten, standen sprachlos vor Bestürzung dabei; sie hörten zwar die Stimme, sahen aber niemand. Saulus richtete sich vom Boden auf und öffnete die Augen, aber er konnte nichts sehen. Seine Begleiter mussten ihn bei der Hand nehmen und nach Damaskus führen. Drei Tage lang war er blind, und er aß nichts und trank nichts. (Apostelgeschichte 9,3-9)

Für unsere letzte Fallstudie über den Auferstehungsglauben begeben wir uns in die Apostelgeschichte, zur Bekehrung des Paulus.

Aber vorher noch ein Warnhinweis. Die Bekehrungsgeschichte von Paulus ist dramatisch. Da gibt es ein Licht und eine Stimme vom Himmel. Paulus wird buchstäblich zu Boden geworfen. Und manche, die das lesen, sagen: „Ja, *so* stelle ich mir das vor! Wenn Gott in mein Leben kommen will, muss das so aussehen!" Aber wir haben zum Glück noch den Rest der Apostelgeschichte. In Kapitel 8 erfahren wir von der Bekehrung eines afrikanischen Finanzministers, der einfach dadurch zum Glauben kommt, dass er mit Philippus zusammen die Bibel aufschlägt und den Propheten Jesaja liest (Apostelgeschichte 8,30-36). Und in Apostelgeschichte 16 kommt Lydia, eine erfolgreiche Geschäftsfrau, zum Glauben, als Paulus vor einer Gruppe von Frauen über das Evangelium von Jesus Christus spricht. Dort heißt es lediglich: „Während sie uns zuhörte, öffnete ihr der Herr das Herz, sodass sie das, was Paulus sagte, bereitwillig aufnahm" (V. 14). Das ist alles. Keine Wunder, kein Licht, keine Vision – nur ein Gespräch.

Das bekannteste moderne Beispiel für diese Wahrheit sind

Billy Graham und seine Frau, Ruth Bell Graham. 1934 kam der Evangelist Mordecai Ham nach Charlotte (North Carolina, USA), wo er elf Wochen lang jeden Vormittag und Abend in einer provisorisch errichteten Barackenkirche am Stadtrand predigte. Die gut besuchten Erweckungsversammlungen machten in der Stadt Schlagzeilen, aber für den 16-jährigen Billy Graham galt: „Mit jemand, der sich Evangelist nannte, wollte ich nichts zu tun haben …“[6] Und er erklärte seinen Verwandten und Freunden, dass er nicht in diese Versammlungen gehen würde. Doch dann berichtete ihm ein Freund, der dort gewesen war, dass dieser Prediger ein „Kämpfer“ wäre; so etwas habe er noch nie gehört. Der junge Billy setzte sich unauffällig in die hinterste Reihe und hörte zu. Die Direktheit des Predigers schockierte ihn. Die Familie Graham hatte zu methodistischen und presbyterianischen Gemeinden gehört, aber „ich hatte […] noch niemals eine Predigt über die Hölle gehört […]“[7] Auch über die Sünde fand Ham so deutliche Worte, dass Billy anfing, sich mit ganz anderen Augen zu sehen. Nach etlichen Abendversammlungen vollzog Billy Graham schließlich seine, wie er sagte, „180-Grad-Wende“[8] und bekehrte sich.

Ganz anders war es bei Ruth Bell, Grahams Ehefrau. Ihre Eltern waren presbyterianische Missionare in China. Sie konnte sich an keine Zeit in ihrem Leben erinnern, wo sie nicht gläubig war. Als Kind wurde sie in eine christliche Glaubenswahrheit nach der anderen eingeführt und alles eignete sie sich so an, wie sie es in ihrem Alter verstehen und aufnehmen konnte. Irgendwann muss sie genügend über das Evangelium begriffen haben, um es zu glauben, aber wann das war, das wusste sie nicht genau. „Ich habe Krisen durchlebt, aber meine Erlösung scheint nicht dazugehört zu haben, denn ich kann mich an keine Zeit erinnern, wo ich Gott nicht liebte und ihm vertraute. Mit das Erste, an das ich mich aus meinem Leben erinnere, ist die tiefe Dankbarkeit dafür, dass Jesus mich so sehr liebte, dass er für mich starb."[9]

Wenn Lukas, der Verfasser der Apostelgeschichte, diese verschiedenen Fallstudien zum Thema Bekehrung dokumentiert, lädt er uns ein zu schauen, was sie alle gemeinsam haben. Sie sind nicht alle dramatisch. Sie folgen keinem festen Muster. Das *Wie* der Bekehrung ist jedes Mal anders, aber das *Was* – das Ergebnis – ist das Gleiche. Jeder der Bekehrten wurde von Grund auf ein anderer Mensch. Und so sollten wir die Bekehrungsgeschichte des Paulus nicht lesen, um zu lernen, wie Jesus vorgeht, wenn er sich einem Menschen offenbart, sondern um zu sehen, was sich im Leben eines Menschen verändert, dem Jesus sich geoffenbart hat.

Das *Wie* der Bekehrung ist jedes Mal anders.

Kein selbst gemachter Gott

Paulus glaubte, genau zu wissen, wie Gott war – und wie nicht. Er wusste zum Beispiel, dass Gott niemals ein Mensch werden konnte, sodass all dieses Gerede von Jesus als dem Herrn unwahr sein musste. Paulus hatte auch die Verteidigungsrede des Stephanus gehört (nachzulesen in Apostelgeschichte 7), in der dieser erklärte, dass in Jesus der Tempel, das alte Priestertum und der Opferkult abgeschafft waren. Für Paulus war so etwas undenkbar. „Das würde ja bedeuten, dass ganze Bücher der Bibel nicht mehr gelten", wird er gedacht haben, „und das würde Gott niemals zulassen." Nein, Gott war ein Gott der hingegebenen Frommen, der Hochanständigen, der Disziplinierten – also der Männer, wie Paulus einer war. Er war ein Gott der Menschen, die alle Gebote und Regeln bis zum letzten Buchstaben befolgten.

Paulus glaubte an einen Gott, der ihn und seine Ziele bejahte und der die gleichen Menschen verachtete wie er. Und tun wir das nicht eigentlich alle? Die einen wollen einen strengen Richtergott, der die Bösen und die Gottlosen vernichtet, andere einen Geist der Liebe, der alle umarmt und niemanden verurteilt, und wieder andere ziehen ein Universum vor, in dem es gar keinen Gott gibt. Und was wir über Gott glauben und nicht glauben, ist mindestens so stark, wenn nicht sogar mehr von unseren persönlichen Wünschen und Bedürfnissen bestimmt wie von unserem Verstand. Der berühmte Atheist Aldous Huxley sagte ganz offen: „Ich […] wünschte in der Welt keinen Sinn zu sehen“, und weiter: „Auch der Philosoph, der in der Welt keinen Sinn sieht, behandelt nicht ausschließlich ein rein metaphysisches Problem. Er ist ebenso interessiert daran, zu beweisen, dass kein zwingender, gültiger Grund dagegen spricht, sich so zu benehmen, wie es ihm passt […]“[10]. Aber wir sollten nicht mit dem Finger auf die Atheisten zeigen. Es gibt in der Welt sehr viel mehr Menschen, die an Gott glauben, als solche, die dies nicht tun, und wir sollten die schockierende Aussage von Paulus nicht vergessen, dass ohne das Eingreifen und die Hilfe des Heiligen Geistes niemand von uns je den wahren Gott der Bibel suchen würde (Römer 3,10-12). Wir alle zimmern uns unseren eigenen Gott zurecht, so wie Paulus es auch tat.

Wir alle zimmern uns unseren eigenen Gott zurecht.

Ein selbst gemachter Gott kann einem das Leben manchmal leichter machen, ähnlich wie ein maßgeschneidertes Kleidungsstück einen sehr hohen Tragekomfort hat. Aber so ein Gott kann mich nicht zur Rede stellen, wo es nötig ist, und kann mich niemals verändern. Denken Sie an Menschen, die mit ihrem Selbstwertgefühl zu kämpfen haben und sich minderwertig fühlen. Wie können sie zu Menschen mit einem gesunden Selbstvertrauen werden? In 1. Johannes 3,20 lesen wir: „Denn wann immer unser Gewissen uns anklagt, dürfen wir wissen: Gott in seiner Größe ist barmherziger als unser eigenes Herz.“ Aber das setzt natürlich voraus, dass wir einen Gott haben, der real ist und der uns Dinge sagen kann, die unser Herz von Natur aus nicht glauben will. Wie kann ein Gott, der nur eine Einbildung und eine Erweiterung der Wünsche unseres Herzens ist, unsere tiefsitzende Überzeugung überwinden, wertlos zu sein?

Der Gott der Bibel ist ein Gott, wie wir modernen Menschen ihn niemals erfinden würden – ein Gott, der heilig ist und bei Schuld und Sünde nicht einfach Fünfe gerade sein lassen kann (2. Mose 20,5), ein Gott, der ein verzehrendes Feuer ist (5. Mose 4,24; Hebräer 12,29). Weil er so heilig und gerecht ist, musste Jesus Christus den Fluch, den wir verdient hatten, auf sich nehmen, damit wir den Segen bekommen können, den *er* verdient (Galater 3,10-14). Allein dieser Erlöser kann mit seinen Nägelmalen und Wunden zu denen kommen, die an ihn glauben, und ihnen sagen: „Ihr fühlt euch verurteilt? Das seid ihr nicht! Ihr kommt euch wertlos vor? Das seid ihr nicht!“ Allein dieser Gott, der nicht das Produkt unseres Wunschdenkens ist, kann unser Selbstbild in der Tiefe umprogrammieren und uns zu neuen Menschen machen.

Das, was unsere Herzen am meisten brauchen, ist ein Gott, der *nicht* das Produkt unserer Wünsche und Bedürfnisse ist.

Als moderner Mensch wusste C. S. Lewis, dass der Gott, dem er in der Bibel begegnete, nicht ein Produkt seiner eigenen Fantasie sein konnte. Er schrieb:

> *Meist ist die Wirklichkeit so, dass man von selbst nie darauf kommen würde. Das ist einer der Gründe, warum ich an das Christentum glaube. Es ist eine Religion, auf die man von*

> *selbst nie kommen würde. Wenn es uns die Welt so schildern würde, wie wir es immer erwartet haben, dann hätte ich den Verdacht, wir hätten es uns nur ausgedacht. Doch tatsächlich ist es ganz anders, als man es sich je ausdenken könnte. Ihm ist genau dieselbe schräge Merkwürdigkeit eigen wie allem, was wirklich ist. Lassen wir also all diese Kindergartenphilosophien hinter uns – diese allzu simplen Antworten. Das Problem ist nicht simpel, und die Antwort wird es auch nicht sein.*[11]

Dies ist der Punkt, wo Bekehrungen beginnen. Es kann sein, dass Sie Ihr ganzes Leben schon an Gott glauben, aber zu einer Begegnung mit Gott wird es nur dann kommen, wenn Ihnen klar wird, dass Sie es mit einem Gott zu tun haben, der nicht so ist, wie Sie das wünschen. Er ist so, wie er ist. Punkt. Hat er Eigenschaften, die Ihnen Angst machen, Dinge, die Sie anstößig finden und die Ihnen Probleme bereiten? Gut, dann sind Sie auf dem richtigen Weg. Solange Sie nicht mit solch einem Gott ringen, haben Sie einen eindimensionalen Gott, den Sie sich selber erschaffen haben, nicht den Herrn des Himmels und der Erde, der Sie erschaffen hat. Und solange Sie nicht einen Gott haben, der Ihnen Dinge sagt, die Sie nicht hören wollen, werden Sie nie dadurch verändert werden, dass er Ihnen Dinge sagt, die eigentlich zu schön sind, um wahr zu sein – zum Beispiel, dass er Ihnen vergibt, dass Sie einst vom Tod auferstehen werden oder dass er Sie als sein Kind annimmt.

Gott ist nicht so, wie Sie das wünschen. Er ist so, wie er ist. Punkt.

Die erste Grundvoraussetzung für den großen Lebens-Neustart der Bekehrung ist also ein „ungezähmter", lebendiger, realer Gott. Und Sie beginnen, sich diesem Gott zu nähern, wenn Sie zu begreifen beginnen, dass es nicht so sehr darauf ankommt, wie Sie über Gott denken, als vielmehr darauf, wie er über Sie denkt (Galater 4,9).

Eine Bibel, die stimmig ist

Als Paulus fragte: „Wer bist du, Herr?“, warf die Antwort sein ganzes bisheriges Denken über den Haufen: „Ich bin Jesus.“

Paulus hatte seine Gründe für die Annahme, dass der christliche Glaube nicht wahr sein konnte. Er wusste, dass die Bibel lehrte, dass es nur *einen* Gott gibt, und diese Christen verehrten diesen Mann, als ob auch er Gott wäre. In der Bibel stand auch, dass der Messias ein Nachkomme Davids sein würde, der „mit dem Stab seines Mundes den Gewalttätigen schlagen“,[12] sein Volk sammeln und alle seine Feinde besiegen würde (Jesaja 11,1-16). Aber Jesus war gekreuzigt worden und hatte nie Macht besessen; folglich konnte er nicht der Messias sein. Und stand in der Bibel nicht auch, dass ein Verbrecher, den man an einem Baum oder Pfahl aufgehängt hatte, verflucht war (5. Mose 21,22-23)? Jesus war ja nicht bloß gestorben, er war wie ein Schwerverbrecher hingerichtet worden. Es war doch wohl offensichtlich, dass Gott ihn verlassen und verworfen und nicht als König bestätigt hatte. Kein Wunder, dass für Paulus die Bibel die Lehren der Christen verurteilte.

Doch dann wurde er auf der Straße vor Damaskus mit der unwiderlegbaren Tatsache konfrontiert, dass Jesus auferstanden war, und schon ein paar Tage später begann er, in den Synagogen der Stadt anhand der Bibel zu verkünden, „dass Jesus der Sohn Gottes ist“ (Apostelgeschichte 9,20). Er hatte angefangen, die gesamte Bibel im Licht der Auferstehung neu zu lesen. Wenn wir uns die Briefe von Paulus im Neuen Testament anschauen, können wir Gedankengänge von ihm entdecken, die in den drei Tagen seiner Blindheit begonnen haben müssen.

Sein Gedankengang muss etwa so gewesen sein: Da Jesus von Gott verworfen und verflucht, aber dann auferweckt und gleichsam rehabilitiert worden war, musste er *für jemand anderes* gestorben und verflucht worden sein. Konnte es sein, dass er den Fluch des Gesetzes über die Sünde an unserer Stelle getragen hatte (Galater 3,10-13)? Der Prophet Jesaja sprach ja nicht nur von einem starken Messias, der die Welt richten würde, sondern auch von einem merkwürdigen leidenden Gottesknecht, der „um unsrer Missetat willen verwundet und um unsrer Sünde willen zerschlagen“[13] wurde (Jesaja 53,5). Waren am Ende dieser Knecht und der Messias-König ein und dieselbe Person (Römer 10,16-17)? Und wie war das mit diesen täglichen Tieropfern im Tempel? Das Blut von Tieren konnte die Sünden der Menschen nicht sühnen. War es möglich, dass das ganze Opfersystem nur ein Bild war, das auf das ultimative Passahlamm zeigte – auf einen Menschen, der unsere Sünden wegnimmt (1. Korinther 5,7)? Und wie war das mit Gottes Verheißung an Abraham, dass durch einen seiner Nachkommen alle Nationen der Erde gesegnet sein würden (1. Mose 12,3)? War es möglich, dass dies *so* geschehen würde – durch Jesus (Galater 3,14)?

Paulus hatte die Bibel als eine Sammlung von Gesetzen und moralischen Geschichten betrachtet, die einem zeigten, wie man leben musste, um sich Gottes Gunst zu verdienen. Aber als er dann die sperrige, nicht wegzuleugnende Tatsache der Auferstehung Jesu erfasste, begann er, die gesamte Bibel durch eine neue, auf Christus zentrierte Brille zu lesen, und jetzt sah alles anders aus. Paulus erkannte: Die Bibel ist nicht eine Sammlung von Gleichnisgeschichten wie Aesops Fabeln, die uns zeigt, wie man sein Leben richtig führt. Sie ist vielmehr eine einzige, in sich zusammenhängende und wunderbar wahre Geschichte darüber, wie Gott der Welt die Erlösung gebracht hat und in der der Ziel- und Höhepunkt des gesamten Erlösungswirkens Gottes Jesus Christus ist.

Sobald Paulus anfing, die ganze Bibel im Licht des von Gott auferweckten und bestätigten Jesus zu lesen, fügten die Puzzleteile sich zusammen und alles in der Welt und in Paulus' persönlichem Leben sah anders aus.[14] Paulus hat wahrscheinlich in den Tagen nach seiner Bekehrung noch nicht komplett begriffen, was daraus alles folgen würde. Er hatte auch noch nicht alle Antworten auf seine ursprünglichen Einwände gegen das Christentum gefunden. Aber als er einmal begriffen hatte, dass Jesus auferstanden war, wusste er, dass diese Antworten existieren mussten. Und so glaubte er an Christus, begann ihn zu predigen und arbeitete nach und nach die Details heraus.

Und so sollten auch wir es machen. Denken Sie an all die Einwände, die gegen das Christentum vorgebracht werden, von der angeblich repressiven Sexualmoral bis zu all den Ungerechtigkeiten, derer die Kirche sich schuldig gemacht hat. Selbst wenn diese Dinge wahr sind – bedeuten sie, dass Jesus nicht von den Toten auferstanden sein kann? Das ist die erste Frage, die wir stellen sollten. Haben wir uns die Beweislage im Fall der Auferstehung Jesu genau angeschaut? Alle unsere Einwände laufen letztlich an diesem Punkt zusammen. Wenn Jesus *nicht* von den Toten auferstanden ist, ist es ziemlich egal, was die Bibel über Sex sagt und was die Kirche in ihrer Geschichte alles getan hat. Aber wenn er auferstanden ist, dann ist das Evangelium wahr, dann ist der Glaube der Christen wahr, und wir mögen immer noch keine Antworten auf all die anderen Einwände haben, aber wir können vorwärtsgehen in dem Wissen, dass es diese Antworten gibt.

Sie wollen sich mit dem christlichen Glauben beschäftigen?

Fangen Sie damit an, dass Sie das Leben Jesu, wie es uns die Evangelien zeigen, studieren, vor allem aber seine Auferstehung. Fangen Sie nicht mit der modernen Frage an, ob der christliche Glaube „zu mir passt". Wenn die Auferstehung eine Tatsache ist, dann gibt es einen Gott, der mich für sich selber erschaffen hat, und ja, dann passt der Glaube zu mir, ob ich das schon sehen kann oder nicht. Wenn Christus real und auferstanden ist, dann habe ich, wie einst Paulus, noch keine Antworten auf meine vielen Fragen, aber ich muss, wieder wie Paulus, fragen: „Herr, was willst du, das ich tun soll?"

Eine Beziehung, die auf Gesetz und Liebe basiert

Als Paulus fragt: „Wer bist du, Herr?", antwortet Jesus: „Ich bin der, den du verfolgst." Und seine allerersten Worte waren gewesen: „Saul, Saul, warum verfolgst du mich?" Zwei Mal sagt Jesus, dass Paulus ihn verfolgt. Aber wie kann diese strahlende Himmelserscheinung jemand sein, den Paulus verfolgt? Warum sagte Jesus: „Warum verfolgst du *mich*?", und nicht: „Warum verfolgst du meine Jünger?" (vgl. Apostelgeschichte 9,4).

Diese allerersten Worte, die Paulus von Jesus hörte, vermittelten ihm eine Erkenntnis, die so tief war, dass sie den ganzen Rest seines Lebens, seiner Arbeit und seiner Theologie prägte. Paulus lernte, dass Christ zu sein viel mehr bedeutete, als bestimmte Glaubensüberzeugungen und religiöse Praktiken zu übernehmen, in der Hoffnung, Gott würde ihm dann gnädig gestimmt sein und seine Gebete erhören. Jesu Worte deuten auf eine Beziehung hin, die unendlich tiefer und reicher ist. Jesus Christus erklärte, dass seine Verbindung zu seinem Volk, der Gemeinde, so eng war, dass alles, was ihnen widerfuhr, gleichzeitig ihm widerfuhr und dass das, was für ihn galt, auch für sie galt.

Allein in den Briefen des Paulus wird das Christsein über 160 Mal als „in Christus sein“ bzw. „im Herrn sein“ oder „in ihm sein“ bezeichnet. In Römer 6,1-4 schreibt Paulus, dass wir „mit Christus gestorben“ und „auch mit ihm begraben“ worden sind. In Epheser 2,6 sagt er, dass, als Jesus Christus von den Toten auferweckt wurde und sich zur Rechten Gottes setzte, Gott uns „zusammen mit Jesus Christus [...] vom Tod auferweckt“ hat, „und zusammen mit ihm hat er uns schon jetzt einen Platz in der himmlischen Welt gegeben, weil wir mit Jesus Christus verbunden sind“. Paulus meint hier nicht etwas, das in der Zukunft geschehen wird; er benutzt die grammatische Vergangenheitsform. Als Christus starb, wieder auferstand und zum Himmel auffuhr, taten wir dies auch – so eng ist Christus mit den Christen verbunden. Und diese Verbundenheit hat zwei wichtige Aspekte.

Erstens sind wir sozusagen *rechtlich* mit Christus verbunden. In Gottes Augen sind wir so von der Strafe für die Sünde befreit, als ob wir selber am Kreuz gestorben wären. Wir sind „aufgrund des Glaubens für gerecht erklärt“ (Römer 3,28); Gott betrachtet uns in Christus als vollkommen gerecht, obwohl wir in uns selber unvollkommen und sündig sind (Philipper 3,9). Und nach seinem Tod wurde Jesus an einen Ehrenplatz erhöht, und wenn wir an ihn glauben, wird Gott uns so behandeln, als ob *wir* all das vollbracht hätten, was Jesus vollbracht hat. Gott belohnt uns so, als ob wir so groß wären wie Jesus.

Aber diese Verbindung mit Christus ist nicht nur eine rechtliche, sondern auch eine *lebendige* und spirituelle. Gott der Geist persönlich nimmt in uns Wohnung, wie bei Paulus, als dieser sich bekehrte (Apostelgeschichte 9,17). Wir bekommen Teil an Gottes göttlichem Wesen (2. Petrus 1,4) und damit sind wir so mit ihm verbunden, wie eine Hand durch das Nervensystem mit dem Kopf verbunden ist. Deswegen kann Jesus über seine Leute sagen: „Wer einen von ihnen anrührt, der rührt mich an."

Die Idee einer Verbindung, die juristisch ist und gleichzeitig vital und persönlich, ist uns nicht unvertraut. Von Martin Luther stammt die berühmte Aussage, dass „die Seele sich mit Christus wie eine Braut mit ihrem Bräutigam" vereinigt, wenn wir an Christus als unseren Erlöser glauben. Eine Ehe ist eine Beziehung, die auf Gesetz und Liebe basiert. Luther schreibt, dass ein Mann, der eine Frau heiratet, die Schulden dieser Frau übernimmt, während sie ihrerseits Anteil an seinem Vermögen bekommt: „Christus hat alle Güter und Seligkeit: die sind der Seele eigen; die Seele hat alle Untugend und Sünde auf sich: die werden Christi eigen" (vgl. 2. Korinther 5,21). Luther schließt: „So wird die Seele von allen ihren Sünden nur durch ihre Verlobungsgabe, das ist des Glaubens halber, ledig und frei und mit der ewigen Gerechtigkeit ihres Bräutigams Christi begabt."[15] Hier sehen wir, wie der rechtliche und der vitale Aspekt einander ergänzen und bestärken. Je gewisser wir sind, dass Gott uns „rechtskräftig" angenommen hat, je freier unsere Herzen von Angst und Scham sind und je mehr sie sich in freudiger Liebe zu unserem Heiland hingezogen fühlen, umso stärker erfahren wir seine Liebe, die durch den Heiligen Geist in unsere Herzen ausgegossen ist (Römer 5,5).

Um den rechtlichen Aspekt unserer Christus-Beziehung zu verstehen, hilft ein kleiner Test, den Pastor David Martyn Lloyd-Jones benutzte, wenn er einschätzen wollte, wo jemand geistlich stand. Er fragte die Leute: „Sind Sie ein Christ?" Oft kam die Antwort: „Na ja, ich versuche mein Bestes." Daraufhin wusste Lloyd-Jones, dass die betreffende Person noch nicht wusste, was es bedeutete, ein Christ zu sein. Das Christsein ist ein Status und eine Beziehung (so ähnlich wie adop-

Christsein ist ein Status und eine Beziehung, keine Belohnung für Leistungen.

tiert oder verheiratet sein) und nicht eine Belohnung für irgendwelche Leistungen. Man ist entweder verheiratet oder nicht, und man ist entweder ein Christ oder nicht.

Um den vitalen Aspekt unserer Christus-Beziehung zu verstehen, helfen die Fragen, die während der Großen Erweckung in Großbritannien unter John und Charles Wesley gerne gestellt wurden. Damals, im 18. Jahrhundert, ging fast jeder sonntags in die Kirche, aber die Erweckungsprediger fragten die Leute: Bist du bekehrt? Bist du geistlich lebendig oder versuchst du nur, anständig zu leben? Hast du eine lebendige Beziehung zu Gott?[16] Für die Gläubigen wurden „Gesellschaften" gegründet, die sich in den Häusern trafen. „Das Ziel dieser Gesellschaften bestand in erster Linie darin, eine Gemeinschaft zu schaffen, in der [ihr] neues geistliches Leben und ihre neuen Erfahrungen sich in einem geschützten Raum entwickeln konnten."[17] In einem der Handbücher für die Leiter solcher Gruppen wurde empfohlen, jede Woche die folgenden Fragen zu stellen:[18]

Wie deutlich hast du Gott in der letzten Woche gespürt? Wie klar und lebendig ist deine Gewissheit, dass Gott dir vergeben hat und dich wie ein Vater liebt?

Erlebst du Stunden der besonderen Freude über Gott? Spürst du wirklich seine Gegenwart in deinem Leben; spürst du, wie er dir seine Liebe schenkt?

Hast du die Bibel in der letzten Woche als lebendig und aktiv erlebt?

Findest du bestimmte biblische Verheißungen gerade besonders kostbar und mutmachend? Welche sind es?

Hast du den Eindruck, dass Gott dich durch sein Wort anspricht oder dir irgendeinen Auftrag gibt? Auf welchen Wegen geschieht das?

Hat Gott es dir geschenkt, deine Sünden gegen ihn und gegen deine Mitmenschen deutlicher zu sehen und zu bekennen? Ist dir mit dem tieferen Verständnis deiner Sündhaftigkeit auch Gottes Gnade herrlicher, bewegender und tröstlicher geworden?

Die Fragen halfen, zwischen einem theoretischen Glauben an einen Gott „da oben" und einer lebendigen Beziehung zu einem lebendigen Gott zu unterscheiden. Solch eine Beziehung ist von der Gnade Christi getragen und bietet ein Miteinander von Wissen und Lieben, bei dem Gott mich anspricht, tröstet, ermahnt, lehrt und leitet.

Weil Jesus von den Toten auferstanden ist, werden wir rechtlich freigesprochen (Römer 4,25) und erfahren innerlich eine lebendige Erneuerung (Römer 8,10-11).

Wir begegnen Jesus

Wir können Gottes Hoffnung in Zeiten der Angst nicht bekommen ohne die persönliche Begegnung mit dem auferstandenen Herrn. Wir haben anhand von fünf Fallstudien gesehen, wie das geschehen kann. Wenn wir sie Revue passieren lassen, sehen wir, wie unterschiedlich sie sind, und das ist die letzte Lektion für uns.

Jesus geht mit unterschiedlichen Herzen und Temperamenten unterschiedlich um. Es gibt keine Vorlage und kein allgemeingültiges Fünf-Punkte-Programm, wie man ein Christ wird. Manche nennen Maria Magdalena einen Gefühlsmenschen, Johannes einen Denker und Thomas einen Pragmatiker. Dies ist natürlich stark vereinfacht, aber Jesus hatte ein Gespür für Charakterunterschiede und holte jeden Menschen genau dort ab, wo er stand. Maria und Thomas konfrontiert er und spricht sie persönlich an; Johannes und Petrus gibt er Raum zum Nachdenken. Er gibt jedem das, was er braucht, und genau dann, wann er es braucht. Machen Sie nicht den Fehler, Ihren Weg zu Christus mit dem anderer zu vergleichen. Sagen Sie nicht: „So wie dieser Mensch bin ich aber nicht zum Glauben gekommen. Bin ich womöglich gar kein Christ?" Derselbe Jesus, der Paulus in die Knie zwang und zu Boden warf, sagte ganz sanft Marias Namen.

Jesus sagt uns allen Folgendes: „Ich kenne dich ganz persönlich. Der Weg, den du gehst, wird *dein* Weg sein. Er muss nicht der gleiche Weg sein wie der deines besten Freundes. Du sollst nicht deinem Freund nachfolgen, sondern *mir.*" Kurz vor dem Ende des Johannesevangeliums zeigt Petrus auf einen seiner Mitjünger und fragt Jesus, was mit ihm geschehen wird. Jesus beantwortet die Frage nicht, sondern sagt: „[…] was geht dich das an? Folge du mir nach!" (Johannes 21,22). Richten Sie Ihren Blick auf Jesus und gehen Sie den Weg, den er für Sie ganz persönlich ausgesucht hat (Hebräer 12,1-2).

Kapitel 8

Hoffnung für Sie und mich

Ihr wart nämlich tot – tot aufgrund der Verfehlungen und Sünden, die euer früheres Leben bestimmten. [... Doch Gottes Erbarmen ist unbegreiflich groß! Wir waren aufgrund unserer Verfehlungen tot, aber er hat uns so sehr geliebt, dass er uns zusammen mit Christus lebendig gemacht hat. Ja, es ist nichts als Gnade, dass ihr gerettet seid! Zusammen mit Jesus Christus hat er uns vom Tod auferweckt, und zusammen mit ihm hat er uns schon jetzt einen Platz in der himmlischen Welt gegeben, weil wir mit Jesus Christus verbunden sind. Bis in alle Ewigkeit will er damit zeigen, wie überwältigend groß seine Gnade ist, seine Güte, die er uns durch Jesus Christus erwiesen hat. (Epheser 2,1.4-7)

Wir haben gesehen, dass die Auferstehung Christi uns wie nichts anders in der Welt Hoffnung und Zuversicht inmitten der Angst gibt. In den letzten Kapiteln dieses Buchs wollen wir uns einige konkrete Ängste anschauen und untersuchen, wie diese Hoffnung uns hilft, mit ihnen umzugehen. Wir haben Angst vor Leiden, vor dem Tod und vor der Zukunft. Wir erfahren diese Angst besonders dann, wenn die Zeiten unruhig werden. Hierbei sind es nicht so sehr diese verschiedenen Ängste als solche, die von der Auferstehung Christi überwunden werden, sondern die Angst, dass es uns nicht gelingen wird, mit ihnen fertigzuwerden. Die Auferstehung verspricht uns *nicht*, dass unser Lebensweg immer glatt und ohne Schwierigkeiten verlaufen wird, sondern sie gibt uns die Hoffnung, dass wir zu Menschen werden können, die jeden Weg gehen können – egal, was kommt.

Mit Christus auferstanden

In Epheser 2 erklärt Paulus, dass wir nicht nur am Ende der Zeiten leiblich auferstehen werden, sondern dass wir bereits geistlich auferstanden *sind*, und zwar in dem Augenblick, wo wir an Christus als unseren auferstandenen Heiland und Herrn glaubten. Ja, mehr noch: Geistlich sind wir bereits in den Himmel aufgefahren: „Zusammen mit Jesus Christus hat [Gott] uns vom Tod auferweckt, und zusammen mit ihm hat er uns schon jetzt einen Platz in der himmlischen Welt gegeben, weil wir mit Jesus Christus verbunden sind“ (Epheser 2,6).

Dieser Satz zeigt, wie tiefgreifend es einen Menschen verändert, wenn er Christ wird. Es geht nicht darum, dass wir anfangen, uns zu ändern, oder uns mehr anstrengen, ein gutes Leben zu führen, auch nicht darum, Mitglieder in einer neuen Religionsgemeinschaft zu werden. Es geht darum, dass wir aus unserer bisherigen Welt in eine andere versetzt werden. Indem wir den Heiligen Geist bekommen und an den Kräften des kommenden Zeitalters Teil haben, werden wir mit Christus vereint. „Durch unsere Wiedergeburt werden wir mit dem Herrn Jesus Christus verbunden und werden zu Teilhabern an seinem Leben und an all den Segnungen, die von ihm kommen.“[1]

Aus unserer bisherigen Welt in eine andere versetzt

Christen sind Menschen, die tot waren, aber geistlich lebendig gemacht worden sind. Stellen Sie sich vor, Sie gehen in einem voll besetzten Saal ans Rednerpult, um zu sprechen. Sie beugen sich etwas zum Mikrofon hin und fangen an, mit normaler Lautstärke zu reden, denn das Mikrofon wird Ihre Stimme auch in die letzten Winkel des Saales tragen. Aber das tut es nicht. Das Mikrofon ist „tot". Wenn dann jemand den richtigen Schalter drückt, wird das Mikrofon „lebendig" und alle können Sie hören. Ganz ähnlich macht uns unsere geistliche Auferstehung für Gott „lebendig" (vgl. Römer 6,11). Früher waren wir tot für ihn, aber jetzt macht uns der Geist fähig, die Wahrheit über Gott zu vernehmen.[2]

Zu dieser geistlichen Auferstehung kommt es, wenn wir glauben, dass Jesus Christus gestorben und auferstanden ist, um uns zu erlösen. Aber auf der Basis dieser *objektiven* Wahrheit kommt ein Stück zukünftiges, himmlisches Leben in uns hinein, das uns *subjektiv* verändert. Wir fangen sozusagen an, einen Vorgeschmack auf unsere Zukunft zu erleben, die uns in Christus garantiert ist. Wir bekommen die Freiheit, anders und Christus ähnlicher zu werden, wir spüren etwas von Gottes Realität, Herrlichkeit und Liebe in unseren Herzen und eine neue Solidarität der Liebe mit unseren Brüdern und Schwestern in Christus.

Unsere geistliche Auferstehung bedeutet, dass wir in einem gewissen Sinne bereits im Himmel leben, obwohl wir noch auf der Erde sind, dass wir bereits in der Zukunft leben, obwohl wir uns noch mitten in der Gegenwart befinden.

> *Weil wir mit Christus [in der himmlischen Welt] sind [...] erleben wir schon hier und jetzt etwas vom Leben des Himmels. Der Apostel [Paulus] spricht von den Erstlingsfrüchten; er spricht von einem Vorgeschmack. Die große Ernte ist noch nicht da, aber sehr wohl die Erstlingsfrüchte. [...] Die kurzen Augenblicke der Herrlichkeit! [...] Wir sollten diese Augen-*

blicke erleben, sollten dann und wann die himmlische Musik von ferne hören, wir sollten in gewisser Weise das Leben, das wir dort [haben werden], jetzt schon spüren.[3]

In einem Lied „aus der Väter Tagen" heißt es:

Ich bin zufrieden,
dass ich die Stadt gesehn,
und ohn Ermüden
will ich ihr näher gehen
und ihre hellen, goldenen Gassen
lebenslang nicht aus den Augen lassen.[4]

In dem Rest dieses Kapitels werde ich einigen dieser „Vorgeschmäcker" nachgehen, die uns die Auferstehung Christi bringt.

Auferstehung und Erfahrung

Archibald Alexander, der Gründer des Princeton Theological Seminary, hat viele Jahre dem Studium der Beziehung zwischen den großen „Objektivitäten" des Christentums (also der Lehre, die zu glauben ist, den Sakramenten der Taufe und des Abendmahls sowie der Ethik, die zu befolgen ist) und den „Subjektivitäten" der geistlichen Gemeinschaft mit Gott gewidmet. In seinen ursprünglich 1844 erschienenen *Thoughts on Religious Experience* schreibt er:

Es gibt zwei Arten religiösen Wissens, die in einer engen Ursache-Wirkung-Beziehung zueinander stehen, aber dennoch unterschieden werden können. Es sind dies die Kenntnis der Wahrheit, wie sie in den Heiligen Schriften geoffenbart ist, und die Wirkung, die diese Wahrheit ausübt […] wenn sie recht verstanden wird.

Ersteres kann man mit der [hervorgehobenen] Aufschrift oder Bild auf einem Siegel vergleichen, das Zweite ist der Abdruck, den dieses Siegel im Wachs hinterlässt. Wenn dieser Abdruck deutlich ist, können wir, wenn wir ihn studieren, die Schrift auf dem Siegel besser erfassen, als wenn wir das Siegel selber betrachten. Ähnlich gilt, dass nichts die Wahrheiten im Wort Gottes besser bestätigt und erhellt als die innere Erfahrung ihres Wirkens in unserem Herzen.[5]

Prägt die Wahrheit, die wir erkannt haben, unser Herz und unseren Willen?

Der christliche Glaube ist begründet im Glauben an historische Realitäten und Wahrheiten, aber er ist auch eine geistliche Verbindung mit Christus durch die Auferstehung. Das Festhalten an gesunden Lehrüberzeugungen ist absolut wichtig, reicht aber noch nicht aus. Wir müssen prüfen, inwieweit die Wahrheit, die wir erkannt haben, unser Herz und unseren Willen und Charakter prägt und verändert. Das 1. Kapitel des Epheserbriefs macht diese Verbindung zwischen Wahrheit und persönlicher Erfahrung durch den Geist und die Auferstehung noch einmal sehr deutlich. Paulus betet für seine Leser:

Er öffne euch die Augen des Herzens, damit ihr erkennt, was für eine Hoffnung Gott euch gegeben hat, als er euch berief, was für ein reiches und wunderbares Erbe er für die bereithält, die zu seinem heiligen Volk gehören, und mit was für einer überwältigend großen Kraft er unter uns, den Glaubenden, am Werk ist. Es ist dieselbe gewaltige Stärke, mit der er am Werk war, als er Christus von den Toten auferweckte und ihm in der himmlischen Welt den Ehrenplatz an seiner rechten Seite gab. Damit steht Christus jetzt hoch über allen Mächten und Gewalten, hoch über allem, was Autorität besitzt und Einfluss ausübt; er herrscht über alles, was Rang und Namen hat – nicht nur in dieser Welt, sondern auch in der zukünftigen. (Epheser 1,18-21)

Auf den ersten Blick wirft dieses Gebet Fragen auf. Die Adressaten von Paulus wissen doch sicher schon, dass sie eine Hoffnung und ein wunderbares Erbe haben. Worum betet er dann hier? Die Antwort liegt in der Formulierung „Augen des Herzens". Paulus möchte, dass seine Freunde die Wahrheit nicht nur mit dem Kopf glauben und ihr gedanklich zustimmen, sondern dass sie sich von ihr mit Freude, Liebe, Zuversicht, Frieden, Trost und Kraft füllen lassen. Dies ist möglich, weil Christen mit dem verbunden sind, der der Herr über die gegenwärtige wie über die zukünftige Welt ist (V. 21), sodass er hier und jetzt die Kräfte der kommenden Welt in unser Herz und unser Leben holen kann.

Um das Gleiche betet Paulus in Epheser 3:

[Gott] gebe euch durch seinen Geist innere Kraft und Stärke. Es ist mein Gebet, dass Christus aufgrund des Glaubens in euren Herzen wohnt und dass euer Leben in der Liebe verwurzelt und auf das Fundament der Liebe gegründet ist. Das wird euch dazu befähigen, zusammen mit allen anderen, die zu Gottes heiligem Volk gehören, die Liebe Christi in allen ihren Dimensionen zu erfassen – in ihrer Breite, in ihrer Länge, in ihrer Höhe und in ihrer Tiefe. Ja, ich bete darum, dass ihr seine Liebe versteht, die doch weit über alles Verstehen hinausreicht, und dass ihr auf diese Weise mehr und mehr mit der ganzen Fülle des Lebens erfüllt werdet, das bei Gott zu finden ist. (Epheser 3,16-19)

Wir wissen, dass Christus bereits in den Christen wohnt (Epheser 2,22) und dass sie durch ihn bereits an der Fülle Gottes teilhaben (Kolosser 2,9-10). Diese Dinge sind objektiv wahr. Paulus bittet aber darum, dass der Heilige Geist den Christen diese Wahrheiten so geistlich real werden lässt und sie das Herz berühren, sodass ihr Alltagsleben verwandelt wird. In beiden Gebeten geht es darum, dass die Christen das, was sie durch Christi Auferstehung objektiv bekommen haben, subjektiv und konkret erleben und erfahren.[6]

Vielleicht kein zweiter christlicher Denker hat die Gegenwart der Zukunft im Leben des Christen so stark betont wie der englische Theologe John Owen (17. Jahrhundert). Owen wies darauf hin, dass nach 1. Korinther 13,12 und 1. Johannes 3,2-3 der größte Segen des kommenden Zeitalters die „Gottesschau" ist, also dass die Gläubigen einst mit ihren leiblichen Augen Christus von Angesicht zu Angesicht sehen werden. Aber er bemerkte auch, dass im 2. Korintherbrief davon die Rede ist, dass wir schon jetzt die Herrlichkeit Christi sehen. Was bedeuten muss, dass ein kleiner, aber wunderbarer Teil jener endgültigen Freude schon jetzt erreichbar ist. „Owen thematisiert wiederholt die Vorstellung vom Sehen der Herrlichkeit Gottes im Glauben schon jetzt […] als Vorwegnahme und Vollzug der Gottesschau [im Himmel]."[7] Wir leben im Glauben und noch nicht im Schauen (2. Korinther 5,7), und doch gilt:

> *Ja, wir alle sehen mit unverhülltem Gesicht die Herrlichkeit des Herrn. Wir sehen sie wie in einem Spiegel, und indem wir das Ebenbild des Herrn anschauen, wird unser ganzes Wesen so umgestaltet, dass wir ihm immer ähnlicher werden und immer mehr Anteil an seiner Herrlichkeit bekommen. Diese Umgestaltung ist das Werk des Herrn; sie ist das Werk seines Geistes. (2. Korinther 3,18)*

Und:

Denn derselbe Gott, der gesagt hat: „Aus der Finsternis soll Licht hervorstrahlen!", der hat es auch in unseren Herzen hell werden lassen, sodass wir in der Person von Jesus Christus den vollen Glanz von Gottes Herrlichkeit erkennen. (2. Korinther 4,6)

Diese Verse, so Owen, zeigen uns, dass es zwei Arten gibt, die Herrlichkeit Jesu zu schauen: hier und jetzt im Glauben und einst in der Ewigkeit direkt von Angesicht zu Angesicht. Es reicht also nicht aus, an die Lehren über die Person Christi, die Ämter und das Wirken Christi zu *glauben*, sondern wir müssen auch lernen, ihre Herrlichkeit zu *betrachten*, damit unsere Herzen ein Gespür für ihre Schönheit, Größe und Wunder bekommen. Dies geschieht durch das Wirken des Heiligen Geistes, und auch wenn dieses Betrachten bei Weitem hinter dem Schauen in der Ewigkeit zurückbleibt, werden wir doch nach und nach in das Bild der Herrlichkeit Christi verwandelt, wenn wir ihn immer mehr über alles andere lieben lernen.[8]

„Wir alle sehen mit unverhülltem Gesicht die Herrlichkeit des Herrn. Wir sehen sie wie in einem Spiegel ..." (John Owen)

Owen gibt uns wertvolle Hinweise für das Schauen der Herrlichkeit Christi hier in unserem Leben. Erstens: Wir sehen seine Herrlichkeit, wenn wir über die Weisheit des Evangeliums, der großen Umkehrung, meditieren. Owen verweist auf den Apostel Johannes, nach welchem die Jünger Jesu seine Herrlichkeit sahen, als er auf der Erde war. Owen schreibt:

Sie „sahen seine Herrlichkeit" (Johannes 1,14). Fragen wir: Was war diese Herrlichkeit Christi, die sie da sahen […]? Es war nicht die Herrlichkeit seiner äußeren Erscheinung, so wie

> *wir die Herrlichkeit eines Königs sehen [...] denn er wandelte als ein Mann, der nicht zu den Großen gehörte. [...] Es war nicht die äußere Gestalt des Fleisches, in der er erschaffen war [...] denn er hatte keine Gestalt noch Hoheit, die uns gefallen hätte [Jesaja 52,14; 53,2-3]. [...] Es war auch nicht [...] die ewige Herrlichkeit seines göttlichen Wesens, denn diese kann in dieser Welt niemand sehen, und was wir davon dereinst [in der Ewigkeit] sehen werden, wissen wir nicht. [...] Nein, es war die Herrlichkeit dessen, der „voller Gnade und Wahrheit" war. Sie sahen die Herrlichkeit seiner Person [...] in der Ausübung von Gnade und Wahrheit [dem Evangelium]. [...] Dies war die Herrlichkeit, die Johannes der Täufer sah, als er sagte: [...] „Siehe, das ist Gottes Lamm, das der Welt Sünde trägt" (Johannes 1,29ff.). [...] Seine Herrlichkeit beschränkte sich allein auf das Evangelium.*[9]

Aber wenn dieses „Glaubens-Sehen" Jesu kein buchstäbliches, physisches Erblicken seines Auferstehungsleibes ist, wie können wir dann sicher sein, dass wir wirklich *ihn* sehen und uns nicht mit unserer Fantasie einen Jesus nach unserem eigenen Geschmack basteln? Owen antwortete darauf, dass wir Gewissheit haben können, wenn wir unsere Meditation auf das ausrichten, was die Bibel über Jesus sagt. „Die Herrlichkeit unseres Herrn Jesus Christus, die in der Schrift offenbart wird [... ist ...] der Hauptgegenstand unseres Glaubens, unserer Liebe, unserer Freude und unseres Bewunderns. [...] Der einzige wahre Wegweiser in dieser Sache [ist nicht] Fantasie und Einbildungskraft, [sondern] die Offenbarung der Schrift."[10]

Owen hat gelegentlich versucht, das Unbeschreibliche zu beschreiben und das Schauen der Herrlichkeit Christi in Worte zu fassen. Ihm fehlen zwar die Worte, um das zu beschreiben, aber „in den wahren Gläubigen findet sich eine [echte] Vorausschau und Vorgeschmack dieses herrlichen Zustandes".[11] Manchmal durchbrechen die Gedanken des Bibeltextes gleichsam die Dämme des Intellekts und werden wie ein Licht, das man sehen, oder eine Speise, die man kosten kann. Dann werden die Glaubenswahrheiten zu einem Genuss und geben Kraft wie ein Festmahl. Das Denken ist zutiefst beteiligt, denn oft erkennen wir in einem bestimmten Vers oder Wort alle möglichen Dinge, die wir nie zuvor gesehen hatten, aber die Auswirkungen ergreifen auch das Herz und die Seele, nicht nur den Kopf. Owen gesteht zu, dass diese Erlebnisse des Genusses und des Lichtes nur gelegentlich kommen und eher sanfte und zarte Eindrücke sind, aber sie verändern unser Leben. Die großen geistlichen Erlebnisse, die wir suchen, sind selten und weit voneinander entfernt.

> *Zuweilen kommt in ihre Herzen durch das Wort und den Geist solch ein Bewusstsein der unerschaffenen Herrlichkeit Gottes, die in Christus aufstrahlt, dass die Seele von einer unsagbaren Freude durchdrungen und gesättigt wird. [...] Diese köstlichen Stunden sind selten und dauern meist nur kurze Zeit an. Aber es liegt an unserer eigenen Trägheit und Finsternis, wenn wir nicht mehr Besuche dieser Gnade erfahren und der Morgenglanz der Ewigkeit nicht öfter über unserer Seele aufgeht.*[12]

Auferstehung und Veränderung

Das geistliche Erleben des Christen ist kein Selbstzweck, keine Methode, aufregende Emotionen hervorzurufen. Das Ziel von Gottes Erlösung ist, dass wir dem Bild seines Sohnes ähnlich werden (vgl. Römer 8,29). Wie geschieht diese konkrete, langfristige Verwandlung? Im Epheser- und im Kolosserbrief spricht Paulus von einem Zwei-Stufen-Prozess, der zu einer nachhaltigen Veränderung unseres Lebens führt.

> *Dann wurdet ihr aber auch gelehrt, […] den alten Menschen abzulegen, der seinen trügerischen Begierden nachgibt und sich damit selbst ins Verderben stürzt. Und ihr wurdet gelehrt, euch in eurem Geist und in eurem Denken erneuern zu lassen und den neuen Menschen anzuziehen, der nach Gottes Bild erschaffen ist und dessen Kennzeichen Gerechtigkeit und Heiligkeit sind, die sich auf die Wahrheit gründen. (Epheser 4,22-24)*
>
> *Da ihr nun also zusammen mit Christus auferweckt worden seid, sollt ihr euch ganz auf die himmlische Welt ausrichten, in der Christus auf dem Ehrenplatz an Gottes rechter Seite sitzt. Richtet eure Gedanken auf das, was im Himmel ist, nicht auf das, was zur irdischen Welt gehört. Denn ihr seid dieser Welt gegenüber gestorben, und euer neues Leben ist ein Leben mit Christus in der Gegenwart Gottes. Jetzt ist dieses Leben den Blicken der Menschen verborgen; doch wenn Christus, euer Leben, in seiner Herrlichkeit erscheint, wird sichtbar werden, dass ihr an seiner Herrlichkeit teilhabt. Tötet daher, was in den verschiedenen Bereichen eures Lebens noch zu dieser Welt gehört: sexuelle Unmoral, Schamlosigkeit, ungezügelte Leidenschaft, böses Verlangen und die Habgier (Habgier ist nichts anderes als Götzendienst). (Kolosser 3,1-5)*

Ich kenne mich nicht gut mit Autos aus, aber bei einem meiner seltenen Ausflüge in die Welt der Automobiltechnik habe ich die Technik des Zweitakt-Motors kennengelernt. Dieser Motor arbeitet mit einem Zyklus von nur zwei Takten: der Aufwärtsbewegung des Kolbens (Verdichtung) und der Abwärtsbewegung (Verbrennung).

In Epheser 4 spricht Paulus ebenfalls von zwei „Takten" – dem „Ablegen" des „alten Menschen" und dem „Anziehen" des „neuen Menschen"–, die zu Rechtfertigung und Heiligung unseres Wesens führen. Denselben Prozess bezeichnet er in Kolosser 3 mit etwas anderen Ausdrücken: Die Christen haben ihr altes Wesen zu „töten" und ihre Gedanken „auf das, was im Himmel ist", auszurichten. In beiden Abschnitten spricht Paulus davon, etwas abzuschaffen und dafür etwas anderes zu beginnen bzw. zu stärken.

Einmal mehr folgt diese Dynamik der Veränderung dem Modell der großen Umkehrung. So wie es ohne Jesu Tod und Auferstehung keine Erlösung gibt, so kann diese Erlösung uns nicht verändern und unser ganzes Leben prägen ohne eine ständige Praxis des Sterbens und Auferstehens.

Da ist – um das Bild des Zweitakters wieder aufzugreifen – zunächst der „Abwärtstakt" des Tötens der Sünde. Im Epheser- wie im Kolosserbrief steht für die Dinge, die da getötet werden, im griechischen Urtext das Wort *epithumia* – Begierden, die kein Maß kennen und den Menschen versklaven (in Epheser 4,22 z. B. in der Lutherbibel mit „trügerische Begierden" übersetzt, in Kolosser 3,5 mit „böse Begierde"). Laut Kolosser 3,2 richten die Menschen ihr Herz von Natur aus auf das aus, was zur irdischen Welt gehört. Wir verlassen uns auf diese Dinge, bauen unser Leben auf sie auf und suchen Identität, Sinn, Erlösung und Liebe in ihnen und nicht in Gott. Und das macht diese Dinge zu Götzen, zu Dingen, die wir haben *müssen*, um ein glückliches Leben führen zu können. Götzen haben es an sich, dass sie uns beherrschen und schwer zu kontrollierende Begierden wecken. Sie

Der „Abwärtstakt" ist die Kriegserklärung an unsere Götzen.

führen uns in Angst und Wut, wir werden Gejagte oder entwickeln Süchte. Aber wir *brauchen* unsere Götzen, um Identität, Selbstwert oder Sinn im Leben zu haben, und so arbeiten wir bis zum Umfallen, lügen und verletzen und missbrauchen unsere Mitmenschen, ja uns selber, um das zu bekommen, was unser Herz haben will. Der „Abwärtstakt" ist die Kriegserklärung an diese Götzen. Wir werfen sie aus unserem Leben hinaus, reißen unser Herz von ihnen los und tun alles, um ihren Griff um unsere Seele zu schwächen, ja zu brechen.

Der „Aufwärtstakt": über Gottes Wort meditieren

Und zweitens dann der „Aufwärtstakt". Mit ihm richten wir unser Denken und unser Herz nach „oben" aus, speziell zu Jesus selber. Die Grundsehnsucht unseres Herzens nach einer höchsten Quelle der Liebe und des Sinns lässt sich nicht eliminieren; so sind wir nun einmal von Gott geschaffen. Die Sehnsucht nach einer ultimativen Liebe kann nicht ausgelöscht werden; sie kann nur durch die wahre, ultimative Liebe ersetzt werden.[13] Von meinen mich versklavenden Götzen kann ich nur dadurch frei werden, dass ich mein Herz von der Liebe zu Christus entflammen lasse, indem ich über ihn, wie er im Wort Gottes und Evangelium geoffenbart ist, meditiere.

Diese beiden „Takte" gehören zusammen; sie bedingen einander. Es ist unmöglich, das unstillbare Streben des Herzens nach Macht, Anerkennung und Trost von einem Gegenstand loszulösen, ohne ihm einen größeren, schöneren, begehrenswerteren Gegenstand zu zeigen – Jesus selber. Erst dann wird unsere Sünde ihre Anziehungskraft verlieren und wir fangen an, frei zu sein. Und andererseits ist ohne die Gewissheit, dass Gott uns in Christus angenommen hat, das Bekenntnis unserer Sünde zu traumatisch. Wenn unser Selbstwert nicht in Christus gründet, sondern darin, dass wir „gut genug" sind, werden wir, wie einst Petrus, nicht fähig sein, unsere Sünden und Fehler zuzugeben.[14] Je mehr wir Christi Liebe erkennen und erleben, desto leichter fällt es uns, unsere Sünde zu bekennen, und je mehr wir unsere Sünde bekennen, umso kostbarer und wunderbarer wird uns die Gnade Jesu werden.

Geistliches Wachstum und Veränderung: Gängige Irrtümer

Viele Menschen ziehen, wenn sie das erste Mal von diesem Wachstumprozess hören, den Paulus beschreibt, voreilige Schlüsse.

Der erste Fehler liegt in der Annahme, dass die Sünde zu „töten" sei, indem man einfach „Nein" zu ihr sagt oder indem man die Sünden bereut und um Vergebung bittet. Natürlich sollten Christen beides tun, aber dieser Wachstumsprozess geht viel tiefer. Der „Abwärtstakt" hat nicht nur mit meinem Verhalten zu tun, sondern auch und viel mehr mit den Gewohnheiten meines Herzens und den Denk- und Gefühlsmustern, die mich anfällig für die Sünde machen. Es geht darum, dass ich tiefsitzende Grundhaltungen des Selbstmitleids, der Verbitterung, der Angst oder der Bequemlichkeit und zu der großen Nachsicht mit mir selbst erkenne und aufdecke, die mich anfällig für bestimmte falsche Verhaltensweisen machen. Die einen versündigen sich, indem sie feige den Mund halten, wo sie reden sollten, die anderen, indem sie zu schnell und zu heftig den Mund aufmachen.

Jeder Mensch kennt irgendetwas, von dem er sagt: „Wenn ich *das* habe, dann weiß ich, dass mein Leben zählt und dass ich ein vollwertiger Mensch bin, den man gernhaben kann." Wenn dieses „etwas" bei mir Macht ist, bin ich bereit, meine

Mitmenschen zu verletzen, um Macht zu bekommen. Wenn dieses „Etwas“ bei mir Anerkennung ist, werde ich mich hüten, mich so verhalten, dass ich dadurch andere vor den Kopf stoße. Wie wir uns fühlen und verhalten, hängt ganz davon ab, was wir zu unserem Ersatz für Jesus und sein Heil gemacht haben. Um die falschen Begierden, die unsere Götzen in uns erzeugen, zu töten, reicht es nicht aus, unsere Sünden zu bereuen; es geht darum, die sündigen Wurzeln und Grundmuster in den Tiefen unseres Herzens aufzudecken und zu bekämpfen, damit sie ihre Kraft verlieren.

Der zweite Fehler ist eine Variante des ersten und besteht in der Annahme, dass die Neuausrichtung des Herzens darin besteht, dass wir uns Mühe geben, so zu leben, wie es richtig ist. Auch hier liegt die Betonung ganz auf unserem äußeren Verhalten und nicht auf den Wurzeln unseres Herzens. Im Rest des 3. Kapitels des Kolosserbriefs geht es zwar um praktische Liebe, Geduld, Selbstbeherrschung und Vergebung, aber das meint Paulus nicht, wenn er schreibt: „Richtet eure Gedanken auf das, was im Himmel ist“ (Kolosser 3,2). Es geht vielmehr darum, das tiefste Verlangen des Herzens auf Jesus zu richten (vgl. Kolosser 3,1-2) – also, wie John Owen vorschlägt, über die Herrlichkeit des Wesens und des Werkes Jesu nachzusinnen, so lange, bis er anfängt, unser Herz zu sich zu ziehen. Erst dann wird unser Herz nicht mehr auf andere Dinge fixiert sein. Das Ziel besteht darin, die Götzen, die im Innersten meines Herzens hausen, durch Jesus Christus zu ersetzen – den Einzigen, der wirklich schön und liebenswert ist.[15]

Wenn Ihnen das noch etwas zu abgehoben klingt, dann lassen Sie uns praktisch werden. Lesen Sie die beiden Worte, die Paulus in Kolosser 3,4 benutzt: Christus ist „euer Leben“. Und jetzt prüfen Sie sich selber. Wenn Sie so richtig down sind oder eine Versuchung spüren, wenn Sie wütend sind oder Angst haben, dann fragen Sie sich: „Habe ich irgendetwas anderes als Jesus zu meinem Leben gemacht? Habe ich etwas ins Zentrum meines Lebens gestellt, das dort nicht hingehört?“ Um meine Gedanken „auf das zu richten, was im Himmel ist“, schauen Sie sich dieses Etwas an und sagen Sie: „Du bist nicht mein Leben. Nur Christus ist mein Leben. Du bist etwas Gutes, aber ich brauche dich nicht, um Leben und Freude zu haben. Christus ist mein Leben und meine Freude.“

„Habe ich irgendetwas anderes als Jesus zu meinem Leben gemacht?“

Wenn Sie das tun, spritzen Sie ein Gegenmittel direkt in das Herz Ihrer negativen Gefühle. Es ist ein Gegenmittel, das sagt: „Ich bin Gottes geliebtes Kind, an dem er Wohlgefallen hat. Wenn ich Jesus habe, was brauche ich dann noch anderes?“ Dieses Gegenmittel dringt tief in Ihr Herz hinein und lässt die Angst, die Verzweiflung oder die Wut kleiner werden – und die Sünde weniger attraktiv.

Der dritte Fehler, den die Menschen gerne bei diesem Wachstumsprozess machen, besteht darin, dass sie ihn damit verwechseln, sich selbst zu verurteilen, indem man sich an die Brust schlägt und sich ein schlechtes Gewissen macht und sich selber so peinlich wird, dass man sich schließlich bessert. Nichts könnte weiter entfernt von der Wahrheit sein.

Wir *sind* ja bereits mit Christus auferweckt und in den Himmel versetzt! Wie wir bereits sahen, ist die Bedeutung aller dieser Bilder, dass wir so geliebt und begnadigt sind, so von Gott angenommen und unseres Heils gewiss, als ob wir schon gestorben und buchstäblich im Himmel wären. Es gibt keine Verurteilung mehr für uns (Römer 8,1)! Die Verurteilung, die wir verdient hatten, ist auf Christus gefallen. Er hat sie getragen, er hat sie bezahlt, und jetzt ist er auferstanden und unser Mittler und Fürsprecher vor dem Thron des Universums (Hebräer 7,25; 1. Johannes 2,1-3). All dies liegt hinter der Aussage: „Euer neues Leben ist ein Leben mit Christus in der Gegenwart Gottes“ (Kolosser 3,3). *Das* ist das Fundament dafür, der Sünde gestorben zu sein und das Leben in der Gerechtigkeit zu leben, das hier und jetzt anfängt, uns zu verändern, und das uns am Jüngsten Tag ohne jeden Makel vor Gott stellen wird.

Die Sünde zu töten bedeutet auch Reue und Buße, aber es gibt zwei Arten von Reue: eine Reue, die uns frei macht, und eine andere, „die Traurigkeit der Welt“ (2. Korinther 7,10[16]), die unseren Zustand nur verschlimmert. Diese zweite Sorte Reue erwächst aus der Angst vor der Strafe. Wir fragen uns, welche Folgen unser Verhalten haben wird. Unser Schmerz und unsere Unruhe sind im Wesentlichen eine Art Selbstmitleid. Wir bekennen vielleicht zerknirscht unsere Sünden, aber wir tun das nur, damit die Strafe nicht so wehtut; wir wollen Gott, unseren Mitmenschen und uns selber beweisen, dass wir es verdient haben, nicht allzu sehr bestraft zu werden. Bei alldem geht es uns mehr um die *Konsequenzen* der Sünde als um die Sünde selber. Wenn die Folgen dann nicht mehr da sind, wird die Sünde mit meinen Verhaltensweisen und Neigungen gerade so stark verstrickt sein wie früher und ich ändere mich nicht.

Aber es gibt eine andere Art von Buße und Reue, die Paulus einen „Schmerz, wie Gott ihn haben will“, nennt (2. Korinther 7,10) und die zu echter Veränderung und Reinigung führt. Diese Reue sagt: „Gott wird mich niemals fallen lassen. Ich sehe, was er getan hat, um sicherzustellen, dass er mich nie mehr verurteilen muss. Ich sehe, was es meinen Erlöser gekostet hat, mir diese Gnade zu erwerben! Wie konnte ich mich nur von dieser wunderbaren Liebe abwenden, um dieser anderen Sache nachzujagen?“ Dies ist eine Sündenerkenntnis, die wehtut, aber sie ist ohne sklavische Angst. Ich *weiß*, dass Gott mich nie im Stich lassen wird (Hebräer 13,5), und dies gibt mir die Freiheit, mich nicht um mich selber zu drehen, sondern mir klarzumachen, wie sehr meine Sünde meinen Erlöser, der mich so liebt, betrübt. Diese Art Reue lässt mich nicht mich selber hassen, sondern die Sünde, die Christus Unehre macht. Und das schwächt wirklich die Macht der Sünde über mich. „Wenn er mich so liebt", sage ich zu meinem Herzen, „wie kann ich dann noch etwas mit diesem Bösen zu tun haben?" Und damit bin ich auf dem Weg zu einer nachhaltigen Veränderung.

Auferstehung und ethische Praxis

1988 bewarben sich zwei ordinierte christliche Geistliche um das Amt des Präsidenten der USA. Der eine, Jesse Jackson, war ein Kandidat der Liberalen, der andere, Pat Robertson, war konservativ. Beide beriefen sich auf die Bibel, aber die christlichen ethischen Visionen, die sie vertraten, waren sehr unterschiedlich. Vier Jahre später, 1992, gab es keinen christlichen Pastor als Kandidaten, aber die Republikaner begründeten ihre „Werte", besonders bezogen auf die Familie, mit der Bibel, während die Demokraten und Bill Clinton von einem „Neuen Bund" und einer Plattform für ethnische und ökonomische Gerechtigkeit sprachen.[17] Richard B. Hays von der Duke University in Durham (North Carolina, USA) beginnt seinen Klassiker *The Moral Vision of the New Testament* mit dem Beispiel dieser Präsidentenwahl von 1988. Er stellt klar, dass jeder der Kandidaten gewisse berechtigte Forderungen stellte. Jede der Parteien setzte sich für etwas ein, das von der Ethik der Bibel gestützt wird – und jede Partei ignorierte wichtige Elemente der Bibel. Hays kommt zu dem Schluss, dass keiner der Kandidaten dem, was die Bibel von den Menschen erwartet, ganz gerecht wurde. Die neutestamentliche Ethik, so Hays, ist „erheblich vielschichtiger, als das einfache Gegensatzpaar ‚konservativ/progressiv' oder ‚konservativ/liberal' dies erwarten lässt". Hays warf den Amerikanern vor, „die Kategorien des populären politischen Diskurses in den USA" unbesehen zu akzeptieren, „ohne sie gründlich und kritisch im Lichte einer aufmerksamen Lektüre der Bibel zu prüfen."[18]

Hays' Beispiel zeigt uns, dass es möglich ist, die Bibel selektiv zu lesen und unsere Meinung von den aktuellen politischen Trends manipulieren zu lassen. Wie können wir dies vermeiden? Wieder indem wir uns die Auferstehung anschauen. Wir haben darüber nachgedacht, wie die Auferstehung uns die nötigen Ressourcen für die Veränderung unseres Herzens und Lebens zur Verfügung stellt. Aber die Auferstehung gibt uns auch einen Rahmen für die christliche ethische Praxis.

Hays formuliert mehrere Richtlinien für das Auffinden christlicher ethischer Prinzipien in der Bibel. Erstens betont er, dass wir unsere moralischen Ideen auf die ganze Bibel gründen müssen, und nicht nur auf unsere Lieblingstexte. Zweitens gibt die Bibel uns ethische Wegweisung nicht nur in Form von „Regeln" (also direkten Geboten bzw. Verboten bestimmter Verhaltensweisen), sondern auch durch „Prinzipien" und „Paradigmen".[19] Ein Beispiel für eine Regel ist das Verbot der Scheidung, außer bei Untreue des Partners (Matthäus 19,9) oder wenn dieser die Ehe unwiederbringbar verlassen hat (1. Korinther 7,15). Ein Beispiel für ein Prinzip ist das Doppelgebot der Liebe bei Jesus (liebe Gott über alles und deinen Nächsten wie dich selbst, Markus 12,28-31). Anders als eine Regel erfordert ein Prinzip für seine Anwendung Weisheit und Überlegung. Ich weiß, ob ich die Ehe gebrochen habe oder nicht, und muss nicht groß darüber nachdenken. Es ist

Regeln und Prinzipien/ Paradigmen

schwieriger festzustellen, ob ich mich liebevoll verhalten habe oder nicht.

Beispiele für moralische Paradigmen sind das Gleichnis vom barmherzigen Samariter (Lukas 10,29-37) und die Lehren, die Paulus aus dem Verhalten der Israeliten während der Wüstenwanderung zieht (1. Korinther 10,1-11). Das Wesen Gottes selbst ist paradigmatisch. Psalm 145 sagt uns, dass Gott alles liebt, was er erschaffen hat (V. 9), dass er alle aufrichtet, die gebeugt sind (V. 14), und dass er alles, was lebt, sättigt (V. 16), aber dass er andererseits auch die Bösen richtet und bestraft (V. 20). Zu Gottes Verhalten gehört beides: außerordentliche Barmherzigkeit und unbeirrbares Einstehen für Gerechtigkeit. Ist Gottes Wesen paradigmatisch für uns? Definitiv ja. „Ihr sollt heilig sein, denn *ich* bin heilig" (1. Petrus 1,16; vgl. Matthäus 5,48). Als Gott in Jesus Christus zu uns auf die Erde kam, wurde sein Wesen in einem Menschenleben sichtbar, und schließlich erlöste er uns durch Tod und Auferstehung, die damit zu dem großen Generalparadigma für unser Leben werden.

Die Ethik der großen Umkehrung

Für Hays kommen alle ethischen Regeln, Paradigmen und Prinzipien zusammen in dem, was er biblische „Zentralbilder" nennt. Die letzten beiden, die er nennt – „das Kreuz und die neue Schöpfung" –, sind zusammen das, was wir die große Umkehrung genannt haben. Hays schreibt:

> *Jesu Tod am Kreuz ist das [ultimative] Paradigma der Treue zu Gott in dieser Welt. […] Jesu Tod ist […] ein Akt der sich selbst hingebenden Liebe. […] Die Verfasser des Neuen Testaments benutzen das Muster des Kreuzes durchgehend, um die*

> *Mächtigen und Privilegierten dazu aufzurufen, ihre Macht und Privilegien für die Schwachen aufzugeben. […] Die neue Schöpfung [… ist] die Kraft der Auferstehung inmitten einer noch nicht erlösten Welt. […] In der gegenwärtigen Zeit erscheint die neue Schöpfung bereits, aber nur auf eine vorwegnehmende Weise.*[20]

Alle moralischen Regeln, Prinzipien und Paradigmen sind Aspekte dieses zentralen biblischen Themas – der großen Umkehrung, des fundamentalen Musters der Erlösung Gottes, in der er durch den Tod in Gestalt des Verlassenseins, der Schwäche und des Opfers rettet und uns durch diesen selben Tod auferweckt, von unseren Sünden erlöst und groß macht.

Wie rücken das Kreuz und die Auferstehung die ethische Wegweisung der Bibel in den Brennpunkt?

Erstens: Die große Umkehrung hilft uns, das Befolgen der ethischen *Regeln* im Lichte des Evangeliums zu sehen – also nicht als Methode der Selbsterlösung, sondern als Methode, den, der uns durch seinen Tod und seine Auferstehung erlöst hat, nachzuahmen, ihn zu erfreuen und ihm ähnlich zu werden. Wir erkennen zum Beispiel, dass jeder Akt des Gehorsams gegenüber Gott ein „Tod" ist, auf den eine Auferstehung folgt. Elisabeth Elliot zitiert Addison Leith, wenn sie schreibt: „Wenn der Wille Gottes den Willen des Menschen kreuzt […] dann muss einer sterben." Und sie fährt fort: „Das Leben erfordert zahllose kleine Tode – Gelegenheiten, bei denen wir die Chance haben, nein zu unserem Ich und ja zu Gott zu sagen."[21] Sie meint damit, dass wir jedes Mal, wenn wir Gott gehorchen und unser Recht auf Selbstbestimmung aufgeben, der eigenen Kontrolle über unser Leben ein Stückchen absterben. Aber – und dies ist ein großes „Aber" –:

Wir sollen nicht sterben, um einfach nur tot zu sein. Wie sollte Gott das für seine Geschöpfe wollen […]? Nein, wir sterben, um zu leben.

Ein Samenkorn fällt in die dunkle Erde und stirbt. Aber aus diesem Tod erwächst vielfaches Leben. Franz von Assisi betete: „Denn wer dahingibt, der empfängt, wer sich selbst vergisst, der findet, wer verzeiht, dem wird verziehen, und wer stirbt, der erwacht zum ewigen Leben."

[…] Mangel an Glauben führt hier unweigerlich zu Bitterkeit und später zu Depressionen. Die Zerstörung nimmt dann unweigerlich ihren Lauf.[22]

Es ist absolut wichtig, dass wir, wie Elliot dies tut, die ethischen Regeln der Bibel vor dem Hintergrund des Zentralbildes der großen Umkehrung lesen. Wenn wir diese Regeln als Anweisungen verstehen, die moralisch Starken zu sein, die sich ihre Erlösung selber verdienen, werden wir erdrückt, weil wir erleben, wie oft dies nicht funktioniert. Wir müssen stattdessen von der festen Überzeugung ausgehen, dass unsere Erlösung bereits eine Tatsache ist und dass Jesus sie durch seinen Tod und seine Auferstehung erworben hat, sodass unser Gehorsam die Methode ist, dem Bild dessen, den wir lieben, gleichgestaltet zu werden. Wenn wir dies nicht begreifen, so Elliot, fallen wir ins Loch der Verzweiflung. Wir müssen jeden Gehorsamsakt als einen kleinen Tod begreifen, der uns zu neuem Leben führt – zu mehr Selbsterkenntnis, mehr Gottvertrauen, mehr Liebe, Geduld, Demut und Selbstbeherrschung, vor allem aber zu mehr Nähe und Gemeinschaft mit Gott.

Zweitens: Die große Umkehrung, so Hays, gibt den ethischen *Prinzipien* der Bibel ihren Inhalt und ihre Definition.

Viele würden sagen, dass das ethische Leitprinzip für den Christen die *Liebe* ist. Und Jesus selber hat gesagt, dass alle ethischen Gesetze und Gottesgebote letztlich auf die Liebe zu Gott und zum Nächsten hinauslaufen (Markus 12,28-31). Doch Hays gibt zu bedenken, dass im allgemeinen Diskurs der Begriff *Liebe* entwertet worden ist, sodass ein „liebevolles" Verhalten eines ist, das niemanden vor den Kopf stößt und keine moralischen Ansprüche stellt. Als Beispiel erzählt er, wie ihm persönlich gesagt wurde, dass es „lieblos" sei, von Christen zu fordern, nach dem Prinzip radikaler finanzieller Großzügigkeit zu handeln, einem der großen moralischen Prinzipien im Neuen Testament.[23] Das Problem ist: Wenn wir den Begriff der Liebe von dem Zentralbild des Kreuzes und der Auferstehung Jesu loslösen, berauben wir ihn seines Inhalts und „Liebe" wird das, was ein jeder darunter versteht.

Ohne Kreuz und Auferstehung wird „Liebe" das, was ein jeder darunter versteht.

Andere – so Hays weiter – sehen in der *Befreiung* das zentrale ethische Thema der Bibel, aber hier stoßen wir auf ähnliche Probleme. In unserer Alltagssprache hat „Befreiung" mittlerweile fast vollständig eine politische Bedeutung bekommen, und die Stimmen, die sich in ihrem Bemühen, Menschen von diversen politischen Formen der Ungerechtigkeit zu befreien, auf die Bibel berufen, verlieren oft den Bezug zu der „neutestamentlichen Betonung der Macht Gottes als der alleinigen Basis für Hoffnung und Freiheit".[24] Säkulare Konservative kämpfen für die Befreiung des Individuums *vom* Staat, während die Progressiven für die Befreiung unterdrückter Bevölkerungsgruppen *durch den* Staat kämpfen. Christen, die von Befreiung reden, lassen sich nur zu leicht stärker von einer dieser politischen Richtungen leiten als von der Bibel. Freiheit im Sinne der großen Umkehrung ist etwas völlig anderes als diese menschlichen Ideologien.

Kurz und gut: Ohne die große Umkehrung als Linse, durch

die wir die Begriffe *Liebe* und *Befreiung* betrachten, wird eher eine weltliche Moral als eine biblische prägend auf die Christen wirken.

Und drittens und letztens hält die große Umkehrung das Kreuz und die Auferstehung als umfassendes Ganzes zusammen. Das Kreuz allein als Paradigma könnte zu einer asketischen oder sogar masochistischen und pessimistischen Haltung führen, während die Auferstehung allein zum Triumphalismus, der von Luther so genannten „theologia gloriae", der „Theologie der Herrlichkeit", führen kann. Das Kreuz ohne die Auferstehung und die Auferstehung ohne das Kreuz führen zu verkürzten christlichen Narrativen; das biblische Bild der großen Umkehrung dagegen, so Hays weiter,

> *gibt den Christen [… eine] merkwürdige Fähigkeit, gleichzeitig Freude inmitten des Leidens und Ungeduld mit den Dingen, so wie sie sind, zu empfinden. […] In Christus wissen wir, dass die Mächte der alten Weltzeit dem Untergang geweiht sind und die neue Schöpfung zu erscheinen beginnt. Doch […] alle Versuche, die uneingeschränkte Gegenwart des Reiches Gottes zu deklarieren, stehen unter dem Gericht des [folgenden] Vorbehalts: nicht vor der Zeit, noch nicht jetzt. Und so sitzt die neue Schöpfung zu Gericht über unsere Selbstzufriedenheit wie über unsere stolze Verzweiflung.*[25]

Und er fährt, wie Elisabeth Elliot, fort, dass wir, wenn wir andere Menschen aufopferungsvoll lieben, dies in der Kraft der Auferstehung tun, in dem Wissen, dass durch die Gegenwart des Heiligen Geistes Erlösung und Heilung möglich ist. Er warnt dabei jedoch vor einem Wohlstandsevangelium, das erwartet, dass auf unser Opfer immer der Erfolg folgen muss: „Der Tod Jesu bringt die Verheißung der Auferstehung, doch [diese] Kraft […] liegt in Gottes Hand, nicht in unserer. Wir dürfen unser Handeln daher nicht danach beurteilen, mit welcher Wahrscheinlichkeit es zum gewünschten Ergebnis führen wird, sondern allein danach, wie sehr es dem Vorbild Jesu entspricht."[26] Die große Umkehrung bewahrt unser Lebensschiff sowohl vor den Klippen des naiven Optimismus als auch vor denen des hoffnungslosen Pessimismus.

Die große Umkehrung bündelt und fokussiert also all die vielen ethischen Gebote und Regeln der Bibel. Sie bewahrt uns vor dem Abdriften in Moralismus oder Relativismus, Quietismus oder Triumphalismus und auch vor einer privatistischen, individualistischen Konzentration auf unsere eigene moralische Erneuerung. Unser Ziel ist nicht weniger als die Zukunft in der Auferstehung – die Erschaffung einer neuen Menschheit, die nicht durch Schwerterklirren kommen wird, sondern durch Taten des aufopferungsvollen Dienens – dem Markenzeichen der die Dinge auf den Kopf stellenden Dynamik von Kreuz und Auferstehung. Wenn wir unsere eigenen Freiheiten und unser eigenes Wohl opfern, sichern wir die wahre Freiheit und das Wohl unserer Mitmenschen.

Tod und Auferstehung Jesu sind das Fundament nicht nur für die ethische Praxis des Christen, sondern auch für das innere geistliche Wachstum, das uns befähigt, unseren Auftrag in der Welt auszuführen.[27]

Kapitel 9

Hoffnung für Beziehungen

Nein, lade Arme, Behinderte, Gelähmte und Blinde ein, wenn du ein Essen gibst. Dann bist du glücklich zu preisen. Denn sie können es dir nicht vergelten; dafür wird es dir bei der Auferstehung der Gerechten vergolten werden. (Lukas 14,13-14)

Als George Floyd am 25. Mai 2020 in Minneapolis durch die Hand von Polizeibeamten getötet wurde, löste dies in aller Welt eine Welle von Protesten gegen ethnische Ungerechtigkeit und Rassismus aus. Man schätzt, dass bis Anfang Juli 2020 über 15 Millionen Menschen in den USA an diesen Protesten teilgenommen hatten – die größten Demonstrationen dieser Art in der Geschichte des Landes.

Es kam auch zu einer intensiven Rassismus-Debatte. Dabei zeigte sich sehr schnell, dass wir kein gemeinsames Vokabular hatten, um solch eine Debatte zu führen. Zu dem Zeitpunkt, als ich dieses Buch schreibe, ist es immer noch zu keinem nationalen Dialog gekommen. Stattdessen finden wir wütende Statements von Rednern, die die verschiedensten Ansichten vertreten und die Welt davon zu überzeugen suchen, und sich dann gegenseitig beschimpfen und verurteilen.

Bereits vor diesen Anti-Rassismus-Demonstrationen wurde die amerikanische Kultur durch die „MeToo"-Bewegung herausgefordert, die Machtmissbrauch und sexuelle Übergriffe von Männern auf Frauen thematisierte. Dieses Thema ist zurzeit etwas in den Hintergrund getreten, aber dies dürfte sich wieder ändern. Tatsache ist, dass es in der heutigen westlichen Kultur eine erhebliche Unruhe und Unzufriedenheit gibt, die alle Bereiche der zwischenmenschlichen Beziehungen betrifft – zwischen Klassen und Schichten, Ethnien und Nationalitäten und zwischen den Geschlechtern.

Im Tod und in der Auferstehung Jesu liegen für Christen alle Ressourcen zur Transformation aller sozialen Beziehungen. Gegenüber der Welt, in der wir leben und die uns aufmerksam beobachtet, kann dies ein mächtiges Zeugnis sein. In den nächsten beiden Kapiteln möchte ich untersuchen, wie solch eine neue Gemeinschaft der verwandelten Beziehungen aussehen kann.

Die Auferstehung und ethnische und kulturelle Konflikte

Im Brief des Paulus an die Galater geht es um das Problem, wie Juden- und Heidenchristen als gleichberechtigte Partner in der Kirche zusammenleben können. Die ethnischen und kulturellen Differenzen waren tief und es gab auf beiden Seiten viel Argwohn, Respektlosigkeit und Misstrauen. Paulus spricht in seinem Brief die Problematik gleich zwei Mal an.

In Galater 2 berichtet er über einen persönlichen Konflikt mit Petrus. Die Juden hatten sich immer geweigert, zusammen mit Heiden (die als religiös unrein galten) zu essen. Petrus hatte sich eine Zeit lang nicht mehr daran gehalten, war aber dann in seine vorchristlichen Gewohnheiten zurückgefallen und nahm keine Mahlzeiten mehr mit den Heidenchristen ein.

Das gemeinsame Mahl war ein Zeichen von Freundschaft und Gleichberechtigung, und was Petrus hier machte, war, dass er seine ethnische Identität über die gemeinsame christliche Identität stellte, die er mit den Heidenchristen teilte. Mit diesem Verhalten „ethnisierte" er die Heidenchristen sozusagen, das heißt, er verschloss seine Augen davor, wer sie in Christus waren, und betonte stattdessen ihr ethnisches und kulturelles „Anderssein".

Paulus reagiert darauf zum ersten Mal in Galater 2,11-16, wo er erklärt, dass dieses Verhalten des Petrus einer Verneinung des Evangeliums von der Rechtfertigung allein durch den Glauben gleichkommt. Er erinnert Petrus daran, dass ja auch er nicht durch seine guten Werke vor Gott gerecht gesprochen worden ist, sondern nur aufgrund der Gerechtigkeit Christi. Wie kann dann jemand besser vor Gott dastehen, weil er einer bestimmten „Rasse"[1] angehört? Paulus sagt Petrus: „Gott hat dich nicht wegen deiner kulturellen Herkunft in die Gemeinschaft mit ihm gerufen, wie kannst *du* dann deine Gemeinschaft mit anderen von solchen Dingen abhängig machen?"

Gegen Ende des Briefes spricht Paulus das Thema der ethnischen Konflikte ein zweites Mal an, mit einer Aussage, in der viele Theologen eine Zusammenfassung der Grundargumentation des ganzen Briefes sehen: „Worauf es nämlich ankommt, ist weder Beschnittensein noch Unbeschnittensein. Entscheidend ist nur eins: ein neues Geschöpf zu sein" (Galater 6,15). „Beschnittensein" und „Unbeschnittensein" sind Bilder für die ethnischen und kulturellen Differenzen, die der jungen Kirche Probleme machten. Wenn Paulus sagt, dass diese Dinge nicht mehr zählen, meint er dies nicht in einem absoluten Sinne; an anderer Stelle hat er seinem Stolz auf sein jüdisches Erbe und seiner Liebe zum Judentum Ausdruck verliehen (vgl. Römer 9,1-5). Paulus geht es darum, dass ethnische und kulturelle

Unterschiede etwas Wunderbares und Wertvolles sind, das jedoch verblasst, wenn man es mit der neuen Schöpfung vergleicht, die Christus gebracht hat.

Wie weiter oben dargestellt, ist die neue Schöpfung die erneuerte Welt, in der es Tod, Leid, Tränen, Sünde und Schande nicht mehr gibt (Jesaja 25,7-8) und auf die wir bereits in der Gegenwart eine Vorahnung bekommen. In seinem Kommentar über den Galaterbrief bemerkt Herman Ridderbos zu dem Ausdruck „*neue Schöpfung*“[2] in Galater 6,15:

> *„Neu“ schließt alles ein, was uns in und durch Christus gegeben worden ist – die neue Realität des Königreiches Gottes. Durch Christus ist dieses Neue nicht bloß zukünftig und eschatologisch (Offb 21,1-5.3,12 und Markus 14,25), sondern bereits gegenwärtig, bereits im Menschen. Diese neue Schöpfung ist zuallererst ein Geschenk, aber sie bringt auch eine Aufgabe mit sich. Dieses […] ist also das Eine, das zählt.*[3]

Durch die Auferstehung Christi haben wir nun bereits die neue Schöpfung, aber, wie Ridderbos schreibt, „sie bringt auch eine Aufgabe mit sich“. Es gilt jetzt, im Licht dieser Auferstehung und der zukünftigen Welt zu leben, einer Welt, in der ethnische und kulturelle Unterschiede – „Beschnittensein“ und „Unbeschnittensein“ – nicht mehr zu Spannungen, Hass oder Gewalt führen. In einer lebendigen Proklamation der Gleichheit der Völker und Ethnien vor Gott wird der Herr an jenem letzten Tag sagen: „Gesegnet bist du, Ägypten, mein Volk, und du, Assur, meiner Hände Werk, und du, Israel, mein Erbe!“ (Jesaja 19,25[4]). In Jesaja 60,11 heißt es über die Stadt Gottes am Ende der Zeit, dass ihre Tore offen stehen werden, „damit man den Reichtum der Nationen zu dir bringen kann; auch ihre Könige werden zu dir geleitet“.[5] Es ist ein Bild, das beschreibt, wie die je spezifischen kulturellen Schätze und Errungenschaften jedes Volkes in die neue Schöpfung eingebaut werden. Und Offenbarung 21,24.26 stellt klar, dass diese „Könige der Erde“ freiwillig in die Stadt Gottes kommen, aus dem Wunsch heraus, Gott anzubeten und ihm die Ehre zu geben.[6]

Diese Visionen der neuen Welt zeigen, dass unsere ethnischen und kulturellen Unterschiede zu Gottes guter Schöpfung dazugehören und dass sie ihm so wichtig sind, dass er sie in die neue Schöpfung mitnehmen wird. Er wird sie nicht abschaffen, sondern von allen sündigen Verzerrungen reinigen, ähnlich wie er auch unsere Leiber in all ihrer Unterschiedlichkeit, aber befreit von aller Schwäche und allem Verfall, in die neue Schöpfung hineinnehmen wird. Das Volk Gottes in der neuen Welt wird keine Monokultur sein, sondern „aus allen Nationen und Stämmen und Völkern und Sprachen“ kommen (Offenbarung 7,9 LÜ). Sie werden *ein* Volk sein, aber *mit* all diesen Unterschieden (Offenbarung 5,9) – und diese Unterschiede werden unsere Einheit nur noch größer und die neue Menschheit schöner und herrlicher machen.

Das Volk Gottes in der neuen Welt wird keine Monokultur sein.

Das multiethnische und multikulturelle Zeugnis der Gemeinde

„Und so seid ihr alle Kinder Gottes durch den Glauben an Jesus Christus. […] Nun gibt es nicht mehr Juden oder Nichtjuden […]“ (Galater 3,26-28)[7]. Im Galaterbrief fordert Paulus die Christen auf, so im Licht der Auferstehung – und natürlich auch der Rechtfertigung – zu leben, dass die Barrieren und Vorurteile der Welt, die Ethnien, Völker und Menschen voneinander trennen, überwunden werden. Dies kann auf zweierlei Art geschehen.

In seiner Studie der frühen Kirche schreibt Larry Hurtado, dass die Bemühungen des Paulus in hohem Maße von Erfolg gekrönt waren. Die alte Kirche lockerte, ja zerriss das übliche enge Band zwischen der ethnischen Zugehörigkeit und der Religion eines Menschen. Bevor das Christentum kam, wurde man „in seine Religion hineingeboren", weil jedes Volk, jede Stadt, jede Zunft und jedes größere Landgut seine eigenen Götter hatte. Die Religion war lediglich eine Erweiterung der Kultur. Wenn man an einem bestimmten Ort und als Angehöriger eines bestimmten Volkes in eine Gemeinschaft hineingeboren wurde, stellte die Verehrung der gemeinsamen Götter eine der Formen dar, die Zugehörigkeit zu dieser Gemeinschaft unter Beweis zu stellen.

Doch die Christen glaubten, dass es nur *einen* Gott gab, den jeder anzubeten hatte – unabhängig von anderen Zugehörigkeiten wie Ethnie, Volk, Schicht, Nationalität oder Beruf oder dem sonstigen sozialen Status. Die radikale Folge war, dass der Glaube an Gott nicht nur unabhängig von der ethnischen und kulturellen Zugehörigkeit, sondern für die Bestimmung von Identität und Zugehörigkeit grundlegender war als jene. Der gemeinsame Glaube an Christus schuf ein Band zwischen den Christen, das tiefer ging als das der ethnischen Zugehörigkeit und der gemeinsamen Kultur. Das Ergebnis war die erste multiethnische Religionsgemeinschaft der Welt. Hören wir Hurtado:

> *Die ethnischen, sozialen und Geschlechtsunterschiede [zwischen Christen] sind als radikal relativiert zu betrachten, [denn] alle Gläubigen, völlig unabhängig von ihrer ethnischen, sexuellen oder sozialen Zugehörigkeit, sind jetzt „eins in Christus Jesus". Paulus hat, wohlgemerkt, diese Unter-*

schiede nicht als ausgelöscht betrachtet. So […] bezeichnet er sich wiederholt stolz als Glied des Volkes seiner Vorfahren, als „Hebräer" und „Israelit" […] doch gleichzeitig stellt er klar, dass „in Christus" […] diese Unterschiede die Gläubigen nicht mehr so definieren können, wie sie dies früher getan hatten.[8]

Der christliche Glaube zerstörte nicht die nationale Identität der Menschen; die Christen zogen nicht in die Wüste und lebten nicht abgeschottet vom Rest der Welt in einer neuen exklusiven Gemeinschaft. Ihr neuer Glaube stülpte ihnen auch keinen Regelkatalog über, was sie essen dürften und was nicht und wen sie zum Freund haben dürften und wen nicht – es gab keine Regeln, die sie von ihrer Ursprungskultur abgeschnitten hätten. Wenn jemand ein Jude oder Grieche oder Asiat war und Christ wurde, blieb er Jude, Grieche oder Asiat, und das war gut so. Aber seine *tiefste* Identität lag jetzt woanders und diese Identität gab ihm eine kritische Distanz zu seiner Herkunftskultur, wodurch er deren Stärken und Schwächen deutlicher sehen konnte. Und die neue Identität führte zu einer tiefen Verbundenheit mit Christen aus anderen Ethnien und Kulturen und diese Menschen konnten ihm die Augen öffnen für Dinge, die er ohne sie nie gesehen hätte.

Heute müssen Christen eingestehen, dass dieses gewaltige Potenzial für die Verständigung, Heilung und Einheit zwischen Völkern und Ethnien weitgehend ungenutzt bleibt. Der „neue Mensch" (Epheser 4,22-23), der sich durch die Liebe und das Werk Christi definiert und nicht durch seine Rasse, Kultur oder Leistungen, ist etwas, das wir „anziehen" müssen; erst dann kann er die natürliche Feindschaft zwischen den Rassen überwinden (Epheser 2,14). Würde dies bei Christen, an die Paulus schreibt, von selber geschehen, würde er sie in seinem Brief nicht ausdrücklich dazu auffordern, den neuen Menschen anzulegen und ethnische und kulturelle Animositäten zu überwinden. Es ist möglich, ein bekennender Christ zu sein und immer noch das Gewand der alten Identität mit ihren götzendienerischen Wünschen und Begierden zu tragen, einschließlich unserer ganz natürlichen Neigung, unsere Kultur zu vergöttern, damit wir uns anderen gegenüber für überlegen halten können.

Was ist, wenn ich, ein älterer weißer Mann, einer jungen afroamerikanischen Schwester in Christus gegenübersitze, die mir von den Schwierigkeiten erzählt, in einer von Weißen dominierten Gesellschaft zu leben? Es gibt einen Instinkt in mir, der so reagieren möchte, wie meine Eltern und Großeltern und die meisten der Menschen, mit denen ich aufgewachsen bin, reagiert hätten. Sie wären äußerlich höflich und freundlich gewesen und hätten nichts Negatives gesagt, aber innerlich hätten sie mit den Achseln gezuckt. Sie hätten gesagt: „Es gibt manchmal immer noch Vorurteile, aber so schlimm wie früher ist es doch längst nicht mehr. Dies ist ein freies Land, und wenn du hart arbeitest, wirst du Erfolg haben und es zu etwas bringen." Und so könnte auch ich freundlich lächeln und gleichzeitig hoffen, dass dieses unbequeme Gespräch bald beendet sein wird.

Alternativ kann ich mich aber auch daran erinnern, dass mein altes Ich mit seinem Hang zum Götzendienst sich gerne selbst rechtfertigt und vor vielem, was diese Frau mir da erzählt, die Augen verschließt. Und ich könnte mich an mein neues Ich erinnern: Ich bin zuerst ein Christ und erst danach ein weißer Mann und ich habe diese Schwester in Christus als mir ebenbürtig zu betrachten und als jemanden, durch den Gott zu mir redet. Dies bedeutet nicht, dass ich nicht meinen kritischen Verstand benutzen darf, um zu diskutieren und eine andere Meinung zu vertreten. Doch selbst dann, wenn ich den neuen inneren Menschen, der in der Gnade und Liebe Christi gegründet ist, nur unvollkommen und teilweise angezogen habe, werde ich mich weniger angegriffen fühlen und schneller bereit sein, umzudenken oder sogar Buße zu tun. Mein neues Ich in Christus führt zu einer Offenheit und Sanftmut, die echte Gespräche und echtes Lernen möglich machen. Es wird so viel gestritten und geschrien und gehasst, wenn es um ethnische Konflikte geht, dass ich keine bessere Lösung kenne, als dass Millionen Christen ihr neues Ich anziehen und anfangen zuzuhören.

Eine andere Art, wie Christen Salz und Licht in unserer kulturell so polarisierten Gesellschaft sein können, ist die Pflege und Neugründung multiethnischer christlicher Gemeinden. Die Kirche zur Zeit des Neuen Testaments war wunderbar multiethnisch – ein, wie wir schon sahen, neues und radikales Phänomen. Heute werden unsere westlichen Gesellschaften zusehends multiethnischer, aber dies bedeutet nicht, dass die Menschen aus den verschiedenen Ethnien und Kulturen wirklich zusammenleben. Studien zeigen, dass selbst in Stadtvierteln, in denen viele ethnische Gruppen leben, diese Gruppen sich weitgehend in homogenen Gruppen, Vereinen oder Verbänden sammeln. Multiethnische Gemeinden, deren Mitglieder und deren Leiter aus verschiedenen Kulturen kommen und eng zusammenarbeiten, können für ihre Stadt ein lebendiges Zeugnis sein, wie Christus verschiedenartige Menschen zusammenbringen kann.

Salz und Licht sein in unserer kulturell so polarisierten Gesellschaft

Wir müssen hier realistisch bleiben. Es gibt viele menschliche Gemeinschaften, ja ganze Regionen in der Welt, die monoethnisch sind. Nicht jede Nachbarschaft ist ethnisch divers und folglich kann nicht jede christliche Gemeinde multiethnisch sein. Doch in unserer zunehmend globalisierten und mobilen Welt werden immer mehr Orte ethnisch und kulturell gemischt, vor allem in den großen städtischen Regionen. In einer Welt, die durch rassistische Vorbehalte und soziale Unterschiede so polarisiert ist, gibt es kein größeres Zeugnis für die Kraft des Evangeliums und die Realität der neuen Schöpfung, als wenn Christen die harte Arbeit auf sich nehmen, multiethnische Gemeinden zu gründen. Dies ist ein vielschichtiges Thema und definitiv keine leichte Aufgabe, aber eine Gemeinde, die auf diese Weise die Kraft des Evangeliums bezeugen will, kann auf gute Ressourcen zurückgreifen.[9]

Auferstehung und soziale Schicht

In Lukas 14 lesen wir, wie Jesus bei einem Festessen „beobachtete, wie sich die Gäste die Ehrenplätze aussuchten". In der damaligen Kultur galt: Je näher jemand zum Gastgeber saß, umso mehr wurde seine Bedeutung herausgestellt und umso bedeutender waren die Tischnachbarn. Es war sozusagen das Netzwerkbauen der Antike; man nahm Einladungen an, um Beziehungen zu knüpfen und zu pflegen, die einem helfen konnten, auf der sozialen Leiter höherzusteigen. Man knüpfte Kontakte zu Leuten, die einem Türen öffnen konnten und die ihrerseits natürlich erwarteten, in das eigene Kontaktnetzwerk aufgenommen zu werden. Das allgemeine Ziel war, wie der Soziologe Pierre Bourdieu sagen würde, die gegenseitige Vermehrung des sozialen, kulturellen, ökonomischen und „symbolischen" (also Status und Prestige) Kapitals, das man besaß.[10]

Doch Jesus sagte seinen Jüngern, dass sie *nicht* die Ehrenplätze suchen sollten, wenn sie zu solch einem Bankett eingeladen waren, sondern sich mit einem bescheideneren Platz zu begnügen, ein Stück weg von den „wichtigen" Leuten. Eine seltsame Forderung – seine Zuhörer werden sich verwundert gefragt haben, warum sie dann überhaupt solche Einladungen annehmen sollten. Das ganze System der Festbankette – eine feste Institution in der damaligen Kultur – diente dazu, Personen mit einem höheren sozialen Status kennenzulernen, mit denen man sich zum beiderseitigen Nutzen vernetzen konnte.

Hier lenkt Jesus den Blick seiner Jünger auf das göttliche Prinzip der Umkehrung der Dinge: „Denn jeder, der sich selbst erhöht, wird erniedrigt werden, und wer sich selbst erniedrigt, wird erhöht werden" (Lukas 14,11). Wohlgemerkt: Jesus sagt seinen Jüngern nicht, sie sollen sich äußerlich demütig geben, um dadurch dann als besonders tugendhaft anerkannt zu werden; er fordert sie auf, das ganze Spiel gar nicht erst mitzuspielen; *so dürfen seine Leute Gastfreundschaft und soziale Beziehungen nicht instrumentalisieren.*

Aber er ist noch nicht fertig. Er weist seine Jünger an, etwas zu tun, was der Kultur noch mehr gegen den Strich gebürstet ist und den Gesetzen der sozialen Statuspflege zuwiderläuft:

> *Dann wandte sich Jesus zu dem, der ihn eingeladen hatte, und sagte: „Wenn du Gäste einladen willst, ob zu einer einfachen Mahlzeit oder zu einem großen Essen, dann lade dazu nicht nur deine Freunde, deine Brüder, sonstige Verwandte oder reiche Nachbarn ein. Sie würden dich wieder einladen, und das wäre dann deine ganze Belohnung. Nein, lade Arme, Behinderte, Gelähmte und Blinde ein, wenn du ein Essen gibst. Dann bist du glücklich zu preisen. Denn sie können es dir nicht vergelten; dafür wird es dir bei der Auferstehung der Gerechten vergolten werden." (Lukas 14,12-14)*

Hier bricht Jesus vollends aus dem System von Leistung und Gegenleistung aus, das die Welt seit Jahrhunderten regiert hatte und noch heute regiert. Ohne diese Aufforderung hätte sein Rat, nicht die Ehrenplätze zu suchen, als eine Strategie missverstanden werden können, subtil dem weltlichen Modell zu entsprechen, nach dem Motto: „Verhalte dich demütig und tu so, als ob du gar nicht nach oben willst – das ist die beste Methode, um aufzusteigen!"

Doch in Lukas 12,12-14 fordert Jesus die Christen auf, die Gemeinschaft mit Menschen zu suchen, die ihnen niemals Türen öffnen oder sie in ihre Villa einladen oder ihnen neue Kunden verschaffen können. Und *warum* sollen Christen so radikal anders leben? Wegen der Auferstehung! „Denn sie können es dir nicht vergelten; dafür wird es dir bei der Auferstehung der Gerechten vergolten werden" (V. 14). Die Herrlichkeit und Fülle und Freude und Liebe der großen Auferstehung, wenn die neue Welt Gottes beginnt, wird mehr als genug Lohn sein für all die Opfer, die wir in diesem Leben für die Gerechtigkeit Gottes gebracht haben.

Jesus verbietet es seinen Jüngern, bei der ins System eingebauten Ungerechtigkeit mitzumachen.

Wir müssen uns darüber klar werden, was dies alles bedeutet. Jesus übt hier scharfe Kritik an einer zentralen Institution der römischen Kultur; er verbietet es seinen Jüngern, bei der ins System dieser Kultur eingebauten Ungerechtigkeit mitzumachen. Der Neutestamentler Joel B. Green schreibt:

> *Einer der Pfeiler der politischen Stabilität im Reich war die Ethik der Gegenseitigkeit, ein System der Geschenke und Verpflichtungen, das jede Person, vom Kaiser in Rom bis zu dem Kind in der letzten Provinz, in ein feingesponnenes Netz sozialer Beziehungen zwang. […] Es war ein ungeschriebenes*

Gesetz, dass Geschenke nie „umsonst" waren; man machte sie und empfing sie in dem Wissen, dass sie an offene oder verdeckte Bedingungen geknüpft waren.

Green erklärt, dass wohlhabende Personen niemals Arme zu einem Mahl einluden. Ihre Anwesenheit hätte den gesellschaftlichen Status des Gastgebers beschädigen können, die übrigen Gäste hätten den Eindruck gehabt, ihre Zeit zu vergeuden, und den Armen selber wäre die Einladung peinlich gewesen, weil sie wussten, dass sie sich nicht revanchieren konnten. Dieses System war eine automatische Benachteiligung der Menschen am unteren Ende der Gesellschaftsordnung. Der Zugang zu den Beziehungen und Chancen, die ihnen zum Aufstieg hätten verhelfen können, war ihnen grundsätzlich versperrt. Und hier kritisiert Jesus nicht nur die Ungerechtigkeit des existierenden Systems, er fordert seine Jünger auf, eine neue soziale Institution zu schaffen, die die Menschen nicht unterdrückt, sondern hochzieht. Er „konstruiert eine neue Lebensvision".[11] Er weist seine Jünger an, die Armen, die Gebrechlichen, die Lahmen und die Blinden in ihre Häuser einzuladen. Dies bringt die Christen in den direkten Kontakt mit Menschen, die sie nach den Vorgaben ihrer alten Kultur eigentlich meiden sollen, und lässt sie weitherzig und großzügig werden.

In V. 14 fügt Jesus hinzu, dass die, die so ohne jede Berechnung freigebig gegenüber den Armen sind, „glücklich zu preisen" sind; Gott wird sie reich belohnen. Aber auch hier fordert Jesus uns nicht auf, freigebig zu sein, nur um anschließend die Belohnung zu kassieren. Er sagt, dass nur diejenigen gesegnet sind, die sich für andere aufopfern, ohne an irgendeine Gegenleistung für sich selbst zu denken – einfach als freudige Antwort darauf, dass Gott ihnen schon alles gegeben hat, was sie je brauchen werden.[12]

Auferstehung und Reichtum

In Lukas 14 sagt Jesus, dass die große Umkehrung die Beziehungen der Christen in den Bezug auf gesellschaftlichen Status verwandelt. Ähnlich wird im 2. Korintherbrief durch die große Umkehrung die Einstellung der Christen gegenüber ihrem Besitz verändert. Paulus schreibt hier:

> *Ich sage das nicht, um euch einen Befehl zu erteilen. Wenn ich darauf hinweise, mit welchem Eifer andere sich einsetzen, dann nur, um auch euch Gelegenheit zu geben, die Echtheit eurer Liebe unter Beweis zu stellen. Ihr wisst ja, woran sich die Gnade von Jesus Christus, unserem Herrn, gezeigt hat: Er, der reich war, wurde arm, damit ihr durch seine Armut reich werdet. (2. Korinther 8,8-9)*

Bemerkenswerterweise erteilt Paulus seinen Lesern *keinen* Befehl und stellt hier *keine* verbindliche „Regel" auf. Er hätte auf eine solche Regel zurückgreifen können, das alttestamentliche Gebot, den „Zehnten", also 10 % des Einkommens, für den Tempel bzw. die Armen zu spenden (5. Mose 12,5-6; Maleachi 3,8-12; Matthäus 23,23). Aber er präsentiert keine Regel, sondern, wie Hays sagen würde, ein Paradigma. Jesus hat uns und die Welt durch seine Armut reich gemacht, und dies sollten wir, aus der Fülle unserer Liebe und Freude heraus, nachahmen.

Die Wirkung eines Paradigmas ist stärker als die einer bloßen Regel. Erstens würde eine Regel den *Grund* für unseren Mangel an Großzügigkeit unberührt lassen. Wir behalten unser Geld lieber für uns selber, weil wir stolz sind oder Angst haben, aber das Evangelium, die große Umkehrung, erinnert uns, dass wir alle wirklichen Reichtümer bereits haben – das einzige Erbe, das uns keiner wegnehmen kann, und dieses Erbe hat Christus einen unendlichen Preis gekostet. Dies beruhigt unser Herz, wo es ängstlich ist, und bringt es zum Schmelzen, wo es überheblich ist. Und zweitens lässt ein Paradigma uns keine Hintertüren offen. Was, wenn ich so reich bin, dass ich die zehn Prozent kaum merke? Dann muss ich so lange geben, bis aus der Spende ein Opfer wird, wie es die Selbsthingabe Jesu auch war.

Jesus fordert uns auf, unseren Alltag nicht in der alten Schöpfung zu leben, indem wir ein paar Regeln befolgen, sondern so weit wie möglich aus dem neuen Leben heraus, das wir in der neuen Schöpfung haben werden, der „Auferstehung der Gerechten" (Lukas 14,14).[13] Wir sollen unser Leben nicht an dem Geist dieser gegenwärtigen Weltzeit orientieren, wo wir um Anerkennung kämpfen müssen und wo jede Beziehung unserem Reichtum oder Status zu dienen hat. Stattdessen sollen wir – auch wenn uns das Opfer kostet – in der neuen Schöpfung leben, in dem Gedanken daran, welche Freude und Herrlichkeit wir erleben werden, wenn wir das erste Mal in unserem neuen Leib und mit unseren neuen Augen Jesus sehen werden (1. Johannes 3,2-3; 2. Korinther 3,16-18). Der Glaube an die Auferstehung sollte das Ende aller Berechnung in unseren Beziehungen bedeuten. Er sollte das Ende des ständigen, halb bewussten, halb unbewussten inneren Monologs sein: „Mag ich diesen Menschen? Schätzt er mich? Ist er dankbar? Ist er meine Zeit wert?" Und weder mit unserem Geld noch mit sonstigen Gütern sollten wir dann noch geizig sein.

Den Alltag nicht in der alten Schöpfung leben (Regeln), sondern in der neuen (Paradigma)

Die Auferstehung und zerbrochene Beziehungen

Die große Umkehrung und die neue Schöpfung verändern auch unseren Umgang mit Konflikten.

In 1. Korinther 6,1-6 wendet sich Paulus an Christen, die gegeneinander vor Gericht ziehen. Es ist interessant, womit er seine Ermahnung begründet: nicht nur mit dem Befehl Jesu, einander zu vergeben (Matthäus 18,35). Er schreibt: „Wisst ihr denn nicht, dass die, die zu Gottes Volk gehören, einmal die Welt richten werden? [...] Und da gebt ihr solch ein unwürdiges Bild ab und seid nicht einmal imstande, über die kleinsten Kleinigkeiten zu urteilen?“ (1. Korinther 6,2). Der Theologe Gordon Fee kommentiert:

> *Hier finden wir ein deutliches Beispiel für die Struktur des „Schon da und doch noch nicht da“ der paulinischen Theologie. Die zukünftigen Realitäten, die für Paulus gerade so gewiss sind wie die Gegenwart, prägen alles, was die Kirche gegenwärtig ist und tut. [...] Hier redet er von dem Endgericht über die gesamte „Welt“, über das ganze widergöttliche System der Dinge, das unter Gottes Gericht kommen wird, einem Gericht, an dem Gottes Leute auf irgendeine Weise beteiligt sein werden. [...] [Er] versucht, ihnen zu zeigen, wie beschämend es ist, wenn sie sich vor Gericht verklagen. Diese Angelegenheiten sind trivial – völlig bedeutungslos im Licht des eschatologischen Gerichts. Solche Menschen jagen einfach den falschen Dingen nach.*[14]

Paulus sagt nicht, dass es immer falsch ist, vor Gericht zu ziehen oder dass Gerechtigkeit nicht wichtig sei, aber er argumentiert, dass Rachsucht, Streitsucht und Egoismus typische Zeichen des Geistes dieses Zeitalters sind. Wenn aber Christen im Licht der kommenden „Auferstehung der Gerechten" leben, wo es für alles eine „Vergeltung" geben wird (Lukas 14,12-14), zeichnen sie sich durch ihre Bereitschaft zur Versöhnung aus und dadurch, dass sie nicht auf ihr gutes Recht pochen, sondern einander vergeben.

In Römer 2,1-10 verbietet Paulus es den Christen, „über einen anderen zu Gericht zu sitzen". Wieder begründet er seinen Aufruf zu Toleranz und Güte gegenüber Widersachern mit der Zukunft. Er führt aus, dass allein Gott das nötige Wissen und das moralische Recht hat, darüber zu bestimmen, was jemand verdient hat. Am „Tag seines Zorns" wird Gott „jedem das geben, was er für sein Tun verdient hat" (Römer 2,5-6). Wer im Lichte dieses großen Tages lebt, an dem vollkommene Gerechtigkeit geschehen und alles in Ordnung gebracht werden wird, der muss niemandem mehr etwas heimzahlen oder nachtragen.

Petrus schreibt über Jesus: „Er hat sich nicht gewehrt, wenn er beschimpft wurde. Als er litt, drohte er nicht mit Vergeltung. Er überließ seine Sache Gott, der gerecht richtet" (1. Petrus 2,23[15]). Als Jesus zu Unrecht vor Gericht gezerrt und verurteilt wurde, fing er nicht an, vor Zorn zu toben. Er konterte auch nicht mit Beleidigungen oder eigenen Anschuldigungen. Er hielt auch keine langen Verteidigungsreden, um seinen guten Ruf zu schützen. Er bezeugte einfach ruhig und knapp die Wahrheit (vgl. Johannes 18,23). Und er tat dies nicht, weil er es gelernt hatte, seine Gefühle stoisch zu unterdrücken, sondern weil er seine Sache dem wahren Richter anheimstellte. Er ließ sich von den Behauptungen eines menschlichen Gerichtes emotional nicht aus der Fassung bringen, weil er wusste, dass der Richter des Universums zu ihm stand. Und anstatt zu versuchen, selber den Übeltätern zu geben, was sie verdienten, verließ er sich ganz auf Gott.

Wenn Christen anderen vergeben, wenden sie in mehrere

Richtungen ihren Blick auf Jesus: zum einen in die *Zukunft*: Jesus wird der Richter der Welt sein. Wir können also in der ruhigen Gewissheit leben: Egal, was uns in unserem Leben geschieht, Jesus wird einmal alle Rechnungen begleichen und alle Dinge in Ordnung bringen, auf eine Weise, wie wir es selber nie könnten. Und zweitens in die *Vergangenheit*: Es war *unsere* Sünde, die Jesus ans Kreuz brachte, aber er hat uns bereitwillig vergeben. Deshalb sollten auch wir denen, die gegen uns sündigen, vergeben. Wenn wir das tun, werden wir merken, dass dieses Vergeben, das Schwerarbeit und wie ein Sterben sein kann, am Ende zu einer Auferstehung führt, die uns neue Freiheit und Frieden bringt. Und so ist die Auferstehung in der Vergangenheit wie in der Zukunft der Schlüssel zur Vergebung und zur Heilung zerbrochener Beziehungen.

Als Gemeinschaft müssen Christen Zeugen der neuen Schöpfung sein, indem sie der Welt zeigen, dass sie in der Kraft des Heiligen Geistes ihre Konflikte lösen und Verletzungen heilen können.

Die Auferstehung und sexuelle Beziehungen

Ein letzter sozialer Bereich, den die Auferstehung anspricht, sind unsere sexuellen Beziehungen.

Wir haben uns angeschaut, wie die Auferstehung und die neue Schöpfung angefangen haben, unsere Einstellung zu ethnischen Konflikten und Rassismus sowie zu unseren sozialen Beziehungen zu verändern. Die Bibel spricht sich eindeutig für die Gleichberechtigung der Ethnien und für soziale Gerechtigkeit aus und vieles davon wird dem modernen Ohr irgendwie „liberal" klingen. Aber wenn wir uns ansehen, wie die Auferstehung unser Verständnis der Sexualität prägt, werden viele

Moderne dies als „konservativ“ einstufen. Ich begann diesen Abschnitt meines Buchs mit dem Hinweis auf Richard Hays' Beobachtung, dass die heutigen Kirchen eher in den Kategorien des politischen Diskurses denken als in denen der Bibel. Auch wenn unsere Zeit es anders empfindet: Es gibt keinen Widerspruch zwischen dem, was die Bibel über Rassismus und Kultur sagt, und dem, was sie über den Sex sagt. Die Bibel wendet die innere Logik der großen Umkehrung auf beide Bereiche gleichermaßen an.

Liberal/progressiv und gleichzeitig konservativ?

In 1. Korinther 6,9-10 erinnert Paulus seine Leser daran, dass weder die Geldgierigen noch die, die sexuell unmoralisch leben, an Gottes Reich teilhaben werden. Einmal mehr ruft er die Christen in Korinth dazu auf, ihr gegenwärtiges Leben am kommenden Reich Gottes auszurichten (V. 9) und nicht am Geist dieser Welt. Er hat dieses Prinzip in V. 1-6 auf den Umgang mit persönlichen Konflikten angewandt und kommt nun zu den sexuellen Beziehungen. Nicht nur Geldgier oder Verleumdungen passen nicht zu der kommenden neuen Schöpfung, sondern auch sexuelle Unmoral. In den Versen 12-20 setzt Paulus sich dann umfassend mit dem Thema der „Sexualmoral“ auseinander.

In den heutigen westlichen Gesellschaften ist die christliche Sexualethik ein hochkontroverses Thema. Die christlichen Regeln und Verhaltensvorschriften erscheinen restriktiv und ungesund, wenn man sie in Bezug auf Sex mit den Moralvorstellungen der modernen Kultur vergleicht. Nur selten macht jemand sich die Mühe, die tiefere Logik hinter den Regeln zu untersuchen – also das, was Hays die Prinzipien, die Paradigmen und die Weltsicht nennt. Genau dies tut Paulus in unserem Bibelabschnitt. Er formuliert bestimmte Regeln für das sexuelle Verhalten der Christen – und mittendrin bezieht er sich auf die Auferstehung Jesu (1. Korinther 6,14) und unsere geistliche Vereinigung mit Christus als Teil der Erstlingsfrucht der neuen Schöpfung (V. 15 und 19).

In 1. Korinther 6,18 nennt Paulus eine sehr deutliche Regel für unser sexuelles Verhalten: „Lasst euch unter keinen Umständen zu sexueller Unmoral verleiten!" „Sexuelle Unmoral" ist in moderneren Bibelübersetzungen die übliche Übersetzung des griechischen *porneia*, aber sie ist zu allgemein und gibt nicht die exakte, scharf umrissene Bedeutung wieder, die das Wort für Paulus und die Leser des Neuen Testaments hatte. *Porneia* bedeutete jegliche sexuelle Intimität außerhalb einer verbindlichen ehelichen Beziehung – als nicht nur Ehebruch, sondern auch vorehelichen Sex. „*Porneia* konnte zur Bezeichnung einer ganzen Palette unangemessener sexueller Verbindungen benutzt werden: Inzest, Prostitution, [vorehelicher Geschlechtsverkehr], Homosexualität."[16]

Das biblische Nein zu *porneia* war, wie sowohl Kyle Harper als auch Larry Hurtado aufzeigen, eines der absoluten Hauptkennzeichen der frühen Kirche, wie etwa Matthäus 15,19; Markus 7,21; Apostelgeschichte 15,20; Römer 1,29; 1. Korinther 6,9-10.18; Galater 5,19; Epheser 5,3-5; Kolosser 3,5; 1. Thessalonicher 4,3; 1. Timotheus 1,10 und Hebräer 13,4 zeigen.[17] Paulus begnügt sich nicht damit zu sagen: „Ich rate euch, der *porneia* so gut es geht aus dem Weg zu gehen", nein, er sagt: *Flieht* sie, setzt alles daran, sie auf Abstand zu halten! In Apostelgeschichte 15 beschließt das Apostelkonzil in Jerusalem eine sehr kurze Liste von moralischen Imperativen, die für alle Christen – egal ob Heiden oder Juden und egal aus welcher Kultur – Gültigkeit haben. Einer von ihnen lautet: „Haltet euch fern von jeder Unmoral [*porneia*]" (V. 29). Für die Apostel gehörte die christliche Sexualethik untrennbar zum rechten christlichen Glauben dazu; sie war eine der fundamentalen Glaubensüberzeugungen.[18] Was die Christen über die Sexualität lehrten und praktizierten, war genauso eine notwendige Folge des Evangeliums und der Auferstehung wie die Fürsorge für die Armen und die Gleichheit aller Menschen vor Gott. Es ist daher unmöglich zu argumentieren (wie viele dies heute versuchen), dass das, was die Bibel über die Armen sagt, richtig ist, aber dass ihre Aussagen zum Thema „Sex" überholt sind. Um dies deutlicher zu sehen, schauen wir uns an, welche Prinzipien für Paulus hinter der Regel „keine *porneia*" stehen. In 1. Korinther 6,13-14 schreibt er:

> *Der Körper ist nicht für die Unmoral da, sondern für den Herrn, und der Herr ist für den Körper da und hat das Recht, über ihn zu verfügen. Und genauso, wie Gott den Herrn von den Toten auferweckt hat, wird er durch seine Macht auch uns vom Tod auferwecken [...]*

Hier setzt sich Paulus mit der griechisch-römischen Vorstellung auseinander, dass der Leib nur die (relativ unwichtige) Hülle für die unsterbliche Seele ist. In dieser Sicht war Sex lediglich ein körperliches Bedürfnis – eines unter vielen. Dagegen argumentiert Paulus, dass die Auferstehung Jesu beweist, dass unser Leib von größter Wichtigkeit ist und dass Jesus nicht nur gestorben ist, um unsere Seele zu erlösen, sondern auch unseren Leib (Römer 8,23). Unser Körper ist daher ein fester Teil unserer Identität und er gehört dem Herrn, der gestorben und auferstanden ist, um ihn zu erlösen – woraus folgt, dass wir unseren Heiland auch mit unserem Körper zu ehren haben. Das führt dann natürlich zu der Frage, wie man das macht – Gott mit unserem Körper ehren. Paulus fährt fort:

Unser Körper ist ein fester Teil unserer Identität.

> *Überlegt doch einmal: Wer sich mit einer Prostituierten einlässt, wird mit ihr eins; sein Körper verbindet sich mit ihrem Körper. Es heißt ja in der Schrift: „Die zwei werden ein Leib sein." (1. Korinther 6,16)*

Paulus bezieht sich hier auf 1. Mose 2,24, wo Gott Eva zu Adam bringt und es heißt, dass die beiden „eins mit Leib und Seele" (oder: „*ein* Fleisch") sein werden. Schon die allerersten jüdischen und christlichen Bibelausleger erkannten, dass das „*ein* Fleisch" mehr meint als die sexuelle Vereinigung. Der Ausdruck ist eine Metonymie. In der körperlichen Vereinigung ist die völlige Gemeinschaft in allen Bereichen des Lebens – spirituell, emotional, sozial, ökonomisch, juristisch – mitgedacht. Die sexuelle Vereinigung ist von Gott als Vertiefung und Spiegel der ganzheitlichen Lebensgemeinschaft der Ehe gedacht und erst diese ganzheitliche Gemeinschaft qualifiziert die Partner zur sexuellen Vereinigung.

Wenn Paulus seinen männlichen Lesern klarmacht, dass jeder Sexualakt, selbst mit einer Prostituierten, sie zu „einem Fleisch" mit der jeweiligen Partnerin macht, will er damit nicht spitzfindig sagen, dass sie nach einem Bordellbesuch automatisch verheiratet sind. Er will vielmehr sagen, dass wir komplett vergessen haben, wofür unsere Sexualität überhaupt da ist, wenn wir außerehelichen Sex haben. Er argumentiert etwa so:

> *Das Ungeheuerliche am Geschlechtsverkehr außerhalb der Ehe ist, dass damit versucht wird, eine Form der Vereinigung (nämlich die sexuelle) von all den anderen Bindungen zu isolieren, die eigentlich damit verbunden sein sollten. Die christliche Haltung besagt nicht, sexueller Genuss sei etwas Verkehrtes, genauso wenig wie der Genuss am Essen. Sondern sie besagt, dass man diesen Genuss nicht isolieren darf, um*

nur ihn allein zu bekommen, genauso wenig, wie man versuchen sollte, sich kulinarische Genüsse zu verschaffen, ohne zu schlucken und zu verdauen, indem man Speisen nur kaut und wieder ausspuckt.[19]

Die Auferstehung demonstriert uns, dass der Leib kein belangloses Stück Fleisch ist; er ist wichtig. Gott hat uns als ganzheitliche, verkörperte Seelen erschaffen, sodass das, was wir mit unserem Körper machen, Auswirkungen auf unsere Seele und unsere ganze Person hat. Gott hat die sexuelle Vereinigung als Zeichen und als Stütze einer ganzheitlichen, dauerhaften Verbindung zwischen den Eheleuten gedacht, die den Charakter eines Bundes hat. Im Sexualakt, so wie er von Gott gewollt ist, geben die beiden Liebenden ihre Unabhängigkeit auf und sagen einander: „Ich gehöre vollständig und für immer zu dir." Der Theologe Anthony Thiselton schreibt über 1. Korinther 6,12-18:

Hier geschieht keine Entwertung der Sexualität, sondern das genaue Gegenteil. Paulus war der Kultur des 1. Jahrhunderts um Längen voraus mit seiner Erkenntnis, dass der Sexualakt ein Akt der Intimität und Selbsthingabe ist, der die ganze Person umfasst, und nicht die bloße Manipulation irgendwelcher „peripheren" Körperfunktionen. […] Bei der Vereinigung mit Christus wie bei der körperlichen Vereinigung geht es letztlich darum, sich ganz und gar dem, zu dem man gehört, „hinzugeben".[20]

Thiselton hat recht: Paulus hat dem Sex einen Wert gegeben, wie es ihn nirgends sonst in der Antike gab. Er ist nicht, wie in der Antike und auch für viele Menschen heute, ein bloßes körperliches Bedürfnis oder ein schönes Gefühl. Er ist auch nicht, wie in unserer heutigen Kultur, eine Art Konsumartikel oder ein Mittel, seine persönliche Authentizität auszuleben. Er ist eine einzigartige Art der Kommunikation zwischen zwei Personen, die einander in jeder Hinsicht hingeben. Aber damit hört die christliche Hochschätzung der Sexualität noch nicht auf.

Sex und Erlösung

Am Ende von 1. Korinther 6 schreibt Paulus:

> *Wisst ihr nicht, dass ihr zum Leib Christi gehört und dass damit auch euer Körper ein Teil seines Leibes ist? […] Wer sich hingegen mit dem Herrn verbindet, wird eins mit ihm; sein Geist verbindet sich mit dem Geist des Herrn. Lasst euch unter keinen Umständen zu sexueller Unmoral verleiten! […] Habt ihr denn vergessen, dass euer Körper ein Tempel des Heiligen Geistes ist? Der Geist, den Gott euch gegeben hat, wohnt in euch, und ihr gehört nicht mehr euch selbst. (1. Korinther 6,15.17-19)*

Paulus hat dargelegt, dass der Geschlechtsverkehr, richtig verstanden, die lebenslange Gemeinschaft mit einem irdischen Ehepartner meint. Hier fügt er hinzu, dass er auch ein Hinweis auf unsere lebenslange Gemeinschaft mit Christus, unserem himmlischen „Ehepartner", ist. Das aber heißt, dass unsere geistliche Vereinigung mit Christus Vorbildcharakter für die sexuellen Verbindungen zwischen Menschen hat. Betrachten wir drei Aspekte unserer geistlichen Vereinigung mit Jesus und was sie für uns bedeuten:

Der erste Schritt hin zu unserer Vereinigung mit Christus bestand darin, dass er sich für uns hingegeben hat. „Er hat sein

Leben für sie [die Gemeinde] hingegeben“ (Epheser 5,25). Der Sohn Gottes ließ sich quälen, ja töten. Er verlor seine Herrlichkeit, seine Unsterblichkeit und sein Leben für uns.

Der zweite Schritt ist, dass wir darauf antworten, indem wir uns ganz und ausschließlich an ihn und keinen anderen Gott hingeben. Unsere Gemeinschaft mit Christus ist eine exklusive und bindende Bundesgemeinschaft.

Und drittens besteht das große Wunder dieser Vereinigung darin, dass sie nicht zwischen zwei Wesen besteht, die gleichartig sind (zum Beispiel zwei Menschen oder zwei der Personen der Dreieinigkeit). Das eigentliche Wunder unserer Erlösung ist, dass sie zu einer innigen, persönlichen Gemeinschaft zwischen zwei radikal unterschiedlichen Wesen führt – Gott und den Menschen. Die scheinbar unüberbrückbare Kluft zwischen Gott und Mensch ist überbrückt worden. Die beiden Wesen, die einander am meisten entfremdet waren, sind zusammengekommen.[21]

Und jetzt sehen wir, dass die christlichen „Regeln“ für die Sexualität, die auf den ersten Blick restriktiv erscheinen mögen, im Wesen unseres Heils begründet sind. Weil wir in eine exklusive, dauerhafte Bundesbeziehung hinein erlöst sind, ist Sex nur etwas für Verheiratete. Weil unsere Erlösung die Vereinigung von zwei zutiefst unterschiedlichen Wesen bringt, kann die Ehe nur die Vereinigung von Mann und Frau sein. Im säkularen Denken dient Sex dem Vergnügen und der persönlichen Befriedigung des Einzelnen. Für das Christentum ist Sex ein Weg, mein Leben an die sich selbst hingebende Liebe Gottes anzudocken, die das Zentrum des Universums und der Sinn der Geschichte ist. Jesus ist im buchstäblichen Sinne gestorben, um in eine ewige, verbindliche Gemeinschaft mit uns einzutreten. Und wir „sterben“ im bildlichen Sinne, wenn wir Buße tun und die Kontrolle über unser Leben und unser ganzes Ich bedingungslos an Christus abgeben. Doch diese Tode führen zu unserer Auferstehung – die geistliche Auferstehung schon hier und jetzt, die leibliche und kosmische später.

Die scheinbar so restriktive christliche Sexualethik gründet also in einer denkbar hohen Vision von dem, was Sex ist und sein kann, und sie folgt dabei dem gleichen großen Paradigma, das auch die Einstellung der Christen zu ethnischen Konflikten, zur Sorge für bedürftige Menschen und zur sozialen Gerechtigkeit prägt – der großen Umkehrung, in welcher Jesus Christus sich für uns dahingab und uns erlöste. Indem er seine Freiheit opferte, öffnete er die Tür zur größten Freiheit, für sich selber und für uns. Ähnlich erfahren wir in der Ehe eine Freiheit und Liebe, die aber nicht erreichbar sind für den, der seine persönliche Unabhängigkeit nicht opfert und der keinen Bund fürs Leben schließt. Die moderne Kultur fordert uns auf, nur solche Beziehungen einzugehen, die mehr Nutzen als Kosten bringen, und nur dann Sex zu haben, wenn es uns Spaß macht und wir keine längerfristigen Verpflichtungen eingehen. Dieses Kosten-Nutzen-Verständnis von Beziehungen basiert auf einer völlig anderen Sicht vom Sinn des menschlichen Lebens, als wir sie in dem biblischen Narrativ von einer Welt finden, die von einem liebenden, sich selbst hingebenden Gott erschaffen wurde.

In seinem Buch *Über den Schmerz* schreibt C. S. Lewis, dass Jesus Christus, als er ans Kreuz ging, das tat, was der Vater, der Sohn und der Heilige Geist in gewissen Sinn schon immer innerhalb der Trinität getan hatten: Jeder ordnete sich dem anderen unter, keiner suchte seine eigene Ehre, sondern die der anderen. Tief im Herzen Gottes liegt eine *Ausrichtung auf den anderen*:

> *Wenn irgendwo, dann in der Selbsthingabe rühren wir an den Rhythmus nicht allein der ganzen Schöpfung, sondern*

> *des Seins überhaupt. Denn auch das Ewige bringt sich selbst zum Opfer dar; und dies nicht allein auf Golgatha. Denn als Er ans Kreuz geschlagen wurde, da „tat Er in dem wilden Unwetter seiner entlegensten Provinzen das, was Er zu Hause in Herrlichkeit und Freude schon getan hatte" (G. Macdonald). Seit jeher, längst vor der Gründung der Welt, gibt Gezeugte Gottheit Sich Selbst in Gehorsam zurück an die Zeugende Gottheit.*[22]

Lewis erklärt, dass das Prinzip „Verliere dich, um dich zu finden" – also das Aufgeben der persönlichen Unabhängigkeit, um so die größte Freiheit und Liebe zu finden – von oben nach unten die gesamte Schöpfung durchzieht:

> *Von der höchsten Stufe bis zur untersten gilt: Das Selbst ist dazu da, hingegeben zu werden, und durch diese Hingabe wird es desto mehr es selbst, um daraufhin wieder umso mehr sich hinzugeben – und so fort. Dies ist nicht ein rein himmlisches Gesetz, dem wir uns dadurch entziehen könnten, dass wir irdisch bleiben; noch ist es ein rein irdisches Gesetz, dem wir uns dadurch entziehen könnten, dass wir selig werden. Was außerhalb dieses „Systems" der Selbsthingabe liegt, das ist weder die Erde noch die Natur noch das durchschnittliche Leben – sondern einzig und allein die Hölle.*[23]

Wenn die Welt von Gott auf der Grundlage dieses Prinzips – der großen Umkehrung – erschaffen worden ist, sollte es uns nicht überraschen, dass die sexuellen Beziehungen in unserer heutigen Welt so oft enttäuschend und ausbeuterisch sind, denn sie gehen sozusagen gegen den Strich eines Universums, das von einem Gott erschaffen wurde, der uns durch Opfer und Auferstehung erlöst.

Die moderne „sexuelle Revolution“ ist in vieler Hinsicht überraschend reaktionär. Sie ist ein Rückfall in die bei den alten Römern herrschende Sicht, die den Sex als bloßes körperliches Bedürfnis sah, dessen Beschränkung auf die Ehe unrealistisch und ungesund war. Ob wir uns die MeToo-Bewegung anschauen oder den allgemeinen Rückgang der sexuellen Aktivität, der Eheschließungen und der Kinderzahlen – der Schluss liegt nahe, dass die „moderne“ Auffassung vom Sex schädlich für unsere Gesellschaft ist.

In meiner fast dreißigjährigen Tätigkeit als Pastor in Manhattan habe ich bei Hunderten von Anhängern der modernen sexuellen Revolution erlebt, wie sie sich von dieser abwandten und mehr Weisheit, Sicherheit und Freiheit in der christlichen Vision und Praxis der Sexualität fanden. Dies ist kein Breitenphänomen, da der allgemeine Einfluss der Religion auf die westlichen Gesellschaften nach wie vor rückläufig ist. Aber ich gehe davon aus, dass trotz dieses Trends jedes Jahr viele Menschen in unserer westlichen Kultur erschöpft und frustriert sein werden und dem christlichen Verständnis vom Sex, von dem unsere Gesellschaft sich im Namen von Erfüllung und Freiheit verabschiedet hat, eine Chance geben werden.

Kapitel 10

Hoffnung auf Gerechtigkeit

Doch wir warten auf den neuen Himmel und die neue Erde, die Gott versprochen hat – die neue Welt, in der Gerechtigkeit regiert. (2. Petrus 3,13)

Im vergangenen Kapitel habe ich untersucht, wie die Bibel Auferstehung und neue Schöpfung mit sozialen Beziehungen in Verbindung bringt; wir haben dies in Bezug auf ethnische Konflikte, soziale Klassen, den Umgang mit Reichtum und Sexualität betrachtet. Doch heute steht in unzähligen kulturellen Debatten das Thema „Gerechtigkeit" im Vordergrund. In diesem Kapitel möchte ich daher aufzeigen, was die Bibel grundlegender darüber sagt, was Gerechtigkeit ist und wie gerade die Auferstehung uns helfen kann, sie zu definieren und für sie einzutreten.

Die Auferstehung und Gerechtigkeit

Als Jesus von den Toten auferstand, war dies eine erste Manifestation der Macht Gottes, die am Ende der Zeiten die ganze Welt neu machen wird. Dann wird – so die Bibel – Gott nicht nur einzelne Menschen retten und den Rest der Welt als unwichtige Hülle oder nutzlose Spreu wegwerfen, sondern „auch sie, die Schöpfung, wird von der Last der Vergänglichkeit befreit werden und an der Freiheit teilhaben, die den Kindern Gottes mit der künftigen Herrlichkeit geschenkt wird" (Römer 8,21). Alle Folgen der Sünde, der Verfall dieser Welt, werden geheilt werden. Es wird nicht nur zur physischen Befreiung von Krankheit, Alter und Tod kommen, sondern auch zur sozialen Befreiung von Armut, Krieg, Rassismus und Kriminalität, die jetzt unsere Welt plagen, sowie zur psychologischen Befreiung von unserer Angst, Schuld, Scham und Verzweiflung. Alle Dinge werden endlich vollständig in Ordnung gebracht werden. Wir werden persönlich neugemacht werden, aber wir werden auch eine erneuerte Welt empfangen, in der wir zusammen mit Christus in unseren Auferstehungsleibern wohnen. Es wird endlich, wie Jonathan Edwards sagt, eine „Welt der Liebe" sein. Was man auf der Erde „Liebe" nennt, ist ja oft nur die egoistische Manipulation von Personen, die wir attraktiv finden, damit sie unser Bedürfnis nach Macht und Kontrolle befriedigen. In der neuen Schöpfung werden wir Jesus kennenlernen, die unendliche Quelle der Liebe. Wir werden einander um seinetwillen und um der anderen willen lieben. Alle Beziehungen werden endlich gut und richtig und gerecht sein.[1] Und so heißt es in 2. Petrus 3,13, dass der neue Himmel und die neue Erde voll von *dikaiosune* (Gerechtigkeit) sein werden.

Die Auferstehung und die neue Schöpfung haben daher einen großen Einfluss darauf, wie der Christ die verschiedenen Arten des Verfalls betrachtet, die er in der jetzigen Schöpfung wahrnimmt. Das „Seufzen" der Schöpfung (Römer 8,22) richtet sich unter anderem auf die Ungerechtigkeit in unseren Beziehungen. Christen sollten nicht passiv sein, wenn sie Ungerechtigkeit begegnen. Wenn die gesamte „Reparatur" der Welt erst in der Zukunft geschehen würde, könnten wir uns darauf beschränken, ein anständiges Privatleben zu führen und ansonsten Däumchen zu drehen und abzuwarten. Aber wir haben in diesem Buch bereits wiederholt gesehen, dass die Auferstehung bedeutet, dass die befreiende und heilende Kraft Gottes schon hier und jetzt da ist, durch den auferstandenen Christus, der in unserem Leben durch den Heiligen Geist gegenwärtig ist. Wir sind nicht gerettet worden, um in Sicherheit zu sein, sondern um zu dienen.[2]

Wir sind nicht gerettet worden, um in Sicherheit zu sein, sondern um zu dienen.

Die große Umkehrung und Gerechtigkeit

Wenn die Bibel eines über das Reich Gottes aussagt, dann dies, dass es ein Reich der Gerechtigkeit ist. In Lukas 4,18-19 erklärt Jesus uns, dass das Reich Gottes kommt, um „den Armen gute Botschaft zu bringen" und „den Unterdrückten die Freiheit zu bringen". Was für „Arme" und „Unterdrückte" meint Jesus hier? Politisch konservative Ausleger neigen dazu, diesen Text strikt als geistliche Aussage zu lesen: Es geht nur um die *geistlich* Armen und Unterdrückten. Doch dies passt schlecht zu der bemerkenswerten Aufmerksamkeit, die Jesus den sozial und ökonomisch Benachteiligten und Unterdrückten widmet, wie wir im Lukasevangelium gesehen haben. Eher progressiv oder „links" orientierte Ausleger beziehen die Worte Jesu ganz auf die *sozial* und *ökonomisch* Armen und Unterdrückten; für sie ist er gekommen, um in einer Revolution die Reichen vom Sockel zu stoßen und die Armen groß zu machen. Aber wenn Jesus im Wesentlichen als politischer Revolutionär kam, um die Armen ökonomisch zu befreien, warum, um alles in der Welt, hat er dann seine ganze Zeit verschwendet, um zu predigen, anstatt eine militärische oder politische Kampagne loszutreten?

Die Antwort lautet: Die Erlösung, die Jesus anbietet, gilt allen – so sie denn bereit sind, die geistliche Armut der Buße und des Glaubens auf sich zu nehmen. Die „Armen“, die Jesus immer erlöst, sind also die „Armen im Geist“ (Matthäus 5,3[3]), also die, die zugeben, dass sie geistlich bankrott sind und dass sie sogar ihre „guten Taten“ aus nicht ganz so guten Motiven getan haben und dass sie nur durch reine, barmherzige, freie Gnade gerettet werden können. Die Reichen, die auf diese Weise geistlich arm werden, werden von Gott erlöst, und die ökonomisch Armen, die sich weigern, sich vor Gott zu demütigen, werden nicht erlöst.

Im Paradigma der großen Umkehrung geht der Weg zur Erlösung durch geistliche Armut, auf die dann die geistlichen Reichtümer in Christus folgen. Doch diese Erfahrung öffnet die Augen für die Bedürftigkeit der wirtschaftlich Schwachen und Armen um uns herum. Der Jakobusbrief erinnert uns zunächst daran, dass wir durch Gnade und nicht durch unsere guten Werke erlöst sind, beschreibt dann aber, welche guten Taten als natürliche Frucht der Erlösung aus einem Herzen fließen, das weiß, dass es allein durch die Gnade und Barmherzigkeit Gottes gerettet ist. „Angenommen, ein Bruder oder eine Schwester haben nicht genügend anzuziehen und es fehlt ihnen an dem, was sie täglich zum Essen brauchen. Wenn nun jemand von euch […] ihnen nicht [gibt], was sie zum Leben brauchen – was nützt ihnen das? Genauso ist es mit dem Glauben: Wenn er keine Taten vorzuweisen hat, ist er tot […]“ (Jakobus 2,15-17). Jonathan Edwards wird nicht müde zu betonen, dass jemand, der wirklich durch die große Umkehrung – also über das Eingeständnis seiner geistlichen Armut – erlöst worden ist, unweigerlich ein Herz für die Armen haben wird:

Bedenke, wie viel Gott für uns getan hat. […] Christus liebte uns und erbarmte sich unser, als wir arm waren, und gab

> *sich ganz hin, um uns zu helfen, ja er vergoss ohne Murren sein eigenes Blut für uns. Er scheute sich nicht, sich selbst zu verleugnen […] um uns reich zu machen und mit königlichen Gewändern zu bekleiden, als wir nackt waren; um uns an seinem eigenen Tisch mit unendlich kostbaren Speisen zu laben, als wir hungerten; um uns vom Misthaufen zu holen und einen Platz unter Prinzen zu geben und den Thron seiner Herrlichkeit erben zu lassen und uns so in alle Ewigkeit den schönsten Reichtum und die größte Fülle genießen zu lassen. […] Wenn wir all dies bedenken, was für eine Schande ist es dann, wenn die, die auf diese Reichtümer hoffen dürfen, es nicht fertigbringen, ohne Murren ihrem armen Nächsten etwas zur Linderung seiner Not zu geben! […] Was wäre denn aus uns geworden, wenn Christus so geizig mit seinem Blut gewesen wäre, wie viele Menschen es mit ihrem Geld und Gut sind?*[4]

Das Paradigma der großen Umkehrung führt uns zu persönlichem Glauben, aber auf eine solche Weise, dass wir anfangen, die Armen und Elenden zu lieben, so wie Christus uns geliebt hat.

Die Stadt Gottes und Gerechtigkeit

Christen, die sich auf die Fülle des Reiches Gottes freuen – die große endgültige Auferstehung und den neuen Himmel und die neue Erde –, sollte es also ein Anliegen sein, dass schon hier und jetzt Gerechtigkeit geschieht. Aber wie wollen wir wissen, wie Gerechtigkeit in der himmlischen Gottesstadt aussehen wird? Die wenigen Abschnitte in der Bibel, die die neue Welt beschreiben (Jesaja 60 und 65–66; Offenbarung 21–22), geben uns atemberaubende Einblicke, aber wenige Details. Gibt es irgendwo in der Bibel Hinweise, wie Gottes zukünftige Gerechtigkeit aussieht?

Gegen Ende seines Lebens, kurz vor der Wiederholung der Zehn Gebote in 5. Mose 5,1-21, erklärt Mose den Israeliten, dass ihr Befolgen der Gebote Gottes ein Zeugnis für die Welt sein soll. Er sagt:

> *Ich verkünde euch jetzt die Ordnungen und Rechtsbestimmungen, die der Herr, mein Gott, mir für euch gegeben hat. Nach ihnen sollt ihr euch richten, wenn ihr in dem Land lebt, das ihr nun in Besitz nehmt. Beachtet sie genau und handelt danach. Dann werdet ihr bei euren Nachbarvölkern für eure Weisheit und Einsicht berühmt sein. Wenn sie von euren Gesetzen hören, werden sie sagen: „Wie weise und verständig ist dieses große Volk!“ Kein anderes Volk – und sei es noch so groß – hat Götter, die ihm so nah sind, wie der Herr, unser Gott, uns nah ist! Wann immer wir zu ihm rufen, hört er uns. Und kein anderes Volk – und sei es noch so groß – hat Ordnungen und Bestimmungen, die so gerecht sind, wie das Gesetz, das ich euch jetzt verkünde. (5. Mose 4,5-8)*

Eines der Ziele Gottes war es, dass sein Volk *als Ganzes* ein Zeugnis für die nicht an ihn glaubenden Menschen, für die „Völker“ um Israel herum würde. Ein Volk, das Gott gehorsam war, war mehr als eine Ansammlung gottesfürchtiger Individuen. Es war eine Gegenkultur, eine Alternativgesellschaft. Und es war dies, weil das Gesetz des Mose zwei herausragende Merkmale hatte: Erstens führte es zu einem weisen und verständigen Volk (V. 6) und zweitens zu einer gerechten Gesellschaft (V. 8). Der Ausdruck „Ordnungen … die so gerecht sind“ ist die Übersetzung von *mishpat* und *tzedeqah*, den in der Bibel am häufigsten benutzten hebräischen Wörtern für „Gerechtigkeit“.

Israel, das Gottes Gebote hielt, sollte andere Völker zur Selbstkritik bewegen. Dies ist ein bemerkenswerter Auftrag, denn „in der Antike dachten die Völker üblicherweise, dass *ihre* Götter und […] Institutionen die besseren waren. […] Das wiederholte ‚dieses große Volk' […] knüpft bewusst an Aussagen über Hammurabi, den großen babylonischen Gesetzgeber, an."[5] Die Bibel sagt hier also: Wenn die Israeliten Gottes Gebote befolgen, dann werden die Nachbarnationen trotz ihrer kulturellen Überlegenheitsgefühle erkennen, dass Israel die Weisheit und Gerechtigkeit gefunden hat, die sie in ihren eigenen Gesetzen suchten und nicht fanden. Sie werden sehen, dass die israelitische Gesellschaft gerecht und weise ist, weil der Gott der Israeliten diesen näher ist als ihre eigenen Götter ihnen. Wenn Israel Gottes Gesetz so hält, wie es das tun sollte, würde dies also letztlich eine evangelistische Wirkung haben. Besonders Jerusalem sollte eine Stadt sein, die den Nationen die Weisheit und Gerechtigkeit Gottes demonstrierte. Es sollte eine anziehende Wirkung auf die Völker haben, „eine Freude für die ganze Welt" sein (Psalm 48,3).

Die Stadt Jerusalem sollte also, wenn ihre Bewohner denn Gott gehorsam waren, ein evangelistisches Zeugnis sein. Das irdische Jerusalem sollte in seinem gemeinschaftlichen Leben auf den vollkommenen Frieden und die perfekte Gerechtigkeit des Neuen Jerusalems hinweisen, der Stadt, die Gott am Ende der Zeit auf der Erde erbauen würde (Offenbarung 21–22). War das eine rein alttestamentliche Idee? Keineswegs. Jesus wies seine Jünger an, „das Licht der Welt" und „eine Stadt, die auf einem Berg liegt", zu sein, und fuhr fort: „So soll auch euer Licht vor den Menschen leuchten: Sie sollen eure guten Werke sehen und euren Vater im Himmel preisen" (Matthäus 5,16).

Christen sollen eine „Stadt" sein. Eine Stadt ist nicht eine lose

Ansammlung von Einzelpersonen, sondern eine Gesellschaft. Der Aufruf Jesu steht mitten in der Bergpredigt, jener Neufassung der Zehn Gebote, mit der Jesus seinen Jüngern sagt, wie sie richtig leben sollen: sich um die Armen kümmern, freigiebig mit ihrem Besitz sein und ihre Mitmenschen lieben. Wenn Menschen an Jesus glauben und eine Gegenkultur der Gerechtigkeit und des Friedens schaffen, werden sie zu einem attraktiven Zeugnis für die Welt, einem Vorgeschmack des Neuen Jerusalems, wo durch die Gegenwart und Herrschaft Christi alles menschliche Leben heil werden wird.

Eine Gegenkultur der Gerechtigkeit und des Friedens schaffen

Impressionen von der Stadt Gottes

Sowohl Mose als auch Jesus sagen uns also, dass das Leben der Gemeinschaft der Gläubigen die Gerechtigkeit und den Frieden der kommenden Gottesstadt widerspiegeln muss. Konkret bedeutet dies, dass die heutigen Christen, gestützt auf das Alte wie das Neue Testament, sich für biblische Gerechtigkeit einsetzen müssen und dadurch evangelistisches Zeugnis sein sollen.[6] Biblische Gerechtigkeit ist dabei durch mindestens die vier folgenden Merkmale gekennzeichnet.

1. Gerechtigkeit bedeutet gleiche Behandlung für alle

Im Gesetz des Mose stand: „Es soll ein und dasselbe Recht unter euch sein für den Fremdling wie für den Einheimischen" (3. Mose 24,22). Dies war eine radikale und beispiellose Forderung, vor allem verglichen mit den Gesetzen der Nachbarkulturen. Aber nicht nur die verschiedenen Ethnien und Nationalitäten mussten gleich behandelt werden, sondern auch die verschiedenen sozialen Schichten. Wir finden in der Bibel zum Beispiel wiederholt das Verbot der Bestechung (vgl. Jesaja 1,23). Bestechung benachteiligte nicht nur die Armen, sondern alle, die nicht wirklich reich waren. Menschen mit weniger Geld werden schlechter behandelt als die Wohlhabenden, wenn Bestechung und Günstlingswirtschaft in Regierung, Gerichtswesen oder in der Wirtschaft zum System gehören.

Hinter dieser Betonung der Gleichheit stand die Lehre, dass alle Menschen gleichermaßen zum Bilde Gottes erschaffen sind (1. Mose 1,27). In anderen Gesellschaften wurden Menschen aus verschiedenen Ethnien fast wie unterschiedliche Spezies betrachtet. Für die Griechen und Römer waren die „Barbaren" Untermenschen oder jedenfalls die geborenen Sklaven. Doch die Bibel erklärt: „Reiche und Arme haben eines gemeinsam: Der HERR hat beide geschaffen" (Sprüche 22,2[7]). Die Idee der Gottesebenbildlichkeit aller Menschen liegt auch hinter der schockierenden Aussage Jesu in Matthäus 5,22, dass einen Menschen beleidigen – ihn „Dummkopf" oder „Idiot" nennen – eine Art Mord ist, ein Angriff auf seine Menschenwürde. Jakobus nennt das Verfluchen unserer Mitmenschen, die doch als Ebenbilder Gottes erschaffen sind, eine schwere Sünde (Jakobus 3,9) und warnt vor dem großen Übel, die Menschen je nach ihrer Einkommensklasse unterschiedlich zu behandeln (2,1-7). Wir müssen alle Menschen mit gleicher Fairness und gleichem Respekt behandeln, unabhängig von Ethnie, Schicht, Geschlecht, Fähigkeiten und Verhalten.

2. Gerechtigkeit bedeutet radikale Großzügigkeit

Die Bibel trifft klare Aussagen zum Thema „Eigentum". Das Achte Gebot verurteilt jede Art von Diebstahl als ungerecht und 2. Mose 21,16 und 5. Mose 24,7 verbieten das Entführen von Menschen, das ihnen ja das „Besitzrecht" an ihrer eigenen Person streitig macht. Gleichzeitig erinnert Gott sein Volk daran, dass *er* der Besitzer aller Dinge ist (Psalm 24,1; 115,16), während wir bloß die Verwalter sind. „Alles, was wir haben, stammt von dir; wir geben dir nur, was du uns zuvor geschenkt hast" (1. Chronik 29,14[8]). Letztlich haben wir uns unseren Besitz *nicht* selber verdient, sondern als Geschenk erhalten. Wären wir an einem anderen Ort und zu einer anderen Zeit geboren oder unter anderen sozialen und äußeren Umständen, hätten wir es womöglich mit noch so viel Arbeit nicht weit gebracht. „Ist nicht alles, was du hast, ein Geschenk Gottes?" (1. Korinther 4,7). Und so sind unsere Rechte an unserem Besitz nicht absolut und Gott fordert die, die mehr irdische Güter haben, auf, sie freiwillig mit den Armen und Schwachen in der Gesellschaft zu teilen.

Weil das Land und was es hervorbrachte, letztlich Gott selber gehörte (3. Mose 25,23), waren im alten Israel Besitz und Reichtum nichts Absolutes. Es gab zum Beispiel das Prinzip der „Nachlese": Der Besitzer eines Feldes durfte es nicht total abernten, sondern musste immer etwas für die Armen übriglassen (3. Mose 19,9-10; 23,22). Mit anderen Worten: Es war dem Besitzer untersagt, den größtmöglichen Ernteertrag für sich herauszuholen. Dann gab es alle sieben Jahre das „Sabbatjahr", das mit einem allgemeinen Schuldenerlass verbunden war. Hatte ein Mann oder eine Familie sich verschuldet, sodass sie für den Gläubiger als Sklaven arbeiten mussten, waren sie im siebten Jahr freizulassen und die Schuld galt als getilgt (5. Mose 15,1-18). In keiner anderen Kultur in der Welt gab es solche Regelungen. Sie sind weder mit dem doktrinären Sozialismus noch dem liberalen Kapitalismus vereinbar. Craig Blomberg kommentiert, dass das Gesetz des Mose sowohl gegen „den staatlichen Dirigismus" steht, „der den kostbaren Schatz der persönlichen Verwurzelung missachtet", als auch gegen „den ungebremsten Individualismus, der den Einzelnen auf Kosten der Gemeinschaft absichert".[9]

In der Bergpredigt weitet Jesus das Prinzip der Großzügigkeit noch aus, indem er die Einstellungen unseres Herzens anspricht, die es verhindern, dass wir unseren Besitz mit anderen teilen. Er nennt das Geld einen Götzen, dem wir bereitwillig dienen, in der Annahme, dass Kurswert zu Selbstwert führt (Matthäus 6,21.24). Aber er weiß auch, dass Furcht und Angst die Motivation sein kann, egoistisch Reichtum anzuhäufen und sich materiell abzusichern (Matthäus 6,25-34). Er warnt davor, wie Gier unsere Perspektive auf das Leben total verzerren kann (Matthäus 6,22-23). Anders als viele andere Kritiker der Mächtigen und Reichen spricht Jesus direkt ihr Herz an und zeigt ihnen, wie sie anders werden können.

3. Gerechtigkeit ist Eintreten für die Machtlosen

Die Bibel fordert uns nirgends auf, für die Reichen und Mächtigen einzutreten, aus dem einfachen Grunde, dass diese das nicht nötig haben. Stattdessen sagt sie: „Öffne deinen Mund für die Stummen, für das Recht all derer, die sonst niemand haben. […] verschaffe den Armen und Schwachen ihr Recht!“ (Sprüche 31,8-9). Und Jeremia sagt: „[…] errettet den Beraubten von des Frevlers Hand und bedrängt nicht die Fremdlinge, Waisen und Witwen und tut niemand Gewalt an und vergießt kein unschuldiges Blut an dieser Stätte“ (Jeremia 22,3[10]). Die „Fremdlinge, Waisen und Witwen“ sind Menschen, die sich nicht so wehren können wie andere. Sacharja 7,9-10 nennt vier soziale Gruppen, die in der Antike besonders schutzbedürftig waren: Witwen, Waisen, Fremde und Arme. Sie sollten den Gläubigen besonders am Herzen liegen. In Sprüche 22,22-23 heißt es sinngemäß: Hüte dich davor, einen Armen auszunutzen, weil er sich nicht wehren kann! Und Psalm 41,2 erklärt: „Glücklich zu preisen ist, wer anderen Menschen in Not zur Seite steht!“

„Öffne deinen Mund für die Stummen.“ (Spr 31,8)

Das „zur Seite stehen“ meint eine dauerhafte, strategisch geplante und durchdachte Hilfe.

In der Bergpredigt ruft Jesus seine Jünger dazu auf, den Armen Almosen zu geben, und nennt dieses Almosengeben „Gerechtigkeit“ (*dikaiosune*, Matthäus 6,1). An anderen Stellen wird Jesus dadurch zum Fürsprecher der Armen, dass er die Pharisäer konfrontiert, „die am Geld hingen“ (Lukas 14,16), oder den Schriftgelehrten vorhält, dass sie „den Besitz der Witwen verschlingen“ (Lukas 20,47), also ihre prekäre finanzielle und rechtliche Lage ausnutzen.

4. Gerechtigkeit ist Aufgabe des Einzelnen *und* der Gesellschaft

Gerechtigkeit bedeutet, den Menschen das zu geben, was sie verdient haben bzw. was ihnen zusteht. Für die Armen und Unterdrückten heißt das, dass wir uns für ihre Rechte einsetzen, die sie als zum Ebenbild Gottes erschaffene Menschen haben. Aber es bedeutet auch, dass Menschen, die Unrecht getan haben, dafür zur Rechenschaft gezogen werden. Dies führt uns zu der Frage, wie es zu Ungerechtigkeit kommt. Die Bibel zeigt uns, dass dies sowohl direkt (persönlich) als auch indirekt (kollektiv und systemisch) geschieht.

Manchmal macht Gott Familien, Gruppen und sogar Nationen gemeinschaftlich verantwortlich für die Sünden anderer Personen, die die Angesprochenen nicht persönlich begangen haben. Daniel tut in seinem großen Bußgebet in Daniel 9 Buße für die Sünden seiner Vorfahren, die nicht auf die Propheten Gottes gehört hatten, obwohl nichts darauf hindeutet, dass er persönlich an diesen Sünden beteiligt gewesen war. In 2. Samuel 21 macht Gott ganz Israel für die Gewalt verantwortlich, die König Saul an den Gibeonitern verübt hatte, obwohl dieser schon seit Jahren tot ist. Manche Stimmen sind der Meinung, dass es diese kollektive Verantwortung nur bei Israel gab, doch in Amos 1–2, 1. Samuel 15,2 und 5. Mose 23,3-8 zieht Gott die aktuelle Generation einer heidnischen Nation wegen der Sünden ihrer Vorfahren zur Rechenschaft. Für Petrus waren alle, die zur Zeit der Passion Jesu in Jerusalem waren, für seinen Tod verantwortlich (Apostelgeschichte 2,14.23.26), obwohl nur einige wenige unmittelbar beteiligt waren (V. 23). Es waren nicht nur die wenigen Aktiven, die für die Kreuzigung verantwortlich waren, sondern genauso die passive schweigende Mehrheit.

Die Bibel weiß auch, dass es institutionalisierte, ins gesellschaftliche System eingebaute Herrschafts- und Unterdrückungsmechanismen gibt, auch wenn viele der Menschen, die an diesen Mechanismen beteiligt sind, eigentlich nichts Böses wollen. In Kapitel 9 haben wir bereits das römische System der Patronage betrachtet, das über Einladungen zu Festmahlen funktionierte (Lukas 14) und die Armen systematisch ausgrenzte, während es den Leuten mit genügend Geld und Beziehungen zu noch mehr Geld und Beziehungen verhalf. Jesus hat seinen Jüngern strikt verboten, sich an diesem System zu beteiligen. Ähnlich verbot Paulus den Christen, sich am Sklavenhandel zu beteiligen, der auf Entführungen beruhte (1. Timotheus 1,8-11), obwohl dies sehr lukrativ war.

Auch wenn kollektive Verantwortung und sündige Strukturen Realitäten sind, legt die Bibel doch das größte Gewicht auf die Verantwortung des Einzelnen. Auch wenn, wie wir gesehen haben, Gott manchmal ganze Gruppen für die Sünden Einzelner zur Verantwortung zieht (Josua 7; 4. Mose 14), so formuliert die Bibel für die menschliche Rechtsprechung das folgende Prinzip: „Die Väter sollen nicht für die Kinder noch die Kinder für die Väter sterben, sondern ein jeder soll für seine Sünde sterben“ (5. Mose 24,16[11]). Unsere Eltern und Verwandten können uns zum Bösen anleiten, aber wir können ihnen widerstehen und haben auch die Verantwortung, es zu tun. Hesekiel 18 ist eine Fallstudie, die uns zeigt, wohin es führen kann, wenn wir die kollektive Verantwortung zu sehr betonen; das Ergebnis sind Fatalismus und Verantwortungslosigkeit.[12] Hesekiel stellt klar, dass wir letztlich die volle Verantwortung für alle unsere Sünden tragen und dass unsere Erlösung an unserem ganz persönlichen Verhalten hängt.

Die Bibel beantwortet also die Frage der Verantwortung für Ungerechtigkeit differenziert. Die Realität der kollektiven Sünde negiert nicht die moralische Verantwortung des Einzelnen und die persönliche Verantwortung nicht die Realität des kollektiven Bösen. Die Bibel sagt mir, dass ich für meine eigenen Sünden verantwortlich bin, aber dass ich möglicherweise auch eine Mitschuld und Verantwortung für die Sünden und Ungerechtigkeiten trage, die von anderen Menschen verübt werden.

Die Spannbreite der biblischen Gesellschaftsanalyse

Mit das Auffallendste an der biblischen Analyse der Ungerechtigkeit ist ihre Spannbreite. In modernen individualistischen westlichen Gesellschaften gibt es eine starke Tendenz hin zu dem Glauben, dass wir ganz das Produkt unserer persönlichen Entscheidungen sind. Es liegt ganz an uns, ob wir arm oder reich sind. Für Vertreter dieser Sicht der Dinge gibt es keine Sünde außer freiwilligen, bewussten, persönlichen Verfehlungen und daher auch keine Verantwortung für andere Varianten des Bösen. Die Menschen in den westlichen Ländern und vor allem weiße Amerikaner fühlen sich wenig bis

Nicht verantwortlich für systemische Ungerechtigkeit?

nicht mitverantwortlich für die Auswirkungen sozialer Unrechtssysteme – wie zum Beispiel der systematischen Diskriminierung Nichtweißer beim Erwerb von Wohneigentum in Städten im Norden der USA,[13] der Jim-Crow-Gesetze im Süden[14] sowie der Sklaverei selbst –, solange sie sich nicht persönlich daran beteiligt haben. Die klassische Analyse und Kritik dieser Einstellung hat Robert Bellah geschrieben.[15]

Aber wir dürfen auch nicht, wie die marxistische Gesellschaftstheorie dies getan hat, auf der anderen Seite vom Pferd fallen und behaupten, dass Armut und Kriminalität niemals das Ergebnis persönlicher ethischer Entscheidungen seien, sondern immer Produkte der sozialen Strukturen. Dieses Extrem ließ einen Sozialisten wie den berühmten amerikanischen Rechtsanwalt Clarence Darrow sagen, dass es keinen Unterschied gibt zwischen einem Mörder im Gefängnis mit anschließender Sicherungsverwahrung und einem unbescholtenen Bürger draußen, weil jeder von ihnen rein durch gesellschaftliche Kräfte an den Ort gebracht worden ist, wo er sich befindet.[16] In einem Interview sagte Charles Taylor kürzlich: Nichtreligiöse Ansichten über das Wesen des Menschen reduzieren unser Verhalten auf irgendeinen technischen Faktor, der alles erklären kann und den man beherrschen und kontrollieren kann.[17] Sie neigen dazu, alles menschliche Verhalten mit Evolution und Neurochemie zu erklären, über Kultur und soziale Konstrukte oder über einen anderen technischen Faktor.[18]

Ganz anders die Bibel. Sie sagt uns, dass wir als Ebenbilder eines Gottes erschaffen sind (1. Mose 1,26-28), der sowohl Einer als auch drei Personen ist (Matthäus 28,19), dass wir also beides sind: Individuen und Gemeinschaftswesen. Wir sind ebenfalls sowohl materielle als auch spirituelle Wesen (2. Korinther 5,1-10). Wir sind nicht nur durch unsere Physiologie, durch unsere persönlichen Vorlieben und Entscheidungen und durch soziale Einflüsse geprägt, sondern auch durch geistliche Kräfte – gute und böse, in uns und um uns herum (Epheser 6,10-13; Römer 7,24-25).

Sind ungerechte Verhältnisse wie zum Beispiel Armut also das Ergebnis persönlichen Verhaltens oder systemischer, ungerechter sozialer Strukturen? Die Antwort der Bibel lautet: Sie sind beides und gleichzeitig noch viel mehr. In Sprüche 10–12 lesen wir eine ganze Reihe von Sätzen, nach denen mangelnde persönliche Verantwortung einen in Armut bringen kann. So in Sprüche 10,4: „Wer schlecht und langsam arbeitet, wird arm, fleißiges Arbeiten dagegen macht reich." Ein anderes Beispiel unter vielen ist Sprüche 12,27. Aber dann lesen wir in Sprüche 13,23: „Wenn Arme sich neues Ackerland erschließen, wächst darauf reichlich zu essen, aber durch Unrecht kann alles zunichtewerden."[19] Kurz: Die Bibel führt Armut und Ungerechtigkeit weder nur auf das Verhalten des Einzelnen zurück noch nur auf systemische soziale Strukturen. Beide Dimensionen sind real, aber die Bibel geht noch einen Schritt weiter und spricht von Ungerechtigkeit, die durch Sünde verursacht ist, durch das Böse sowohl in unseren Herzen als auch in der Welt. Wir sind nicht nur Individuen und soziale Wesen, sondern auch Leib und Seele. Das Wort „Welt" (*kosmos*) im Neuen Testament meint sowohl eine materielle Realität (etwa in Johannes 3,16, wo Gott die Welt der Menschen liebt) als auch eine spirituelle Realität – die zwangsläufige Tendenz, etwas Gutes, das Gott erschaffen hat, zu einem Götzen zu machen (1. Johannes 2,15-16). Die biblische Sicht von der Gerechtigkeit trägt sowohl der persönlichen Verantwortung Rechnung als auch den sozialen Strukturen und wurzelt dabei in einem tiefen, differenzierten Verständnis des menschlichen Lebens, das weit über die alternativen Sichtweisen der Welt hinausgeht.

Kein Wunder, dass wir Menschen so komplexe Wesen sind

und dass kein Wissenschaftler der Welt uns wirklich erklären kann, wer wir sind und wie wir richtig leben. Und kein Wunder, dass die Auferstehung solch eine gute Nachricht ist, bedeutet sie doch die Heilung von allem Verfall und allem Verderben in der Schöpfung (Römer 8,21) – geistlich, sozial, moralisch, psychologisch, ethnisch, ökonomisch, kulturell und körperlich. Alle anderen Gerechtigkeitsmodelle reduzieren das Problem auf das rein Soziale, Persönliche oder Ethische. Aber durch Christus kommt eine neue Schöpfung (Jesaja 65,17-25).

Gerechtigkeit praktisch

Wie können Christen ganz praktisch Gerechtigkeit üben? Wie kann das biblische Gerechtigkeitsverständnis ihnen helfen, „Salz und Licht" und eine Stadt auf dem Berg zu sein?

Erstens: Christen können sich aktiv für Veränderungen engagieren, ohne sich auf jene politischen Polarisierungen und Grabenkämpfe einzulassen, die gesunde Veränderungen nur blockieren. Der britische Autor und Journalist James Mumford[20] spricht von „ethischen Gesamtpaketen", die die heutigen politischen Parteien ihren Mitgliedern aufdrängen. Wenn ich in den USA Sympathien mit Teilen des Programms der Demokraten oder der Republikaner habe, werde ich gleich unter Druck gesetzt, das *ganze* Programm zu unterschreiben. Die biblische Sicht von Gerechtigkeit passt, wie wir sahen, nicht in ein solches System. Sie steht oft quer zu den Parteiprogrammen und bringt Elemente zusammen, die in der säkularen Welt hier in die „konservative" und dort in die „progressive" oder „linke" Schublade gesteckt werden. Wer das kollabierende Schulsystem in verarmten Regionen der USA reformieren will, muss sich möglicherweise sowohl mit den Demokraten (wegen der Regeln für die Lehrergewerkschaften) als auch mit den Republikanern (wegen der Abhängigkeit der Schulen vom lokalen Steueraufkommen) anlegen. Die Bibel fordert uns auf, für die Armen zu sorgen und die Fremden nicht abzuweisen, aber sie schreibt uns nicht vor, *wie* dies genau zu geschehen hat. Die Prinzipien der „allgemeinen Gerechtigkeit", die die Bibel uns gibt, müssen je nach Zeit und Ort unterschiedlich umgesetzt werden. Dies erfordert Weisheit und Abwägen und nicht doktrinäre politische Programme.

Die biblische Sicht von Gerechtigkeit – quer zu den üblichen Schubladen

Zweitens: Christen, die zusammen mit anderen Menschen für mehr Gerechtigkeit arbeiten, müssen bereit sein, sich dabei als Christen zu outen, auch wenn sie natürlich die anderen als gleichberechtigte Partner betrachten. Eine der größten Schwächen unserer säkularen Gesellschaft ist die, dass unseren ethischen Idealen (wie Menschenrechte und Einsatz für die Armen) die moralische Quelle fehlt. Der christliche Glaube gibt uns eine starke Motivation, die Opfer an Geld und Kraft aufzubringen, die nötig sind, wenn wir eine humanere und gerechtere Gesellschaft aufbauen wollen, während die säkulare Welt ohne solch eine Motivation dasteht. Die schwierigste Frage, die man einem säkularen Kämpfer für Gerechtigkeit stellen kann, lautet: „Ich will, dass sich jemand um *meine* Nöte kümmert, aber warum soll ich Opfer bringen für die Nöte dieser anderen Leute, die ich noch nicht einmal kenne?" Wo Christen sich (ohne dabei selbstgerecht oder arrogant zu sein) als Christen zu erkennen geben und den persönlichen Preis zahlen, den ihr Einsatz für Gerechtigkeit sie kostet, dienen sie ihrem Herrn und tun ihren Freunden etwas Gutes. Sie bezeugen das Wirken Gottes in ihrem Leben und zeigen der Welt, dass es durchaus moralische Ressourcen gibt, die geeignet sind, das schwierige

Werk des Einsatzes für Gerechtigkeit zu motivieren und zu unterstützen.

Drittens: Aus den oben genannten Gründen bin ich dafür, dass Christen sich vor allen Dingen vor Ort sowie für konkrete Projekte engagieren, anstatt sich an den großen nationalen Debatten zu beteiligen. An zahlreichen Orten der westlichen Welt sind unsere nationalen Institutionen nicht mehr in der Lage, Gesetze zu entwickeln durch Kompromisse, hinter denen die größtmögliche Zahl von Menschen und Wählern steht, sondern sind stattdessen zu „Plattformen“ mutiert, auf denen die Politiker ihre Basis beschallen, anstatt mit anderen Gesetzgebern und Politikern zu kooperieren.[21] Es wird in der Regel mehr bewegt werden, wenn Christen sich auf ein wichtiges lokales Thema konzentrieren, wie öffentliche Schulen, lokale Rechtspflege, Diskriminierung auf dem Wohnungsmarkt oder im Gesundheitssystem und viele andere Projekte, bei denen reale Fortschritte möglich sind.[22]

Auferstehungsgerechtigkeit

Die Auferstehung bedeutet, dass Gott die Welt keineswegs aufgegeben hat.[23] Die Auferstehung Christi bestätigt, wie wichtig das körperliche Leben ist. „[Gott] mag die Materie. Er hat sie gemacht“, schreibt C. S. Lewis.[24] Aber darüber hinaus gibt die Auferstehung dem Leiden einen Sinn und gibt Hoffnung, dass durch das Leiden Heilung kommen wird. Sie garantiert, dass diese Erneuerung stattfinden wird, aber sie ist auch ein Aufruf an die Christen, hier und jetzt gegen das zu kämpfen, was böse und ungerecht ist. „Denn das Christentum ist ein streitbarer Glaube. Es ist […] überzeugt davon, dass mit der Welt, die Gott gemacht hat, eine Menge schiefgegangen ist und dass

Gott darauf besteht, und zwar lautstark darauf besteht, dass wir sie wieder in Ordnung bringen."[25] Am besten drückt N. T. Wright es aus, wenn er schreibt:

> *Die Botschaft der Auferstehung ist, dass diese Welt wichtig ist! Dass wir all den Ungerechtigkeiten und Schmerzen dieser gegenwärtigen Welt mit der Nachricht entgegentreten müssen, dass Heilung, Gerechtigkeit und Liebe gewonnen haben. […] Wenn Ostern lediglich bedeutet, dass Jesus Christus in einem spirituellen Sinne auferstanden ist, [dann] handelt es nur von mir und von einer neuen Dimension in meinem persönlichen geistlichen Leben. Aber wenn Jesus Christus leibhaftig von den Toten auferstanden ist, dann wird das Christentum zur frohen Botschaft für die ganze Welt – zu einer Botschaft, die deswegen unser Herz erwärmt, weil sie nicht nur vom Erwärmen der Herzen handelt.*
>
> *Ostern bedeutet, dass in einer Welt, wo Ungerechtigkeit, Gewalt und Erniedrigung allgegenwärtig sind, Gott nicht bereit ist, diese Dinge zu dulden – und dass wir mit all der Kraft, die Gott uns gibt, arbeiten und planen, um den Sieg Jesu über diese Dinge in die Tat umzusetzen. Man nehme Ostern weg, und Karl Marx dürfte recht gehabt haben, als er sagte, dass das Christentum die Probleme der materiellen Welt ignoriert. Man nehme Ostern weg, und Freud hatte wahrscheinlich recht, als er das Christentum eine Religion der Wunscherfüllung nannte. Man nehme Ostern weg, und Nietzsche dürfte recht gehabt haben, dass Christsein nur etwas für Schwächlinge ist.*[26]

Aber wenn Ostern tatsächlich passiert ist, dann werden es die säkularen Theorien eines Freud, Marx und Nietzsche sein, die letztendlich auf der Müllhalde der Geschichte landen.

Kapitel 11

Hoffnung angesichts des Leids

Daher will ich nun mit größter Freude und mehr als alles andere meine Schwachheiten rühmen, weil dann die Kraft von Christus in mir wohnt. […] Denn gerade dann, wenn ich schwach bin, bin ich stark. (2. Korinther 12,9-10)

Die große Umkehrung ist nicht nur die Art, wie Christen erlöst werden; sie kann auch, in den Worten von Christopher Watkin, „eine Dynamik" sein, die „hineinführt in einen Rhythmus des Lebens, eine Ethik und eine Art und Weise, die Welt zu sehen und in ihr zu leben".[1] Wenn wir die Auferstehung als eine Art und Weise betrachten, „die Welt zu sehen und in ihr zu leben", dann ändert sie vor allem die Art, wie wir Schwierigkeiten und Leiden im Leben deuten und erfahren.

Die Predigt und die Stadt

Im 2. und 5. Buch Mose geht Mose auf den Berg, um Gott zu begegnen, und kommt mit den Zehn Geboten wieder herunter – Geboten, die eine Nation schufen, die so leben sollte, dass der Rest der Welt an ihr die Herrlichkeit Gottes erkennen konnte (5. Mose 4,5-8). Ähnlich ging später Jesus auf einen Berg, um zu beten (Lukas 6,12), und als er herabkam, berief er seine zwölf

Jünger (Lukas 6,13-16) und lehrte die Menge, beginnend mit den Seligpreisungen (V. 17-23). Sein Ziel war, die Grundlage für ein neues Gemeinwesen, für eine „Gegenkultur" zu legen.[2]

Wie wir im letzten Kapitel sahen, schafft Jesu Predigt eine „Stadt auf dem Berg", eine alternative Gesellschaft, die ein Wegweiser zu der Gottesstadt ist, die am Ende der Zeiten die Erde füllen wird. In jeder Stadt sind die Christen eine Alternativstadt. John Stott weist darauf hin, dass ein Schlüsselthema in der Bergpredigt der Satz ist: „Macht es nicht wie sie" (Matthäus 6,8). Manchmal stellt Jesus seine Jünger den „Frommen" gegenüber. In Matthäus 6,1-18 kritisiert er die Gebets- und Spendenpraxis der Frommen als selbstgerecht. An anderen Stellen der Bergpredigt stellt er seine Jünger in Kontrast zu den Heiden. In Matthäus 5,43-47 kritisiert er die Art, wie die Ehren- und Schamkultur der damaligen Zeit Rache an Feinden fordert, und in Matthäus 6 die Art, wie sich seine Zeitgenossen um Wohlstand und Besitz sorgen.

> *Mit [Jesus] war die Morgenröte des neuen Zeitalters gekommen; die Herrschaft Gottes war in die Geschichte eingebrochen. „Tut Buße!", rief er, „denn das Reich Gottes ist nahe!" Die [Berg-]Predigt […] ist die vollständigste Darstellung […] der christlichen Gegenkultur [, die es gibt]. Hier finden wir ein christliches Wertesystem, einen ethischen Standard, eine religiöse Hingabe, eine Einstellung zu Geld, [Sexualität und Macht], einen christlichen Lebensstil und Beziehungsnetzwerk. […] Diese christliche Gegenkultur ist das Leben des Reiches Gottes – ein Leben, das absolut menschlich ist, aber unter der Leitung Gottes steht.*[3]

Kenner der Bergpredigt wissen, dass es sie in zwei Versionen gibt – die eine im Matthäus-, die andere im Lukasevangelium.

Die Experten streiten über die Unterschiede zwischen ihnen, aber viele weisen darauf hin, dass es keine Widersprüche zwischen ihnen gibt und dass es sehr wahrscheinlich ist, dass Jesus eine solche Predigt mehr als einmal hielt. Ich habe für dieses Kapitel die Version im Lukasevangelium gewählt, weil sie die Frage, wie Christen mit Problemen umgehen sollten, direkter anspricht.

> *Jesus blickte seine Jünger an und sagte: „Glücklich zu preisen seid ihr, die ihr arm seid; denn euch gehört das Reich Gottes. Glücklich zu preisen seid ihr, die ihr jetzt hungert; denn ihr werdet satt werden. Glücklich zu preisen seid ihr, die ihr jetzt weint; denn ihr werdet lachen. Glücklich zu preisen seid ihr, wenn ihr um des Menschensohnes willen gehasst und ausgestoßen werdet und wenn man euch um seinetwillen beschimpft und euren Namen in den Schmutz zieht. Freut euch, wenn das geschieht; tanzt und springt vor Freude! Denn im Himmel wartet eine große Belohnung auf euch. Genauso haben es ja ihre Vorfahren mit den Propheten gemacht.*
>
> *Doch weh euch, die ihr reich seid; denn ihr habt euren Trost damit schon erhalten. Weh euch, die ihr jetzt satt seid; denn ihr werdet hungern. Weh euch, die ihr jetzt lacht; denn ihr werdet trauern und weinen. Und weh euch, wenn alle Leute gut von euch reden! Genauso haben es ja ihre Vorfahren mit den falschen Propheten gemacht." (Lukas 6,20-26)*

Das „Reich Gottes" wird gleich im ersten Satz erwähnt (V. 20). Wenn wir das Wort „Reich" hören, denken wir gerne an ein Land oder Gebiet, aber das im Urtext benutzte griechische Wort meint nicht so sehr ein Territorium als vielmehr eine *Herrschaft*, also die Art, wie eine Gruppe von Menschen verwaltet und regiert wird. Wenn Sie an Ihrem Arbeitsplatz einen neuen Abteilungsleiter bekommen oder im Sportverein einen neuen Trainer, dann wird sich gewöhnlich einiges ändern. Der „Neue“ hat andere Prioritäten, Werte und Schwerpunkte. Jesus sagt hier also: „Wenn ihr an mich glaubt, kommt ihr in mein Reich hinein, und ich werde euch jetzt über die Werte in meinem Reich informieren, die anders sind als die des Reiches dieser Welt.“ Für beide Reiche formuliert Jesus vier Grundwerte:

Die Welt – Die schönen Dinge		**Jesu Reich – Die schweren Dinge**	
reich	Macht	*arm*	Schwäche
satt	Komfort	*hungrig*	Mangel
lachen	Erfolg	*weinen*	Verlust
Alle reden gut von uns	Anerkennung	*gehasst*	Ausgrenzung

Schauen wir uns als Erstes die Werte der Welt an. Jesus spricht hier von Menschen, die reich, satt, vergnügt und beliebt („Alle reden gut von uns“) sind. Die erste Eigenschaft steht für *Macht*, denn das ist letztlich das, was Reichtum bzw. Armut bedeuten – unterschiedliche Möglichkeiten, andere Menschen zu beeinflussen und zu lenken. Die zweite Eigenschaft steht für *Komfort*. Dies sind die Menschen, die satt sind; sie können in die besten Restaurants gehen, die besten Kleider tragen, sich die schönsten Häuser leisten. Die dritte Eigenschaft, „lachen“, ist im Griechischen das Wort für ein selbstgefälliges Sich-in-etwas-Sonnen. Was Jesus hier meint, ist nicht so sehr Glücklichsein als vielmehr *Erfolg*. Dies sind die Leute, die gekämpft und gewonnen haben und sich jetzt damit brüsten: „Schaut her, wie weit *ich* es gebracht habe! Ich habe gewonnen, ihr habt verloren.“ Und viertens erwähnt Jesus Menschen, über die alle Welt gut redet. Dies sind die Leute, die *Anerkennung* erlangt haben, vielleicht sogar Berühmtheit.

Dagegen stellt Jesus die Liste der Werte, die in *seinem* Reich gelten. Die Menschen, die „glücklich zu preisen“ sind, führen ein Leben, das dem der Menschen der Welt genau entgegengesetzt ist. Wir können dies folgendermaßen umschreiben: Das Reich Gottes ist gekennzeichnet durch Schwäche, Mangel, Verlust und Ausgrenzung. Das ist die Situation von Menschen, die *keine* Macht, Behaglichkeit, Erfolg und Anerkennung erleben.

Diese Listen haben die Hörer Jesu sprachlos gemacht und fordern uns heute noch genauso heraus. Wer möchte in *so* einem Reich leben? Auf den ersten Blick scheint Jesus hier zu sagen, dass erfolgreiche Menschen nicht zu seinem Reich gehören können, sondern nur die Gescheiterten, Entrechteten und Armen. Aber wir haben ja bereits gesehen, dass Gott auch Reiche in sein Reich ruft. Denken wir nur an Abraham und Hiob im Alten Testament oder Josef von Arimatäa im Neuen. Michael Wilcock hat in seinem Lukas-Kommentar die Gesamtaussage von Lukas 6 prägnant zusammengefasst:

> *Im Leben des Volkes Gottes finden wir zunächst einmal eine bemerkenswerte Umkehr der Werte (Lukas 6,20-26). Gottes Leute schätzen, was die Welt als kläglich betrachtet, und was die Welt für wünschenswert hält, betrachten sie mit Argwohn.*[4]

Jesus fordert uns, wohlgemerkt, nicht auf, Schwäche, Mangel und Ausgrenzung aktiv zu suchen, und er sagt auch nicht, dass wir gegenüber den Kräften in der Welt, die uns Böses tun können, naiv und passiv sein sollten. Das Buch der Sprüche warnt ausdrücklich vor einem Verhalten, das zu Armut, Enttäuschung und Verlust führt. Was Jesus uns hier sagt, ist, dass wir mit Schwäche, Mangel, Verlust und Ausgrenzung schneller

Bekanntschaft machen können, als wir ahnen, weil das die Welt ist, in der wir leben. Und wenn es dann so weit ist, dann sollten wir darauf auf eine Art reagieren, die aus Fluch Segen und aus Tod Leben macht.

Die schönen und die schweren Dinge

Eine Möglichkeit, diese Lehre Jesu zu verstehen, ist, dass man sie sich als zwei Listen vorstellt: hier die „schönen Dinge", dort „die schweren Dinge". Reichtum, Zufriedenheit, Erfolg und Anerkennung sind in der Tat schöne Dinge, und ihre Gegenstücke sind schwer zu ertragen. Aber die Menschen dieser Welt suchen in den schönen Dingen ihren tiefsten „Trost" (V. 24). Das mit „Trost" übersetzte griechische Wort, *paraklesis*, bezeichnet in der Bibel auch den Trost und die Erfüllung, die der Heilige Geist, der „Tröster" („Paraklet"), uns schenkt (Johannes 14,26; 15,26; 16,7). Natürlich haben sowohl Christen wie Nichtchristen gerne Erfolg im Leben, aber im Realitätsverständnis der Menschen der Welt ist ein erfolgloses Leben total sinnlos und unerträglich. Ihr Herz und ihre Identität hängen vollständig an Erfolg, Anerkennung, Zufriedenheit und Reichtum. Diese Dinge sind ihr ganzer Ruhm (Jeremia 9,22-23), und wenn die schönen Dinge vorbei sind und die schweren kommen, ist das praktisch das Ende des Lebens.

Ein biblisches Beispiel dafür ist das Gleichnis vom reichen Mann und armen Lazarus in Lukas 16,19-31. Lazarus (der Name bedeutet: „Gott hilft mir") ist die einzige Person in den Gleichnissen Jesu, der er einen Namen gibt. Er tut dies, um auf eine unsichtbare Realität hinzuweisen, die erst nach dem Tod sichtbar wird. In den Augen der Welt sind es die Armen, die zu einer namenlosen Masse gehören und deren Gräber keiner kennt, während die Reichen sich einen großen Namen machen und in Monumentalgräbern beisetzen lassen. Doch Lazarus kommt nach dem Tod in den Himmel, während der Reiche in der Hölle landet – eine „glatte Umkehr der üblichen Anonymität der Armut und der einen Namen machenden Wirkung des Reichtums".[5] Damit wird deutlich: Der Reiche hat keinen Namen, weil sein Besitz alles war, was er hatte. Er hatte seine Macht zu seiner Identität gemacht. Er war entweder ein Reicher oder ein Niemand. Ohne seinen Besitz – ohne die schönen Dinge – war nichts mehr von ihm übrig. Lazarus dagegen hatte ein Leben, das voll von schweren Dingen war, war aber offenbar ein Mann des Glaubens und der Tugend. Gut möglich, dass die schweren Dinge ihn zu Gott trieben, wo er sich selber fand.

Der Reiche hat keinen Namen, weil sein Besitz alles war, was er hatte.

Schöne Dinge, die wir ohne den Glauben an Gott empfangen, enttäuschen oder versklaven uns oder werden uns zum Fallstrick. Der amerikanische Autor und Hochschullehrer David Foster Wallace sagte einmal: Wenn du etwas anderes als einen echten Gott anbetest, „wird es dich bei lebendigem Leibe auffressen".[6] Wenn die Bibel sagt, dass wir „als Gottes Ebenbild" erschaffen sind (1. Mose 1,27), meint sie dies unter anderem so, dass wir ein Spiegel sind, der Gottes Herrlichkeit sehen und reflektieren soll, und dass wir ihm immer ähnlicher werden, indem wir ihn anbeten, ihm dienen und ihm Freude machen. Dazu sind wir da, und wenn stattdessen unsere Seele etwas anderes „anschaut" und wir irgendetwas mehr lieben als Gott, handeln wir gegen unseren eigenen Bauplan und gegen den des Universums. Das Ergebnis ist immer das Gegenteil dessen, was die Welt erwartet und sucht. Macht wird zum Schluss zu Schwäche. Erfolg ohne Gott ist in Wirklichkeit Scheitern und die Zeit wird dies unerbittlich zeigen. „Den Hungrigen hat er die Hände mit Gutem gefüllt, und die Reichen hat er mit leeren Händen fortgeschickt" (Lukas 1,53).

Schwere Dinge und beste Dinge

Schöne Dinge, die wir ohne Gott empfangen, werden uns zum Fluch. Dagegen entdecken Menschen, die schwere Dinge im Glauben an Gott annehmen, wie die scheinbaren Flüche sich in Segnungen verwandeln. Oft kommt es zu dieser Umkehrung erst nach diesem irdischen Leben, wie das Gleichnis von Lazarus uns zeigt. Aber es gibt viele Christen, die schon hier und jetzt, wenn sie auf das Schwere in ihrem Leben zurückschauen, entdecken, wie Gott sie gerade durch ihre Probleme und ihre Schwäche gesegnet hat. Christen empfinden das Schwere im Leben nicht als etwas Wünschenswertes, aber sie kennen die große Wahrheit, dass schwere Dinge, die wir im Glauben an Gott entgegennehmen, uns letztlich zu den besten Dingen bringen.

In ihrer Rede vor Absolventen der Universität Harvard, die den Titel „The Fringe Benefits of Failure" (deutsch etwa: „Der zusätzliche Nutzen des Scheiterns") trug, ging die Harry-Potter-Autorin J. K. Rowling dem häufigen Phänomen nach, dass wir nur durch Versagen und Niederlagen entscheidende Lektionen im Leben lernen – über das Wesen des Menschen, über unsere eigenen Stärken und Schwächen, über unseren Beruf –, die dann die Grundlage unserer späteren Erfolge bilden. Aber die Verheißung des Reiches Gottes bedeutet noch viel mehr.

Jesus verspricht uns, dass bei denen, die ihm im Glauben nachfolgen, die schweren Dinge zu den besten Dingen führen werden. Und er sagt uns auch, was diese Dinge sind:

schwere Dinge	**beste Dinge**
schwach	Reich Gottes
hungrig	satt
weinen	lachen
gehasst werden	großer Lohn im Himmel

Das erste „beste Ding", das Jesus erwähnt, ist das Reich Gottes selber. Bürger dieses Reiches werden wir in dem Augenblick, wo wir unser Vertrauen auf Christus setzen (Kolosser 1,13; Epheser 2,9; Philipper 3,20). Wir haben jetzt ein „Erbe" der Herrlichkeit (1. Petrus 1,4), das nach dem Tod auf uns wartet. Paulus schreibt, dass die Nöte dieser Welt – unsere schweren Dinge – uns innerlich und geistlich erneuern und vorbereiten auf „eine unermesslich große Herrlichkeit, die ewig andauern wird" (2. Korinther 4,17[7]). Was für eine gewaltige Aussicht! „Herrlichkeit" meint in der Bibel Schönheit, Wichtigkeit, Größe und Macht. Unsere schweren Dinge führen uns in eine größere Abhängigkeit von Gott und dies führt schon in unserem irdischen Leben zu mehr Liebe, Freude, Frieden, Geduld, Freundlichkeit, Demut und Selbstbeherrschung – auch hier gibt es also einen Vorgeschmack auf unsere zukünftige herrliche Schönheit des Charakters. Und diese künftige Herrlichkeit, die nach den Worten des Paulus jedes Vorstellungsvermögen übersteigt, ist den Bürgern des Reiches Gottes garantiert.

Das letzte „beste Ding", das Jesus nennt, sagt er den Verfolgten: „Im Himmel wartet eine große Belohnung auf euch" (Lukas 6,23). Hier sprengt er die Grenzen der üblichen Weisheit der Welt, dass man „aus Niederlagen lernen" kann oder dass „nach jedem Regen die Sonne wieder scheint". Diese Lebensweisheiten funktionieren einfach nicht angesichts der vielen furchtbaren Katastrophen, die Menschen tagtäglich erleben müssen. Nicht nur kommen solche Sprüche oft einer Trivialisierung des Leidens gleich, sondern vieles von dem Schweren, das wir erleben, ist zu schwer, um in einer Kosten-Nutzen-Statistik, die sich auf diese irdische Welt beschränkt, je ausgeglichen werden zu können. Aber was, wenn es einen Himmel gibt – einen Himmel, der „eine Welt der Liebe" ist und unendlich herrlicher und erfüllender als die wunderbarsten Momente meines Lebens auf der Erde? Ein bekanntes Zitat von Teresa von Ávila bringt es auf den Punkt: „Vom Himmel aus betrachtet, wird selbst das elendeste Leben nicht schlimmer aussehen als eine einzige Übernachtung in einer schlechten Herberge.“[8] Sie hätte genauso gut sagen können: „tausend elendeste Leben“.

Nicht nur werden viele furchtbare Dinge des irdischen Lebens wiedergutgemacht werden, wenn dieses Leben vorbei ist, sondern alle schweren Dinge, die wir annehmen in Treue zu dem, der für uns alles Schwere getragen hat, werden zum Besten und zur Herrlichkeit dienen müssen. Die Erfahrung der Schwäche gibt uns eine Kraft, die wir sonst nie bekommen hätten und die uns losmacht von versklavenden Bindungen und eine neue Freiheit gibt. Die vollkommene Freude (das „Lachen“ und „Satt-Sein“) werden wir erst erleben, wenn wir unseren Herrn von Angesicht zu Angesicht sehen, doch schon in diesem Leben erfahren wir immer mehr und tiefere innere Zufriedenheit und Erfüllung, je mehr wir für Christus und unsere Mitmenschen leben und nicht für uns selber. Am Ende seines Buchs *Pardon, ich bin Christ* schreibt C. S. Lewis:

> *Das Prinzip zieht sich von vorn bis hinten durch unser ganzes Leben. Gib dich selbst auf, und du wirst dein wahres Selbst finden. Verliere dein Leben, und du wirst es retten. Unterwirf dich dem Tod – dem Tod deiner Ambitionen und Wünsche an jedem Tag und dem körperlichen Tod am Ende –, unterwirf dich mit allen Fasern deines Lebens, und du wirst ewiges Leben finden. Halte nichts zurück. Nichts, was du nicht dahingegeben hast, wird je wirklich dir gehören. Nichts in dir, was nicht gestorben ist, wird je von den Toten auferstehen. Geh auf die Suche nach dir selbst, und du wirst auf die Dauer nur Hass, Einsamkeit, Verzweiflung, Wut, Auflösung und Verfall*

finden. Aber geh auf die Suche nach Christus, und du wirst ihn finden und mit ihm alles andere obendrein.[9]

Christen erkennen, dass in Jesus der Weg nach oben nach unten führt, dass der Weg zu echter Macht darin besteht, die Macht aufzugeben, um zu dienen, dass der Weg zu wahrem Reichtum über radikale Großzügigkeit mit allem, was ich besitze, führt und dass der Weg zum wahren Glück nicht darin besteht, mein eigenes Wohl zu suchen, sondern vor allem das Wohl der anderen. *So* hat Jesus die Welt erlöst und uns ein neues Leben gegeben und dies ist die Art, wie Christen die Welt sehen und ihr Leben führen.

Gott gedachte es gut zu machen

Die Bergpredigt ist nicht die einzige Stelle in der Bibel, die zeigt, wie die Auferstehung uns hilft, mit den Widrigkeiten des Lebens fertigzuwerden. Die Geschichten von Jakob und Josef, die einen breiten Raum im 1. Buch Mose einnehmen, sind zwei der besten Illustrationen der berühmten biblischen Verheißung: „Alles trägt zum Besten derer bei, die Gott lieben" (Römer 8,28).

Jakob hatte sehr darunter gelitten, dass sein Vater seinen Bruder Esau eindeutig bevorzugte. Um den Segen und damit die Liebe und das Erbe seines Vaters an sich zu reißen, griff Jakob zu Lügen, Intrigen und anderen Mitteln, Macht über andere zu erlangen. Doch als er dann seine eigene Familie hatte, mutete er seinen Söhnen dasselbe zu: Er hatte seinen eigenen Lieblingssohn, Josef, den er seinen elf Brüdern vorzog. Dies machte die Brüder zutiefst verbittert und neidisch, aber verzerrte auch Josefs Selbstwahrnehmung. Seine Arroganz und

Wichtigtuerei äußerten sich in Träumen, in denen er der Herr über seine Brüder war – Träume, die selbst seinen Vater verärgerten (1. Mose 37,10).

Josef und der Gott, der die Dinge auf den Kopf stellt

Josefs Brüder verkauften ihn schließlich heimlich an arabische Sklavenhändler, die ihn in Ägypten an den Chef der königlichen Leibwache verkauften. Dort wurde er zu Unrecht der versuchten Vergewaltigung angeklagt. Nun war er nicht nur Sklave, sondern fand sich im Kerker wieder und musste um sein Leben fürchten. Aber dort im Gefängnis beginnt Josef, sich zu verändern. „Während seiner Gefangenschaft läuterte das Wort des HERRN Josef [...] (Ps 105,17-19). So benutzte Gott Josefs Lebensumstände, um ihn dazu zu bringen, ihm zu vertrauen."[10] Die Überheblichkeit, die sonst sein Leben und das der Menschen in seiner Umgebung zerstört hätte, war gebrochen.

Als Josef einen Traum des Pharao deuten kann, kommt er aus dem Gefängnis frei und wird der erste Minister im Königreich. Er führt ein Hungerhilfeprogramm durch, das nicht nur Tausende Ägypter vor dem sicheren Hungertod bewahrt, sondern auch das Leben seiner eigenen Verwandten rettet. Josefs Wiedersehen mit seinen Brüdern, das in 1. Mose 42–45 erzählt wird, führt zu ihrer Reue und schließlich zur Versöhnung.

Doch als Jakob gestorben ist, bekommen Josefs Brüder Angst, dass er ihnen das Böse, was sie ihm angetan hatten, heimzahlen wird. Sie treten vor ihn, um um Gnade zu bitten, und er sagt ihnen:

> *Habt keine Angst! Wie könnte ich denn Gottes Entscheidung infrage stellen? Ihr hattet Böses mit mir vor, aber Gott hat alles zum Guten gewendet. Er hat auf diese Weise vielen Menschen das Leben erhalten. (1. Mose 50,19-20)*

Josef entschuldigt die Sünde seiner Brüder nicht; sie hatten sie mit Absicht begangen. Ihre Intention war, ihn zu vernichten. Aber Gott benutzte dieses Böse in seiner Weisheit dazu, Josefs Charakter zu heilen und ihn zu einem großen Mann zu machen. Und auch dazu, Josef aus Kanaan nach Ägypten zu bringen, an den Ort, wo er am meisten Gutes tun konnte – ganz allgemein für die Welt und besonders für seine Angehörigen. Wie Jesus wurde auch Josef „zum Überwinder, indem er sich überwinden ließ."[11] Die „Auferstehung" Josefs zu einem Rang von Größe und erlösendem Einfluss („die Rettung vieler Leben") war nur möglich, indem zuerst alle seine ursprünglichen Hoffnungen und sein ursprüngliches Glück in einem ägyptischen Kerker starben.

Josef hat sein ganzes Leben in dem Satz zusammengefasst: „Ihr hattet Böses mit mir vor, aber Gott hat alles zum Guten gewendet." Mit diesen Worten hat er das Grundmuster der Erlösung, die Jesus bringt, auf sich selber angewendet. Er konnte dies damals noch nicht wissen, aber wir wissen: Wenn wir an Jesus glauben, werden wir durch diesen Glauben mit seinem Tod und seiner Auferstehung vereinigt werden (Kolosser 2,12; Römer 6,4; Epheser 2,6), sodass das paradoxe Strukturmuster des Lebens Jesu der Schlüssel zum Verständnis unserer eigenen Lebensgeschichte wird.

Halten wir einen Augenblick inne und überlegen uns, was für eine große Hilfe uns dies sein kann. Wenn wir eine Wanderung machen und einen hohen Aussichtspunkt erreicht haben, haben wir plötzlich einen Überblick darüber, wie unser Weg verlaufen ist. Unten im Tal haben wir uns vielleicht verlaufen, aber von hier oben sehen wir ganz genau, wo wir waren und wo wir hin müssen. In den „Tälern" unseres Lebens ist es schwierig, realistisch wahrzunehmen, was gerade vor sich geht, vor allem dann, wenn wir durch Enttäuschung, Misserfolg und

Leiden hindurch müssen. Man kann mit solchen Erfahrungen optimistischer oder pessimistischer umgehen. Optimisten sehen Schwierigkeiten grundsätzlich als vorrübergehende Störungen. Sie glauben zu wissen, dass die Welt im Grunde ein sicherer Ort ist und dass, wenn man richtig lebt, schon alles gut werden wird. Augen zu und durch, bis die Krise vorbei ist. Für Pessimisten dagegen ist die Welt grundsätzlich ein trostloser Ort. Ihre Philosophie lautet: „Das Leben ist Schmerz […] und wer etwas anderes behauptet, will uns nur etwas verkaufen."[12] Und: „Die Menschen warten nur darauf, einem ein Messer in den Rücken zu stoßen. Du kannst niemandem vertrauen, das Leben ist ein Betrüger." Für Pessimisten sind Katastrophen keine Anomalien, sondern der Normalfall. Unten im „Tal" des Lebens, wo wir die Gipfelperspektive, die das Evangelium uns bringt, nicht haben, bewegen sich unsere Reaktionen auf die Probleme des Lebens zwischen diesen beiden Extremen. Es ist ein Entweder-oder. Entweder das Leben ist gut und deswegen ist auch Gott gut – oder das Leben ist böse und damit ist auch Gott böse oder er existiert nicht.

Josef war es mit Gottes Hilfe gelungen, aus dem Tal herauszuklettern, und jetzt sah er, dass sowohl Optimisten als auch Pessimisten teilweise recht haben, aber letztlich beide fundamental falschliegen. Einerseits: Leiden ist *nicht* normal! Gott ist ein guter Gott, wie der Optimist ganz richtig spürt. Der Herr hat ursprünglich die ganze Welt ohne Böses, Leiden und Tod erschaffen, und er ist dabei, die Geschichte umzudrehen und alles gut zu machen. Er war bereit, am Kreuz einen unendlichen Preis zu zahlen, um dies möglich zu machen. Doch andererseits: Leiden ist keine Anomalie! Weil die Menschen sich einst von Gott abgekehrt haben, ist die Welt ein sehr finsterer Ort, wie der Pessimist ganz

Leiden ist *nicht* normal! – Leiden ist keine Anomalie!

richtig spürt. Menschen, die redlich leben, sollten nicht erwarten, dass ihr Leben glatt verlaufen wird; Jesus hat das auch nicht erwartet.

Josefs Perspektive, die Gott ihm gegeben hatte, hielt zwei Dinge zusammen, die die rein menschliche Perspektive nicht zusammenhalten kann. Er sagte: „Das Leben ist voller Schmerz", aber auch: „Gott ist gut." Und er wusste das, weil Gottes Güte uns im Allgemeinen durch Probleme und Schwäche hindurch erreicht und Gott eines Tages das Leiden und das Böse für immer abschaffen wird.

Jakob und Gottes gekreuzte Arme

Gegen Ende der Geschichte Josefs erleben wir auch das Ende von Jakobs Leben. Kurz bevor sein Vater stirbt, bringt Josef seine beiden Söhne – Manasse und Efraim – zu ihm, damit er sie segnet (1. Mose 48,1-22). Die beiden waren ihm von seiner ägyptischen Ehefrau geschenkt worden und es war damit zu rechnen, dass manche der Israeliten deswegen diese Söhne nicht als rechtskräftige Erben Jakobs anerkannt haben würden. Durch den Segen Jakobs wollte Josef hier Klarheit schaffen. Jakob erinnert als Erstes an Gottes Bund mit ihm, in welchem Gott ihm und seinen Nachkommen Land und Segen versprochen hatte (V. 3-4). Er fährt fort, dass Manasse und Efraim, obgleich in Ägypten geboren, zu seinen Nachkommen zählen und ihren Anteil an seinem Erbe erhalten sollen (V. 5-7). Josef ist zufrieden; dies ist genau das, was er gewollt hat.

Darauf stellt Josef seine Söhne so nah vor Jakob, dass er sie segnen kann. Efraim steht dabei, von Jakob aus gesehen, links und Manasse rechts. Die rechte Hand galt damals als die ehrenvollere; mit ihr gab man dem ältesten Sohn den größeren Segen und ernannte ihn zum Haupt der Familie. Josef erwartet nichts anderes, als dass sein Vater Manasse, dem Erstgeborenen, die rechte Hand auflegen wird, während Efraim die linke bekommt. Doch zu jedermanns Erstaunen kreuzt Jakob seine Arme, sodass seine rechte Hand auf Efraims Kopf zu ruhen kommt (V. 14). Josef ist irritiert. Kann sein Vater nicht mehr richtig sehen? Fängt er vielleicht an, dement zu werden? Und Josef sagt sinngemäß: „Vater, einen Augenblick, bitte! *Das* hier ist der Sohn, der den größeren Segen bekommt. Das ist der Richtige; der andere ist der Falsche" (siehe V. 18). Worauf Jakob erwidert: „Lass nur, Josef, ich weiß genau, was ich tue. Der Sohn, den du für den Falschen hältst, ist in Wirklichkeit der Richtige" (siehe V. 19). Jakob widersetzt sich den Normen von Sippe und Kultur und gibt dem jüngeren Enkel den größeren Segen.

Dies war nicht zuletzt eine prophetische Handlung, die Gott ihm eingegeben hatte, denn er fuhr fort: „Aber sein jüngerer Bruder wird größer sein als er, seine Nachkommen werden zu einer Vielzahl von Völkern werden" (V. 19). Bemerkenswert ist, dass Hebräer 11,21 in Jakobs Segnung der beiden Söhne Josefs den ersten *Glaubens*akt seines Lebens sieht („Durch den Glauben segnete *Jakob*, als er starb, die beiden Söhne Josefs und neigte sich über die Spitze seines Stabes"[13]). Dies bedeutet, dass hier mehr vorging als nur eine Prophezeiung über die Zukunft zweier Jungen.

Endlich hatte Jakob begriffen, dass Gott ein Gott der „gekreuzten Arme" ist, der die weltlichen Definitionen von Größe und Status auf den Kopf stellt. Seine Weigerung, zuerst den Erstgeborenen des stolzen Vaters zu segnen, ist ein Fingerzeig auf Gottes Methode der gekreuzten Arme in seinem Gnaden- und Erlösungshandeln, das immer der Logik der Welt entgegenläuft. In der Ökonomie der Welt ist der Erste der Erste und der Letzte der Letzte; in der Ökonomie des Evangeliums werden die Ersten die Letzten und die Letzten die Ersten sein. Das ist der Schlüssel zum Verstehen der Wege Gottes in der

Welt. Für das Denken der Menschen ist es völlig abwegig. Ein um das andere Mal arbeitet Gott in der Welt mit dem, was die Welt für das Schwächere hält.

Es geht hier nicht nur darum, dass Gott „ein Herz für Verlierer hat". Es geht um das tiefste Wesen Gottes und um die Art, wie er die Welt erlösen will. Die Evangelien berichten, wie der Messias als Sohn armer Eltern in einem Futtertrog zur Welt kommt. Er hat weder politische Beziehungen noch militärische Macht. Wieder und wieder wendet Jesus sich den Randgruppen, den Prostituierten, den Zolleinnehmern, den Heiden, den Frauen und Kindern zu und weist die sozialen Insider, die Hochanständigen und die Frommen zurück. Und zum Schluss, in seinem größten Erlösungsakt, lässt er sich schlagen und hinrichten. Immer wieder geschieht Erlösung auf eine Art, die der Logik der Welt genau entgegengesetzt ist. Gott handelt immer entgegen unseren Erwartungen, segnet den „falschen Sohn" und wirft das System der Welt über den Haufen.

Gott segnet den „falschen Sohn" und wirft das System der Welt über den Haufen.

Und so ist diese Szene in der Tat der Höhepunkt von Jakobs Glaubensleben. Endlich blickt er (wie Josef) zurück auf sein Leben und erkennt das paradoxe Muster von Stärke und Schwäche und wie Gott immer bei ihm gewesen ist, auch wenn er weit weg zu sein schien. Ein Ausleger kommentiert diesen Abschnitt in 1. Mose 48 so:

> *Es liegt eine verhaltene Ironie in der Tatsache, dass dies gerade so eine Situation ist wie die, in der er in seiner Jugend seinen Bruder betrogen hatte. Wieder bekommt der jüngere Bruder den Erstgeburtssegen, aber diesmal ohne Intrige und bitteren Nachgeschmack. Es ist ein Lehrstück des stillen Glaubensgehorsams.*[14]

Sein ganzes Leben lang hatte Jakob gemeint, Gott „helfen“ zu müssen, indem er seine eigenen Pläne verfolgte und selber versuchte, Einfluss und Macht zu erlangen. Er hatte gelogen und betrogen, um den Erstgeburtssegen seines Vaters zu erlangen. Jetzt sieht er endlich ein, wie falsch dies war und dass wir Gottes Segen durch Treue in Schwäche bekommen.

Und so erteilt Jakob am Ende seines Lebens Josef einen behutsamen Nachhilfeunterricht, Gottes freie Gnade und seine Erlösung, die unserer menschlichen Intuition so zuwiderläuft, zu akzeptieren. Er schaut auf sein Leben zurück und sagt nicht mehr: „Alle sind sie gegen mich!“ (vgl. 2. Mose 42,36), was ja so viel bedeutete wie: „Alles, was mir geschieht, führt nur zum Schlimmsten.“ Er hatte den Eindruck gehabt, dass Gott auf Schritt und Tritt hinter den Kulissen am Werk war, um ihn ins Elend zu stürzen. Jetzt kann er sagen, dass Gott „mein Leben lang mein Hirte war“ (1. Mose 48,15), ja dass sein Engel ihn „aus jeder Not befreit hat“ (V. 16). Dies ist das genaue Gegenteil von dem, was er früher glaubte. Jetzt, wo er auf seine Leiden und Prüfungen (die Flucht aus seiner Heimat, der Betrug Labans, der viel zu frühe Tod von Rahel, der Verlust Josefs) zurückschaut, hat er den Nerv, sie als etwas zu beschreiben, wo Gott jedes Mal sein „Hirte“ war, der ihn „aus jeder Not befreit hat“. Gott *war* hinter den Kulissen am Werk – aber aus Liebe und zu Jakobs Bestem.

Freude durch Leiden

Vergeude deinen Schmerz nicht

Das Muster der großen Umkehrung zeigt sich auch in den Psalmen.

Das Alte Testament ist voll von Zusagen, dass Gott sein Volk in Zeiten der Sorgen und des Leidens nicht verlässt. Psalm 30,2-6 ist typisch. Der Psalmist betet: „HERR, mein Gott, im Gebet schrie ich zu dir, und du hast mich geheilt" (V. 3). Und dann fordert er die Gemeinde auf: „Singt und musiziert für den HERRN", denn „noch am Abend weinen wir – doch am Morgen kehrt wieder Jubel ein" (V. 5-6). Er sichert der Gemeinde zu, dass nach dem Schmerz Freude kommen wird.

Aber das Alte Testament deutet noch etwas anderes an: eine Freude, die nicht *trotz* des Leidens kommt, sondern *durch* das Leiden. In Psalm 126,5-6 lesen wir: „Wer unter Tränen die Saat ausstreut, wird voll Jubel die Ernte einbringen. Weinend geht der Sämann jetzt über den Acker, mit sich trägt er den Samen zur Aussaat. Voll Jubel kommt er dann heim von der Ernte, den Arm voller Garben." Es ist ein packendes Bild. Das Saatgut besteht aus *Tränen* und *Weinen*. Gepflanzt werden Tränen, geerntet wird Freude.

Gepflanzt werden Tränen, geerntet wird Freude.

Dieser Psalm legt nahe, dass es ein Weinen und Trauern gibt, das Frucht bringt – eine Frucht, zu der eine Freude gehört, die tiefer ist als die Freuden der Welt. Es ist in dieser Welt unvermeidlich, dass wir weinen – aber *säen* wir unsere Tränen? Vergeuden wir unseren Schmerz oder wissen wir, wie man richtig weint? Wenn ein Sämann sein ganzes Saatgut einfach an einer Stelle auf die Erde schüttet, wird es keine Ernte geben. Ähnlich wird es kaum bei uns oder unseren Mitmenschen Frucht bringen, wenn wir unserem Schmerz einfach freien Lauf lassen.

Weinend die Saat ausstreuen – das bedeutet mehr, als nur unser Herz auszuschütten. Wir sollen unsere Tränen säen, nicht verschwenden.

Der 126. Psalm sagt uns nicht, wie man das macht – seine Tränen säen –, aber das ist vielleicht auch gar nicht nötig. Der gesamte Psalter ist voll von sogenannten „Klagepsalmen", wo Menschen ihr Leid und ihren Schmerz vor Gott ausbreiten und durchbeten und damit der Wut, dem Selbstmitleid und der Verzweiflung entgehen, die unser Herz so leicht vergiften, verbittern und verhärten, anstatt es weiser und besser zu machen.

Also: Es gibt einen Schmerz, der Freude *hervorbringt.* Im Neuen Testament sehen wir, warum dies so ist und wie das geschieht.

Unaussprechliche Freude

Das biblische Buch, das dieses Prinzip vielleicht am deutlichsten auf das Leiden anwendet, ist Paulus' 2. Korintherbrief, wo er im ersten Kapitel die schweren Prüfungen und großen Schwierigkeiten erwähnt, die er und seine Begleiter in Kleinasien durchzustehen hatten.

> *Ihr müsst nämlich wissen, Geschwister, dass das, was wir in der Provinz Asien durchmachten, so überaus schwer auf uns lastete und unsere Kräfte so sehr überstieg, dass wir schließlich nicht einmal mehr damit rechneten, mit dem Leben davonzukommen. Wir kamen uns vor, als wäre das Todesurteil über uns gesprochen worden. Aber das alles geschah, damit wir nicht auf uns selbst vertrauten, sondern auf Gott, der die Toten zu neuem Leben erweckt. (2. Korinther 1,8-9)*

Aus dieser Schwäche war eine neue Kraft gekommen, neue Zuversicht, Mut und der Friede, die der bekommt, der sich nicht auf seine eigenen Fähigkeiten, sondern auf Gott verlässt. Doch dies war nicht die einzige Frucht, die auf Paulus' Tränen gewachsen war. Er erklärt seinen Lesern gleich zu Anfang des Briefes, dass Gott ein Gott ist,

> *der auf jede erdenkliche Weise tröstet und ermutigt. In allen unseren Nöten kommt er uns mit Trost und Ermutigung zu Hilfe, und deshalb können wir dann auch anderen Mut machen, die sich ebenfalls in irgendeiner Not befinden: Wir geben ihnen den Trost und die Ermutigung weiter, die wir selbst von Gott bekommen. (V. 3-4).*

Nur aufgrund seiner Leiden konnte Paulus Gottes Trost empfangen, „eine konkrete Manifestation der Gnade Gottes, eine göttliche Intervention",[15] die er an anderer Stelle den „Frieden Gottes, der weit über alles Verstehen hinausreicht" nennt (Philipper 4,7). Nur Leiden und Krisen können uns dazu bringen, uns so auf Gott zu verlassen, dass wir diesen Trost erfahren. Dieser Trost ist der Heilige Geist, der uns das, was Gottes Wort uns zusagt und verheißt, so ins Herz hineinspricht, dass wir Gottes Gegenwart, Liebe und Macht spüren (vgl. Johannes 16,12-14). Und diesen Trost sollen wir nicht für uns selbst behalten: „Und wenn wir getröstet und ermutigt werden, bedeutet das auch für euch Trost und Ermutigung; es hilft euch, standhaft die gleichen Leiden zu ertragen wie wir" (2. Korinther 1,6). Paulus geht so weit, dass er sagt, dass einer der Gründe für die Widrigkeiten in seinem Leben darin bestand, dass Gott ihn auf diese Weise im Leben anderer Menschen gebrauchen konnte, sodass er ihnen half, den gleichen lebensverändernden, läuternden, reich machenden Trost Gottes zu erfahren. Aus Paulus' Schwäche kam eine Kraft, die nicht nur für ihn da war, sondern für zahllose andere Christen.

In 2. Korinther 4,8-9 gräbt Paulus noch tiefer, um zu erklären, wie unter Gottes Hand Leiden Freude hervorbringen kann. Er schreibt:

> *Von allen Seiten dringen Schwierigkeiten auf uns ein, und doch werden wir nicht erdrückt. Oft wissen wir nicht mehr weiter, und doch verzweifeln wir nicht. Wir werden verfolgt und sind doch nicht verlassen; wir werden zu Boden geworfen und kommen doch nicht um.*

Woher kommt diese bemerkenswerte Standfestigkeit? Ein paar Verse später erklärt Paulus:

> *Das sind also die Gründe, weshalb wir uns nicht entmutigen lassen. Mögen auch die Kräfte unseres äußeren Menschen aufgerieben werden – unser innerer Mensch wird Tag für Tag erneuert. Denn die Nöte, die wir jetzt durchmachen, sind nur eine kleine Last und gehen bald vorüber, und sie bringen uns etwas, was von unvergleichlich viel größerem Gewicht ist: eine unvorstellbare und alles überragende Herrlichkeit, die nie vergeht. Wir richten unseren Blick nämlich nicht auf das, was wir sehen, sondern auf das, was jetzt noch unsichtbar ist. Denn das Sichtbare ist vergänglich, aber das Unsichtbare ist ewig. (2. Korinther 4,16-18)*

Auch wenn äußerlich Paulus' Leib unerbittlich älter und „aufgerieben" wurde, innerlich hat Gott ihn jeden Tag neu gestärkt, und dies ganz besonders *durch* seine Nöte und Drangsale. Paulus' Leidenskatalog in 2. Korinther 11,23-29 gibt uns einen Begriff von seiner „kleinen Last"; wir lesen unter anderem von Inhaftierungen, mindestens fünf Mal wurde er öffentlich ausgepeitscht und er wurde geschlagen. Aber im Vergleich zu der ewigen und durch nichts zu erschütternden Herrlichkeit, die auf ihn wartete, fand Paulus all diese Dinge eine kleine und vorübergehende Last.

Es gibt zwei Gründe, warum Paulus trotz seiner Leiden nicht den Mut verlor. Der erste ist, dass die Leiden ihn *erneuerten*. Sie machten ihn Christus ähnlicher; er fand seine Freude in Gott, seinen Frieden in der Liebe Gottes, seinen Sinn in der Berufung Gottes. Sein Herz war immer fester verankert in Dingen, die ihm nichts und niemand wegnehmen konnte. Er wuchs immer mehr in der Frucht des Geistes – in Liebe, Freude, Frieden, Geduld, Freundlichkeit, Güte, Treue, Rücksichtnahme und Selbstbeherrschung (Galater 5,22-23) – und nichts ließ diese Dinge stärker wachsen als seine Leiden, die Selbsterkenntnis und das Gottvertrauen mit sich brachten.

Zweitens waren Paulus' Leiden eine *Vorbereitung* auf die Zukunft, auf die ewige Herrlichkeit. Wir dürfen dies nicht so verstehen, dass man sich mit Leiden den Himmel verdienen kann, sondern es geht um einen Prozess des Heranbildens und Kultivierens, sodass wir immer besser darauf vorbereitet sind, etwas Bestimmtes zu erleben oder zu bekommen. Paulus sagt, dass seine Leiden ihm nicht nur innere Kräfte für seine Gegenwart geben, sondern dass sie ihn auf eine unvorstellbare Freude und Herrlichkeit in der Zukunft vorbereiten. Wie geschieht das? Vers 18 klärt uns auf. Zu dieser Erneuerung und Vorbereitung kommt es, wenn wir unseren Blick auf das richten, „was jetzt noch unsichtbar ist."

Wenn wir all das betrachten, was er für uns im Evangelium getan hat, sehen wir zwar nicht mit unseren körperlichen Augen, aber doch im Glauben (vgl. 2. Korinther 5,7) „in der Person von Jesus Christus den vollen Glanz von Gottes Herrlichkeit" (2. Korinther 4,6). Und je mehr wir über diese Schönheit und Herrlichkeit staunen und sie anbeten, umso mehr „wird unser ganzes Wesen so umgestaltet, dass wir [...] immer mehr Anteil an seiner Herrlichkeit bekommen" (2. Korinther 3,18).

Eine Freude, die unabhängig ist von den wechselnden äußeren Umständen

Wenn wir diese Perspektive mitten im Leiden einnehmen und nicht auf das Sichtbare schauen (wo das Böse ist), sondern auf die Größe und Herrlichkeit Christi und auf das, was er für uns getan hat, werden wir in sein Bild verwandelt. In uns wächst dann eine Freude, die unabhängig ist von den wechselnden äußeren Umständen.

Wir sahen weiter oben, wie John Owen in seiner Auslegung dieses Abschnitts aus dem 2. Korintherbrief erklärte, dass es möglich ist, Jesu Herrlichkeit schon hier und jetzt mit den Augen des Glaubens zu sehen. John Owen hatte in seinem Leben mindestens so viel Leid zu ertragen gehabt wie Paulus. Er hatte elf Kinder und hat sie alle überlebt; dazu kam der Tod seiner ersten Ehefrau. In der „Großen Amtsenthebung" („Great Ejection") von 1662 verlor er seine Anstellung und musste zusammen mit zahlreichen anderen puritanischen Geistlichen seine Kirche verlassen. Was ihn in all diesen Prüfungen aufrecht hielt, waren die Verheißungen in 2. Korinther 3 und 4. Seine Schwachheit führte ihn ins Gebet, wo er Vergnügen und Freude fand, die er auf andere Weise nie erfahren hätte. Er schrieb:

> *Wenn wir uns mit unbestimmten Vorstellungen über ihn [Christus] zufriedengeben, werden wir nicht von seiner Kraft verwandelt. Aber wenn wir uns mit ganzem Herzen an ihn klammern und unablässig über ihn nachdenken und [...] uns an ihm freuen, dann fließt ein mächtiger geistlicher Strom von ihm zu uns, der unsere Herzen reinigt, unsere Heiligkeit vermehrt, unsere Gnadengaben stärkt und uns zuweilen mit einer Freude erfüllt, die unaussprechlich und voller Herrlichkeit ist.*[16]

Die mit Tränen säen, werden mit Freuden ernten – Owen kannte die große Verheißung des 126. Psalms. Er fügt hinzu: „Kein Gedanke an Christus also, der aus dem Glauben kommt und von Liebe und Freude begleitet ist, ist je umsonst. Die, die diese Saat aussäen, werden reiche Garben nach Hause bringen.“[17]

Gottes Kraft kommt in unserer Schwachheit zur Wirkung

Gegen Ende des 2. Korintherbriefes stellt Paulus klar, dass aus Leiden nicht nur eine größere Freude und aus Schwachheit eine größere Stärke kommen kann, sondern dass es gar keine andere Möglichkeit gibt, diese guten Dinge zu bekommen. Er erwähnt irgendeine nicht weiter benannte schmerzliche Realität in seinem Leben, seinen „Stachel“, und wie er Gott gebeten hat, ihn wegzunehmen. Aber Gott hat ihm geantwortet: „Meine Gnade ist alles, was du brauchst, denn meine Kraft kommt gerade in der Schwachheit zur vollen Auswirkung“ (2. Korinther 12,9). In der Rückschau erkannte Paulus, dass sein Leiden das Einzige war, was ihn davor bewahrte, eingebildet und überheblich zu werden (V. 7), und dass innere Demut, Weisheit, Freude und Kraft nur möglich sind durch Erfahrungen des Schwachseins, die einen dazu bringen, sich ganz auf Gottes Gnade zu verlassen.

Leiden soll also zu Freude führen und Schwachheit zu Kraft. Nette Idee! Aber woher will Paulus wissen, dass das auch funktioniert? Er verrät es uns in der Mitte von 2. Korinther 4. Nachdem er die vielen Prüfungen von ihm und seinen Mitstreitern erwähnt hat, fährt er fort:

> *Auf Schritt und Tritt erfahren wir am eigenen Leib, was es heißt, am Sterben Jesu teilzuhaben. Aber gerade auf diese Weise soll auch sichtbar werden, dass wir schon jetzt, in unserem irdischen Dasein, am Leben des auferstandenen Je-*

> *sus teilhaben. Ja, mitten im Leben sind wir um Jesu willen ständig dem Tod ausgeliefert, und eben dadurch soll sich in unserem sterblichen Dasein zeigen, dass wir auch am Leben von Jesus Anteil haben. Unser Dienst bringt es also mit sich, dass an uns der Tod zur Auswirkung kommt; aber er führt auch dazu, dass an euch das Leben wirksam ist. […] Denn wir wissen: Der, der Jesus, den Herrn, von den Toten auferweckt hat, wird auch uns auferwecken – wir sind ja mit Jesus verbunden – und wird uns dann zusammen mit euch vor sich treten lassen. (2. Korinther 4,10-12.14)*

Das Prinzip der Freude durch Leiden und der Stärke durch Schwachheit gilt, *weil Jesus von den Toten auferstanden ist.* Weil die Auferstehung Jesu eine Tatsache ist, ist der Sinn der Menschheitsgeschichte der, dass aus Ungerechtigkeit Erlösung kommt und aus dem Tod Leben.

Für den Christen ist die Antwort noch viel deutlicher, als sie es für die Psalmisten im Alten Testament sein konnte. In dem Zentralereignis der Weltgeschichte ist das Leiden Jesu nicht nur von Freude abgelöst worden, sondern es hat diese Freude verursacht. Sein Leiden und sein Weinen geschahen stellvertretend. Er hat unsere Strafe auf sich genommen und so war sein Weinen die ultimative Saat in Tränen, die zur Ernte in Freude führte. Durch seine Tränen und sein Blut sind wir erlöst. Wenn wir an seine Tränen und sein Leiden für uns denken, werden wir selber hinfort anders weinen und anders leiden und trauern.

Anders weinen und *anders* leiden und trauern

Wir werden uns in Leid und Trauer nicht mit unvergebener Schuld quälen. („Ich weiß: Auch wenn ich leide, ist das nicht Gottes Strafe, der mich verlassen hat, denn Jesus ist doch *für mich* am Kreuz verlassen gewesen.“)

Wir werden in Leid und Trauer nicht in Selbstmitleid und Zorn versinken. („Ich weiß, dass Jesus viel mehr Leid getragen hat, als ich je begreifen werde, und das alles unverdient – und alles für mich! Daher werde ich dieses kleinere Leid für ihn tragen können.“)

Wir werden in Leid und Trauer nicht geduldig sein können. („Ich weiß, dass Jesu Leiden und Tod für seine Jünger keinen Sinn machte, und dieses Leiden macht für mich gerade auch keinen Sinn. Aber du hast durch dieses Leiden damals Freude und Erlösung gebracht, und irgendwie weiß ich, dass das jetzt auch so ist.“) Indem wir uns vergegenwärtigen, wie Jesu Tränen Freude hervorbrachten, können wir es verhindern, dass unsere Probleme uns niederdrücken, verbittern und kaputtmachen. Und so wird unser Leiden in uns Charakter, Geduld, Demut, Liebe und Weisheit hervorbringen (vgl. Römer 5,1-5).

So wie die Schwachheit und die Schande Jesu der einzige Weg zu echter Kraft und Herrlichkeit sind, so ist das Bekenntnis unserer Schuld der einzige Weg zu der höchsten Zuversicht und Ehre – dem Wissen, dass wir in Christus vom Herrn des Universums geliebt und angenommen sind.

Kapitel 12

Hoffnung für die Zukunft

Der Stein, den die Bauleute für unbrauchbar erklärten,
ist zum Eckstein geworden.
Das hat der HERR getan,
und es ist ein Wunder in unseren Augen. (Psalm 118,22-23)

Wie können wir Hoffnung haben in Zeiten der Angst? Ich schreibe dieses Buch während der COVID-19-Pandemie, aber viele glauben, dass wir gerade mehrere „monumentale Krisen" gleichzeitig erleben.[1] Die Pandemie ist nur eine davon. Die Besiegung des lebensbedrohenden Virus ist ein kompliziertes Unterfangen, das noch Jahre dauern kann – wenn nicht sogar eine andere Pandemie beginnt, bevor diese vorbei ist. Globalisierung und Technologie haben das Risiko solcher Epidemien nur größer gemacht. Und wer dieses Buch zu einer Zeit liest, wo die aktuellen Ängste sich beruhigt haben, wird wahrscheinlich vor anderen Krisen stehen. Da sind die zyklisch wiederkehrenden wirtschaftlichen Rezessionen. In den meisten Ländern des Westens ist die politische Polarisierung stärker denn je und dies dürfte sich auf Jahrzehnte hinaus nicht ändern. Die Proteste gegen den Rassismus und die Forderungen nach gesellschaftlichen Veränderungen waren noch nie stärker. Aber es gibt, wie wir sahen, wenig Einigkeit darüber, wie es weitergehen soll.

Ich schreibe dieses Buch in der Erwartung, dass der Pessimismus und die Ängste, die unsere Welt zurzeit plagen, wohl in nächster Zeit nicht verschwinden werden.

Niemand kann ohne Hoffnung leben. Aber woher soll sie kommen? Und es geht ja nicht nur um uns als Einzelne, sondern wie soll eine *Gesellschaft* leben, die keine Hoffnung für ihre Zukunft hat? Jahrhundertelang war die Zukunftshoffnung in der westlichen Welt ausgeprägt; es herrschte ein fester Glaube an den Fortschritt, der unsere Kultur blühen und gedeihen ließ. Doch in der letzten Zeit verblasst diese Hoffnung und die Folgen sind ernst.

Der Siegeszug der Hoffnung auf eine bessere Zukunft

Wir Amerikaner glaubten lange, dass es jeder kommenden Generation besser gehen müsse als der vorherigen – ökonomisch, technologisch, sozial und persönlich. Doch die meisten Kulturen der Geschichte kennen diesen Fortschrittsglauben nicht. Sämtliche alten Kulturen – Chinesen, Babylonier, Hindus, Griechen und Römer – sahen den Lauf der Geschichte anders. Die einen sahen Geschichte als einen ewigen Kreislauf, die anderen als einen allmählichen Abstieg von einem vergangenen goldenen Zeitalter.

Das zyklische Modell war weitverbreitet. Nach ihm durchlief die Geschichte rhythmische Kreisläufe, die jeweils in einer Katastrophe (Weltenbrand) endeten, worauf die nächste „Runde“ begann. Die Griechen nannten diesen Wiederanfang *Palingenese*. Die nordische Mythologie bezeichnete den Weltuntergang als *Ragnarök* – eine gewaltige Schlacht, in der viele der Götter und alle Menschen sterben würden, worauf es einen Neuanfang mit neuen Göttern und einer neuen Menschheit geben würde. Im Konfuzianismus erneuerte die Welt sich ständig durch das Zusammenspiel der beiden Urkräfte Yin und Yang. Und viele der alten Schriftsteller und Dichter, wie Hesiod und Ovid, sahen die Menschheitsgeschichte als einen allmählichen Abstieg von einem goldenen zu einem silbernen Zeitalter und so fort bis hin zur Gegenwart.

Die Vorstellung, dass die Geschichte eine Geschichte des ständigen Fortschritts und der kontinuierlichen Verbesserung der Lage des Menschen war, existierte schlicht nicht.[2]

Doch dann kam das Christentum. Wie Robert Nisbet in seinem Buch *History of the Idea of Progress* ausführt, verschafften christliche Denker „der Idee des Fortschritts im Abendland eine große und engagierte Schar von Anhängern und eine schiere Kraft, die sie [ohne den christlichen Glauben] nicht gehabt hätte".[3] Die Griechen hatten geglaubt, dass die Vermehrung menschlichen Wissens zu einer leichten Verbesserung der Lage der Menschheit führte, aber nur vorübergehend, bis zum nächsten Weltenbrand. Die christlichen Philosophen „gaben der Idee des Fortschritts neue Wesenszüge, die ihr eine geistige Kraft verliehen, die ihre heidnischen Vorläufer nicht gekannt hatten".[4]

Diese neuen Gedanken erwiesen sich als ebenso stark wie langlebig. Die Christen glaubten an die Einheit der ganzen Menschheit und dass diese Menschheit sich auf eine gemeinsame und herrliche Zukunft zubewegte. Die Christen glaubten nicht an einen ewigen Kreislauf immer neuer Welten; vielmehr würde es ein Endgericht geben, in dessen Folge alles gut gemacht und in Ordnung gebracht werden würde. Dieser wunderbare Zielpunkt der Geschichte war eine historische Notwendigkeit, weil er der End- und Höhepunkt eines „sich durch lange Zeitalter hindurch entfaltenden Planes" war,

Ein wunderbarer Zielpunkt der Geschichte

„der schon ganz am Anfang der Menschheitsgeschichte angelegt gewesen war", und all dies durch die Hand eines allmächtigen Gottes, der den Lauf der Zeiten zu diesem Ziel führen würde. Aber was vielleicht das Allerwichtigste war: Die Christen „glaubten an eine Zukunft, die *diesseitsorientiert* war und nicht rein jenseitsorientiert". Sie glaubten nicht nur an den Himmel oder ein Weiterleben nach dem Tod, wie andere Religionen auch, sondern sie (und nur sie) erwarteten ein „goldenes Zeitalter *auf der Erde* [...] mit dem wiedergekommenen Christus als König".[5]

Nur in der westlichen Welt also konnte die Vorstellung von dem Fortschritt in der Geschichte tiefe Wurzeln fassen und das Denken und Leben der Menschen prägen.

Den nächsten Sprung machte die Geschichte der Idee des Fortschritts mit der Säkularisierung der christlichen Zukunftshoffnung während der europäischen Aufklärung. Zwischen ungefähr 1750 und 1900 kehrten viele der führenden abendländischen Denker der Religion allgemein und dem Christentum im Besonderen den Rücken. Was sie *nicht* aufgaben, war der Glaube an den Fortschritt in der Geschichte. So unterschiedliche Köpfe wie der Marquis de Concordet, Auguste Comte, Karl Marx, John Stuart Mill und Herbert Spencer setzten einen Prozess der „Säkularisierung der Idee des Fortschritts" in Gang, „in welchem sie diese von ihrer Jahrhunderte alten Gottesbeziehung loslösten und zu einem abstrakten historischen Prozess machten, der durch rein natürliche Ursachen angestoßen und weitergeführt wurde".[6]

Auf den ersten Blick schien diese Trennung der Geschichtshoffnung von ihren christlichen Wurzeln sie stärker zu machen. Die Bibel hatte gelehrt, dass der Lauf der Geschichte unter Gottes Herrschaft stand und dass er selber sie zu einem vollkommenen Ende des Friedens, der Gerechtigkeit, der Freude und des Lebens hinführen würde. Dagegen hatte sie nicht gelehrt, dass schon in dieser Welt jede neue Generation mehr Wohlstand, Frieden, Komfort und Wohlergehen erleben würde als die jeweils vorangegangene. Die christliche Zukunftshoffnung ist „linear" (und nicht zyklisch), aber nicht linear im Sinne einer ständigen Aufwärtsbewegung schon in dieser Welt – doch genau dies versprach nun die säkularisierte Version.

Seinen Zenit dürfte das säkulare Fortschrittsdenken im Laufe des 19. Jahrhunderts durch drei Denker erreicht haben: Georg Wilhelm Friedrich Hegel sah die Weltgeschichte als eine Abfolge immer höherer Stufen. Jede neue Stufe kommt durch eine Synthese einander widerstreitender Kräfte aus der jeweils vorangegangenen Ära zustande. Wenn diese Kräfte miteinander versöhnt werden, beginnt ein neues Zeitalter, dessen Beziehung zur Vergangenheit so ist „wie die des Mannes zum Kind oder der Pflanze zum Samen".[7] Für Karl Marx war der Klassenkampf der Arbeiter (Proletariat) gegen die Besitzenden (die Bourgeoisie) der Motor für das Fortschreiten der Geschichte hin zu immer mehr Gerechtigkeit für immer mehr Menschen. Und Charles Darwin lehrte die ständige Höherentwicklung des Lebens durch den Prozess der biologischen Anpassung – ein Modell, dessen Übertragung von der Natur auf die Gesellschaft nahelag (und damals auch von den meisten vorgenommen wurde). Man glaubte also an eine ständige Aufwärtsentwicklung der Gesellschaft.[8]

Und so gingen die westlichen Gesellschaften voller Zukunftsoptimismus in das 20. Jahrhundert. Die Menschen waren davon überzeugt, dass die Zukunft besser sein würde als die Vergangenheit und dass die Kinder ein besseres Leben führen könnten als ihre Eltern.

Der Verlust der Hoffnung auf eine bessere Zukunft

Doch seit Beginn des 20. Jahrhunderts und bis in unsere Zeit hinein gerät das säkulare Fortschrittsdenken immer mehr unter Druck. Nisbet erläutert, dass dieses Denken auf mehreren Prämissen beruhte, darunter die „Überzeugung von dem Adel, ja der Überlegenheit der westlichen Zivilisation“ und der „feste Glaube an den Verstand und an das wissenschaftliche Wissen, das allein aus dem Verstand entspringen kann“.[9] Diese beiden Überzeugungen wurden seit Beginn des 20. Jahrhunderts auf eine harte Probe gestellt.

Die Zeit von 1900 bis 1950 sah nicht nur zwei Weltkriege, sondern auch eine Grippe-Pandemie und die Weltwirtschaftskrise – lauter Dinge, die der Fortschritt des menschlichen Verstandes und der westlichen Zivilisation eigentlich hätte unterbinden müssen, was ihm aber offenkundig nicht gelang. Viele Aufklärungsphilosophen hatten sich der Wissenschaft zu- und von der Religion abgewandt, weil sie fanden, dass Religion nur zu Dogmatismus, Streit, Krieg und Blutvergießen führte, während der Verstand und die Wissenschaft den Menschen zeigen würden, wie sie gut miteinander leben konnten. Für die Vordenker der Aufklärung waren Krieg und die Ausbeutung von Menschen anderer Rassen und Schichten schlicht unvernünftig, wie alle vernünftigen Menschen einsehen müssten. Doch nach zwei Weltkriegen und wiederholten Völkermorden wurde immer klarer: Was auch immer es war, das im Wesen des Menschen lag und die Ursache all dieser Gewalt und Unterdrückung war, es ließ sich nicht durch Vernunft und Wissenschaft überwinden.

Manch einer brauchte zwei Weltkriege, um den Glauben an die säkulare Fortschrittsidee zu verlieren. Der bekannte britische Schriftsteller H. G. Wells schrieb 1922 eine kurze

Geschichte der Welt (*A Short History of the World*). Der Erste Weltkrieg hatte bei vielen den Glauben an eine bessere Welt erschüttert, aber Wells setzte weiter auf die Vernunft und die Wissenschaft. Sein Argument: Dieselbe Wissenschaft, die uns in den Stand gesetzt hatte, einander auszulöschen, würde uns auch fähig machen, ihre Kräfte für Frieden und Gerechtigkeit einzusetzen:

> *Die Wissenschaft hat [dem Menschen] Kräfte gebracht, wie er sie noch nie gehabt hatte. Und die wissenschaftliche Methode des furchtlosen Denkens, der klaren Formulierung und des kritischen Planens, die ihm diese unkontrollierbaren Kräfte gegeben hat, gibt ihm auch die Hoffnung, sie eines Tages beherrschen zu können. […] Wir befinden uns zurzeit kaum im ersten Morgenrot der Größe des Menschen. […] Können wir daran zweifeln, dass schon bald unser Geschlecht unsere kühnsten Erwartungen mehr als erfüllen wird, dass es Einheit und Frieden erlangen wird, dass […] die Kinder unseres Blutes und unseres Lebens in einer Welt leben werden, die schöner und herrlicher ist als jeder Palast oder Garten, den wir kennen, und die in einer immer größeren Spirale des Abenteuers und der Errungenschaften von einer Kraft zur anderen schreiten wird?*[10]

Dass Wissenschaft und Verstand es nicht vermochten, den Ersten Weltkrieg zu verhindern, wischt Wells beiseite; für ihn besteht die Lösung schlicht in noch mehr Wissenschaft. Er beendet sein Buch mit der gerade zitierten lyrischen Passage, die den säkularen Glauben an den Verstand und das Gute im Menschen und damit an den unaufhaltsamen Fortschritt perfekt zum Ausdruck bringt.

Doch Ende der 1930er-Jahre begann Wells dann doch, seinen Glauben zu verlieren angesichts seiner erdrückenden Widerlegungen. Nun schrieb er:

Die mutwillige Zerstörung von Wohnhäusern, die gnadenlose Vertreibung anständiger Menschen ins Exil, die Bombardierungen wehrloser Städte, die kaltblütigen Massaker und Verstümmelungen, verübt an Kindern und hilflosen Menschen, die niemand etwas Böses getan haben, die Vergewaltigungen und schmutzigen Demütigungen und vor allem die Rückkehr der gezielten, organisierten physischen und geistigen Folter und der Angst in eine Welt, aus der diese Dinge praktisch verbannt gewesen zu sein schienen – all dies droht meine Seele zu zerbrechen.[11]

Und 1945, kurz vor seinem Tod im August des Jahres, schrieb Wells ein letztes kurzes Buch, *Mind at the End of Its Tether.* Als er diesen Essay verfasste, war die Atombombe noch nicht eingesetzt worden und die Schrecken der Todeslager der Nazis noch nicht bekannt, aber er kam auch so zu dem Schluss, dass die Menschheit als höchste Spezies auf dem Planeten versagt hatte und eine trostlose Zukunft vor der Welt lag, bis irgendwann eine andere Spezies an die Stelle des Menschen treten würde:

Die Menschheit als höchste Spezies auf dem Planeten hatte versagt.

Eine Reihe von Ereignissen zwingt den intelligenten Beobachter zu der Erkenntnis, dass die Geschichte der Menschheit bereits zu Ende ist und dass Homo sapiens, wie er sich so gerne nannte, […] ausgespielt hat. […] Er wird irgendeinem anderen Tier weichen müssen, das sich besser für den Umgang mit dem Schicksal eignet, das sich der Menschheit immer schneller nähert.[12]

Auch wenn der Dritte Weltkrieg nicht kam, gab es in der Mitte des 20. Jahrhunderts eine wachsende Skepsis gegenüber der Idee des Fortschritts. In der Literatur verdunkelten sich die Erwartungen in Bezug auf die Menschheit, wie man an den Werken von Existenzialisten wie Jean-Paul Sartre und Albert Camus sehen kann. In Camus' Roman *Die Pest* steht das menschliche Leben in seinem Kampf gegen den Tod auf verlorenem Posten.

In den frühen 1960er-Jahren kam eine neue Denkrichtung auf, der sogenannte „Poststrukturalismus“ oder „Postmodernismus“. Das vielleicht beste Buch über das postmoderne Denken unter den westlichen Intellektuellen ist Jean-François Lyotards *Das postmoderne Wissen.* Lyotard argumentierte, dass unser Zeitalter keine „Metanarrative“ mehr akzeptiert – also keine großen Erzählungen, die nicht nur beanspruchen, alles, was geschieht, zu erklären, sondern auch Antworten auf alle unsere Probleme zu liefern. Für Lyotard war das klassische Metanarrativ der westlichen Kultur die Emanzipation durch die Wissenschaft, die (wie er ganz richtig sagt) sowohl eine progressive, „linke“ Form annehmen kann, die zum Sozialismus führt, als auch eine konservative, „rechte“, die zum Faschismus führt. Doch egal, welche Gestalt das Narrativ annimmt, das 20. Jahrhundert hat es Lügen gestraft.[13]

Die Idee des Fortschritts im Dienst der Macht

Doch Lyotard belässt es nicht bei der Kritik der säkularen Hoffnung auf den wissenschaftlichen Fortschritt. Für ihn ist jeglicher Fortschrittsglaube, egal welcher Art, eine Methode zum Machterhalt der Herrschenden. „Man findet jedes Mal den Rückgriff auf die Erzählung von den Freiheiten wieder, wenn der Staat die Bildung des als Nation bezeichneten ‚Volkes‘ und seiner Entsendung in die Bahn des Fortschritts übernimmt.“[14] Nisbet sieht dies genauso: „Dieselbe Idee des unaufhaltsam sich entfaltenden, notwendigen Fortschritts […]

konnte auch in den Dienst der Ziele der absoluten Macht – utopisch, politisch, rassistisch – gestellt werden."[15]

Ein Beispiel: Progressive, die über das öffentliche Schulwesen bestimmen und darauf pochen, dass jeder die Freiheit haben sollte, sich sexuell zu definieren und auszuleben, zwingen allen Bürgern ein sehr weißes, westliches und individualistisches Verständnis unserer Identität auf. Sie marginalisieren damit traditionellere Definitionen des Menschseins und der Sexualität als „psychologisch ungesund" und „sozial repressiv". Was ist dies anderes als eine starke Machtausübung des Staates, der bevorzugte Gruppen begünstigt und weniger liebsame Gruppen marginalisiert, und das alles im Namen des wissenschaftlichen Fortschritts? Und wenn all dies in der Annahme geschieht, dass dieser „Fortschritt" unaufhaltsam ist, weil doch die Menschheitsgeschichte sich eindeutig in diese Richtung bewegt, dann erscheint diese Machtausübung gerechtfertigt, denn man schwimmt ja nur im Strom des Fortschritts mit.

Lyotard gehörte zu einer ganzen Generation postmoderner Denker, die erkannten, dass die Gräueltaten der „Linken" wie der „Rechten" (also der Sowjetunion und Hitlerdeutschlands) alle unter der Flagge des historischen Fortschritts geschehen waren. Michel Foucault hat in Büchern wie *Wahnsinn und Gesellschaft* (1961) und *Die Ordnung der Dinge* (1966) den totalen Bruch mit Hegel und Marx und ihrem Fortschrittsglauben vollzogen. Foucault sah den Lauf der Geschichte nicht als eine nach oben führende Treppe, sondern als eine Abfolge von Brüchen und Zäsuren, bei denen jede neue Ära anders ist als die vorangegangene (vor allem, was die Machtverteilung betrifft), aber nicht notwendig besser.[16]

Renaissance der Hoffnung?

Während die meisten Akademiker und Intellektuellen im Westen ihren Glauben an den historischen Fortschritt verloren haben, gab es auf der nichtakademischen Ebene ein gewisses Wiederaufleben dieser Hoffnung, und das vor allem in zwei gesellschaftlichen Bereichen. Der erste war der der liberalen Politik. Im Laufe der letzten beiden Jahrzehnte haben viele auf der linken Seite des politischen Spektrums sich von dem Begriff *liberal* verabschiedet und beschreiben sich lieber als *progressiv*. Vor allem die Demokraten in den USA fingen an, ihre Politik bzw. ihre Ablehnung der Politik anderer Parteien damit zu begründen, dass es eine unaufhaltsame Tendenz der Geschichte hin zu ihrer Vision einer gerechten Gesellschaft gebe.

In einer Rede über den Terrorismus sagte Präsident Obama unter anderem: „Liebe amerikanische Mitbürger, ich bin gewiss, dass wir in dieser Mission obsiegen werden, weil wir uns *auf der richtigen Seite der Geschichte* befinden.“[17] In einem *Atlantic*-Artikel hob David Graham hervor, dass Obama den Ausdruck „richtige Seite der Geschichte“ 15 Mal und den Ausdruck „falsche Seite der Geschichte“ mindestens 13 Mal benutzte. Seine Mitarbeiter und Pressereferenten benutzten die beiden Ausdrücke weitere 16 Mal. Präsident Clinton sprach 20 bis 30 Mal von der „richtigen“ bzw. „falschen“ Seite der Geschichte, seine Mitarbeiter benutzten die Ausdrücke ebenfalls. Politiker benutzen solche Ausdrücke nur dann, wenn sie wissen, dass sie bei den Leuten ankommen. Und es setzte sich am linken Ende des politischen Spektrums die Idee des Fortschritts hin zu einer freieren und gerechteren Gesellschaft wieder durch. Führende US-Demokraten bezeichneten politische Positionen, die ihnen nicht gefielen, als „regressiv“ und bezeichneten die von ihnen favorisierten Denker als „ihrer Zeit voraus“.[18] Solche Ausdrücke sind der Versuch einer Wiederbelebung des säkularen, von Gott abgekoppelten Glaubens, dass die Geschichte unweigerlich und sozusagen ganz von allein sich hin zu mehr Freiheit, Wohlstand und Aufklärung bewegt.

Der zweite gesellschaftliche Bereich, wo eine Wiederbelebung der säkularen Fortschrittsidee versucht worden ist, ist die Welt der Technologie. Margaret O'Mara hat in der *New York Times* über „Die Kirche des Techno-Optimismus" geschrieben. Sie versteht darunter „den Glauben, dass es die Technologie und die Technologen sind, die die Zukunft bauen. [...] Man stelle auf jeden Schreibtisch einen Computer und führe die vernetzte Kommunikation ein, so [Silicon Valley], und man kann die Defekte und Ungerechtigkeiten in der Gesellschaft beheben."[19] Wenn man ansieht, wie Technologieunternehmen ihre Produkte im Marketing präsentieren, stößt man auf zahllose selbstbewusste Behauptungen, die Welt zu verändern, und auf großspurige Statements, dass besagte Veränderungen alternativlos sind, weil sie unvermeidlich Teil des Fortschritts sind.

Doch diese Stimmen werden von vielen infrage gestellt. Die Kritiker verweisen dabei nicht mehr auf die beiden Weltkriege und den Holocaust, sondern darauf, dass viele unserer gegenwärtigen hartnäckigen Probleme *Folgen* des technologischen Fortschritts sind. Eines dieser Probleme ist der Klimawandel, ein anderes die Aussicht, dass durch die technologisch ermöglichte Globalisierung unserer Welt gefährliche, sich rasant ausbreitende Pandemien immer wahrscheinlicher werden. Was, wenn in der nächsten oder übernächsten Pandemie die Sterblichkeitsrate nicht mehr auf COVID-19-Niveau liegt, sondern 10 Prozent erreicht?

Unsere Probleme – *Folgen* des Fortschritts?

In ihrem Artikel „The Un-Easy Case for Technological Optimism" führen James Krier und Clayton Gillette aus, dass die modernen Technologien so schnell zu Neuerungen führen, dass deren negative Auswirkungen erst dann deutlich werden, wenn sie bereits irreversibel geworden und so weitreichend sind, dass ihre Folgen katastrophal sind. Als nur zwei Beispiele erwähnen sie krebserregende Stoffe und den Klimawandel.[20] Technologie-Kritiker wie Kara Swisher von der *New York Times* warnen uns vor anderen Gefahren der sozialen Medien und des „Big Tech". Swisher hat sich wiederholt besorgt darüber geäußert, wie die größten Unternehmen die Presselandschaft dezimiert und eine kulturelle Situation geschaffen haben, in der die Bürger nicht mehr wissen, wem sie glauben sollen. Sie haben auch alle notwendigen Werkzeuge für die Schaffung des gläsernen Menschen und des Überwachungsstaates bereitgestellt und viele Einzelhandelsbranchen so umgemodelt, dass immer mehr Geld in immer weniger Händen liegt.[21]

Und so ist kurz vor Ende des ersten Viertels des 21. Jahrhunderts trotz aller Parolen in Politik und Technologie das Schwinden der Zukunftshoffnung immer mehr mit den Händen zu greifen. Science-Fiction-Filme präsentieren keine optimistischen Zukunfts-Szenarien mehr. Junge Erwachsene sind deutlich weniger geneigt, zu heiraten und eine Familie zu gründen oder zur Wahl zu gehen. All dies sind sichere Zeichen, dass die Menschen weniger Hoffnung haben. Alle Studien über die Menschen der Generation Z (also der etwa ab 2000 Geborenen) deuten darauf hin, dass sie persönlich und in Bezug auf die Zukunft viel pessimistischer sind als ältere Generationen.

Der 1972 verstorbene bekannte Harvard-Astronom Harlow Shapley listete fünf Faktoren auf, die die westliche Zivilisation zerstören könnten.[22] Die vier ersten waren ein Atomkrieg bzw. Terrorismus, Hungersnöte bzw. Nahrungsmittelknappheiten, klimatische oder topografische Katastrophen oder Pandemien. Er wies darauf hin, dass der technologische Fortschritt uns nur auf dem Gebiet der Ernährung geholfen hat. Auf den anderen drei Gebieten haben, wie von Krier und Gillette vorhergesagt, unsere technologischen Fortschritte unsere Zukunftsaussichten eher verschlechtert.

Der fünfte von Shapley genannte Risikofaktor war interessanterweise die „Langeweile". Nisbet erläutert, dass die Langeweile in dem Maße wächst, wie wir die Hoffnung auf Fortschritt verlieren, und dass in einer zweiten Stufe die Langeweile selber eines der Dinge wird, die den Fortschritt untergraben. „Sozial und kulturell bedeutet dieser Geisteszustand [die Langeweile] eine wachsende, weitverbreitete und chronische Gleichgültigkeit gegenüber normalen Werten, Betätigungen, Freiheiten und Verpflichtungen. Die Gegenwart – und damit notwendigerweise auch die Vergangenheit und natürlich die Zukunft – mutiert zu einer Szene, die sich aus dem Absurden, dem Irrelevanten und dem Dämonischen zusammensetzt." Und Nisbet fährt fort: „Wie G. K. Chesterton schrieb [...] Wenn die Menschen aufhören, an Gott zu glauben, ist das Ergebnis nicht, dass sie an nichts mehr glauben, sondern dass sie bereit sind, alles zu glauben."[23]

Kritik der säkularen Hoffnung

Warum ist die säkulare Fortschrittshoffnung – einst solch eine starke Triebkraft in unserer Kultur – gescheitert? Es waren zwei „Designfehler" im westlichen Fortschrittsdenken, die ihm zum Verhängnis geworden sind. Ich möchte den ersten das Problem der menschlichen Natur nennen und den anderen das Problem des endgültigen Vergessens.

Zuerst also zum Wesen der menschlichen Natur. Die westlichen Fortschrittsdenker gingen davon aus, dass mehr Wissen ein besseres Leben bedeuten würde. Aber dies setzte voraus, dass die Menschen ihr Wissen auf die richtige Weise, also zum Wohle aller, einsetzen würden. Die säkulare Zukunftshoffnung nahm an, dass das zunehmende Wissen der Menschen nie dazu missbraucht werden würde, die Macht oder den Reichtum einer Gruppe oder Nation auf Kosten der anderen zu steigern. Man ging davon aus, dass der Mensch im Kern gut ist. Ein prominenter Verfechter dieser Prämisse war H. G. Wells. Er räumte ein, dass im Ersten Weltkrieg die Früchte der wissenschaftlichen Methode zum Schaden anderer eingesetzt worden waren – und sah die Lösung in strengeren wissenschaftlichen Methoden. Er sah in der Gewalt des Ersten Weltkriegs nur irrationales Verhalten und mangelhaftes Denken – Dinge, die man durch mehr Vernunft und Bildung beheben konnte. Kein Wunder, dass der Zweite Weltkrieg ihn so erschütterte, denn die Deutschen galten allgemein als kulturell und wissenschaftlich fortschrittlich, ja als Begründer der modernen Hochschulforschung, aber sie benutzten ihr überlegenes Wissen, um zu zerstören.

Um die Achillesferse im säkularen Fortschrittsdenken zu finden, muss man sich bloß die Gräueltaten in Auschwitz anschauen und fragen: „Wie war so etwas möglich? Warum haben die Nazis das gemacht?“

In der Sicht von H. G. Wells (wie er sie zumindest 1922 vertrat) wäre der Fehler der Nazis gewesen, dass sie nicht der wissenschaftlichen Methode und dem menschlichen Verstand folgten. Mit anderen Worten: Sie waren Opfer eines irrationalen Denkens. Doch diese Antwort wäre eine Trivialisierung des Bösen, das sich bald ereignen sollte.

Eine Variante dieser Sicht ist der Marxismus. Karl Marx glaubte, dass wir die Produkte gesellschaftlicher Kräfte und Strukturen sind und dass Menschen, die Verbrechen begehen, dies nur deswegen tun, weil Ungerechtigkeiten im System sie dazu zwingen. Er war davon überzeugt, dass Verbrechen und Armut aufhören würden, sobald alle Menschen gleichermaßen über die Produktionsmittel verfügten.[24] Aber noch einmal: Zu sagen, dass der massive Völkermord in Auschwitz von Menschen verursacht wurde, die Opfer sozialer Kräfte waren, bedeutet, das Böse, das geschehen ist, zu verharmlosen. In der Tat verliert man damit eine Kategorie für das menschliche Böse.

Eine zweite mögliche Antwort ist, dass die Nazis einfach „böser" waren als die anderen Menschen, also moralisch minderwertig – „*Wir* sind doch zu gut und zu vernünftig, um so etwas zu tun." Die Nazis standen auf einer tieferen Stufe als wir, sie waren „subhuman", untermenschlich. Aber wer so etwas sagt, muss sich vor Augen führen, dass exakt mit diesem Argument („Untermenschen") die Nazis ihre Vernichtung der Juden rechtfertigten. Sie dehumanisierten sie in ihrem Denken, betrachteten sie als eine unterlegene, schädliche und böse Volksgruppe und legitimierten damit die Gewalt, die sie an ihnen verübten. Sobald wir die Täter von Auschwitz als Menschen betrachten, die moralisch unter uns stehen, beginnen wir den gleichen Prozess der Dehumanisierung, der sie dazu brachte, die Juden aus der Gemeinschaft der Menschen auszuschließen und zu vernichten.

Die Nazis nicht „dehumanisieren"

Die einzige realistische Antwort lautet: Auschwitz war möglich, weil mit dem Herzen des Menschen etwas grundlegend nicht stimmt. Tief in uns ist etwas, das zutiefst falsch und krank ist. Wir haben eine eingebaute Neigung zum Egoismus und sind zu den größten Grausamkeiten fähig. Lord David Cecil resümierte diesen tragischen Riss im Wesen des Menschen, als er nach dem Zweiten Weltkrieg sagte: „Der Jargon der Philosophie des Fortschritts lehrte uns zu denken, der wilde, primitive Zustand der Menschheit liege hinter uns […] Aber die Barbarei ist nicht hinter uns, sie ist mitten unter uns.“[25]

Eine literarische Version dieses Urteils findet man in dem 1954 erschienenen Roman *Lord of the Flies* (deutsch: *Herr der Fliegen*) von William Golding. Er erzählt die Geschichte einer Gruppe britischer Schüler, die auf einer unbewohnten Insel stranden. Frühere Romane wie *The Coral Island* (1857; deutsch: *Die Koralleninsel*) von R. M. Ballantyne, die ein ähnliches Thema aufgreifen, gingen noch von der optimistischen Prämisse eines säkularen Hoffnungsglaubens aus. Die schiffbrüchigen Jungen auf der Koralleninsel schaffen sich eine von den verderblichen Einflüssen der menschlichen Gesellschaft unberührte Idylle. Golding, der sich in seinem Roman explizit auf *The Coral Island* bezieht, malt ein ganz anderes Bild. Die Jungen in seiner Geschichte verhalten sich alsbald wie die „Wilden“; sie jagen und töten einander. *Lord of the Flies* stellt eine literarische Widerlegung der im Westen lange Zeit populären Theorie von Jean-Jacques Rousseau dar, dass wir Menschen in uns selber eigentlich gut und rein sind und nur von der Gesellschaft verdorben werden, die uns beibringt, andere auszubeuten. Nein, sagt Golding, das Böse, das wir in der Gesellschaft sehen, ist nur die Folge des Bösen, das bereits in unserer Natur liegt. Wenn wir eine neue Gesellschaft aufbauen, bringen wir von der ersten Stunde an unsere Verderbtheit mit in sie hinein.

C. E. M. Joad war Sozialist, atheistischer Philosophieprofessor und im Zweiten Weltkrieg ein regelmäßiger Gast in der BBC-Sendereihe *Brain Trust.* Nach dem Krieg kam er zum Glauben an Christus. In seinem Buch *The Recovery of Belief* (Die Wiedergewinnung des Glaubens) schildert er, wie er und seine Kollegen das böse Verhalten der Menschen immer anhand der Lehren von Karl Marx und Sigmund Freud erklärt hatten. Menschliche Grausamkeit war eine psychologische und soziologische „Verhaltensstörung". In Joads intellektuellen Kreisen ersetzte man Worte wie „böse" oder „sündig" durch Bezeichnungen wie „nicht angepasstes Verhalten" oder „aggressive Instinkte". Menschen, deren Taten egoistisch und grausam sind, würden resozialisiert werden, wenn man nur ihre Lebensumstände ändern könnte. In voller Übereinstimmung mit Rousseau und Marx glaubte Joad:

> *Wenn man einen Menschen in eine bessere Umgebung […] setzt und dafür sorgt, dass er sich wichtig, aber nicht zu wichtig fühlt, ihn nicht unterdrückt oder einschränkt, vor allem aber vermeidet, ihm Schuld- oder Minderwertigkeitsgefühle einzuimpfen, dann wird er sich zu einem […] gesunden, fröhlichen, effektiven, ausgeglichenen und furchtlosen Erwachsenen entwickeln.*[26]

Joad schreibt, dass dieser Glaube, der „so allgegenwärtig im modernen Denken" war, nicht in der Lage war, die Menschen auf den Zweiten Weltkrieg vorzubereiten. Die moderne Sicht des Bösen im Menschen, die er sich „ohne groß nachzudenken als junger Mann angeeignet hatte", mochte „in den ersten vierzehn Jahren dieses Jahrhunderts, als […] der Zustand der Menschheit immer besser zu werden schien", noch plausibel gewesen sein, aber inzwischen hatte dieses Modell des Guten im Menschen, der Vernunft und des Fortschritts „durch die Ereignisse der letzten vierzig Jahre jede Plausibilität verloren".[27] Joad hatte erkannt, dass die Wissenschaft nicht die Menschen verbesserte, sondern lediglich ihre Fähigkeit steigerte zu kriegen, was sie wollten. „Die Wissenschaft […] ist kein Zweck, sondern nur ein Mittel – ein Mittel zur Erfüllung der Begierden des Menschen."[28]

Das Modell des Guten im Menschen hat jede Plausibilität verloren.

Zum Schluss wird Joad sehr persönlich:

> *Weil wir von der Lehre von der Erbsünde nichts wissen wollten, sind wir Linken immer wieder grausam enttäuscht worden – enttäuscht durch die Weigerung der Menschen, vernünftig zu sein [...] durch das Ausbleiben des wahren Sozialismus, durch das Verhalten der Nationen und Politiker [...] vor allem aber durch die immer neue Tatsache des Krieges.*[29]

Kurz gesagt: Der säkulare Fortschrittsglaube ging davon aus, dass die Hindernisse, die die Entwicklung der Menschheit blockierten, außerhalb von uns lagen und dass wir nur genügend technisches Wissen, Bildung und Sozialpolitik brauchten, um die Natur zu beherrschen und Krankheit, Hunger, Krieg, Armut, Rassismus und Krisen zu überwinden. Doch die Geschichte hat uns gezeigt, dass vermehrtes Wissen auf furchtbare Weise dazu missbraucht werden kann, unsere Situation zu verschlimmern, weil das größte Fortschrittshindernis in uns selber liegt.

Aber es gibt noch ein zweites großes Problem mit dem säkularen Fortschrittsdenken. Die christliche Vorstellung vom Fortschritt in der Geschichte war ursprünglich die, dass die Geschichte auf ein Ziel hinausläuft, das jenseits der Geschichte lag. Gottes erneuerte Welt wird der Höhepunkt und die Erfüllung des Höchsten und Besten sein, was es im Laufe der Menschheitsgeschichte an Hoffnung gegeben hat. Die säkulare Idee des Fortschritts dagegen glaubt nicht, dass es jenseits dieser physischen Welt noch etwas geben könnte. Das bedeutet nicht nur, dass nach unserem persönlichen Tod buchstäblich nichts mehr kommt, sondern auch, dass die ganze menschliche Zivilisation spurlos verschwinden wird. Mit anderen Worten: Der „Fortschritt" der säkularen Zukunftshoffnung ist nur etwas Vorübergehendes; der Endpunkt der Menschheitsgeschichte ist das absolute Nichts.

1948, als die Angst vor einem Atomkrieg umzugehen begann, schrieb C. S. Lewis einen kurzen Artikel mit dem Titel „Menschheit im Atomzeitalter". Er schrieb, dass viele Menschen Angst davor hätten, „dass durch die Atombombe vielleicht die ganze Zivilisation ausgelöscht wird". Und dann fragte er:

> *Welche Vorstellungen hatten Sie über die Zukunft unserer Zivilisation, bevor die Atombombe aktuell wurde? Wohin, glaubten Sie, würden uns alle menschlichen Anstrengungen letztlich führen? Fast jeder, der auch nur ein klein wenig in den Naturwissenschaften bewandert ist, kennt die richtige Antwort […] Und die richtige Antwortet lautet, dass das Ganze – ob mit oder ohne Atombomben – einmal im NICHTS enden wird.*[30]

Lewis fährt fort: Wenn diese irdische Welt alles ist, was existiert – wenn es also keinen Gott gibt und kein Leben einer ganz anderen Art irgendwo außerhalb der Natur, dann wird die gesamte menschliche Zivilisation schließlich mit dem Tod der Sonne sterben. Die Menschheit wird dann „nicht mehr als ein zufälliges Aufflackern" gewesen sein, ein winziger Augenblick im Vergleich zu dem „unendlichen Meer der Zeiten davor und danach […] und niemand wird mehr da sein, der die Erinnerung daran bewahren könnte".[31]

Ein winziger Augenblick im unendlichen Meer der Zeiten

Brian Greene, der im Gegensatz zu Lewis ein säkularer Denker ist, vermittelt in seinem Buch *Until the End of Time* trotzdem die gleiche Botschaft. Wie können wir ein sinnvolles Leben führen, wenn wir wissen, dass das menschliche Leben eine winzige Seifenblase in der Geschichte des Universums ist und dass nichts von dem, was wir tun – ob gut oder grausam –, am Ende einen Unterschied machen wird? Greene erinnert an den neunjährigen Alvy Singer in dem Film „Annie Hall" (deutsch: „Der Stadtneurotiker"), der, als er begreift, dass das Universum und mit ihm die ganze menschliche Zivilisation vergehen wird, beschließt, keine Hausaufgaben mehr zu machen. Wozu Hausaufgaben, wenn die Welt doch irgendwann untergeht? Dies ist natürlich eine Szene, wo die Zuschauer lachen sollen, aber Greene ist es bitterernst. Wenn ich wüsste, dass ich morgen sterben muss, dann wäre so etwas wie Hausaufgaben in der Tat sinnlos, und wenn wir wüssten, dass die Welt demnächst verbrennen wird, wären all die Dinge, die wir für so groß und wichtig halten – Kunst, Politik, eine Familie gründen –, auf einmal nichts mehr wert. Und dann spinnt Greene den Faden weiter: „Wenn der unmittelbar drohende Untergang der Menschheit das Leben sinnlos machen würde, dann sollte doch das Gleiche gelten, wenn der Untergang noch in ferner Zukunft liegt."[32] Wir können uns hier mit der „symbolischen Transzendenz" zu trösten versuchen, also der Vorstellung, dass unsere Taten in unserem Lebenswerk oder in dem Leben unserer Kinder weiterleben werden, aber die Realität ist doch, dass es am Ende keinen Unterschied machen wird, ob ich ein Leben der Güte oder der Brutalität gelebt habe. Das Wissen um das große Nichts schleicht sich, wenn auch in etwas verdrängter Form, ein und raubt dem Leben seinen Sinn. Wenn Foucault recht hat, taumelt die Geschichte von einer Katastrophe zur nächsten, ohne dass je etwas wirklich besser wird, bis sie entweder zusammen mit unserem Sonnensystem endet oder schon vorher, durch eine Klimakatastrophe oder einen nuklearen Holocaust. Dann ist die Geschichte in der Tat „eine Mär, erzählt von einem alten Narren, voll Schall und Zorn und ohne jeden Sinn".[33]

Greene und Lewis sagen beide, dass unser ganzes Sein, unsere Liebe, unsere Errungenschaften vergeblich sind, wenn diese physische Welt alles ist, was existiert. Aber Lewis, anders als Greene, führt uns zu diesem Schluss, um uns dazu anzuregen, ihn zu hinterfragen. Er schreibt:

> *Sie können keine echte Freude mehr an der Musik empfinden, wenn Sie wissen und immer daran denken müssen, dass ihre Bedeutung reine Illusion ist, dass sie Ihnen nur deshalb gefällt, weil Ihr Nervensystem ohne vernünftigen Grund konditioniert ist, sie schön zu finden. Sie können – im primitivsten Sinn – „das Leben genießen"; aber […] gerade dann werden Sie die hoffnungslose Diskrepanz zwischen Ihren eigenen Gefühlen und dem Universum, in dem Sie tatsächlich leben, unweigerlich zu spüren bekommen.*[34]

Wenn Lewis von der Disharmonie zwischen unseren Gefühlen und unserer Sicht vom Universum spricht, will er uns zeigen, dass das säkulare Weltbild etwas ist, das tief drinnen niemand wirklich bejahen kann. Wenn alles eine rein materielle Ursache hat, dann sind Liebe und selbst unsere moralischen Überzeugungen lediglich das Produkt von biologischen Kräften, die uns zum Überleben geholfen haben. Aber wer glaubt so etwas im Ernst, ja wer *kann* das glauben? Lewis fährt fort:

> *Sie können nicht (außer im niedrigsten, triebhaften Sinn) ein Mädchen lieben, wenn Sie wissen (und sich immer vergegenwärtigen), dass all seine Schönheit, die des Körpers ebenso wie die der Seele, weiter nichts ist als ein durch den Zusammenstoß von Atomen zufällig erzeugtes Augenblicksmuster […]*[35]

Lewis argumentiert, dass im wirklichen Leben niemand konsequent mit dem Glauben leben kann, dass wir nur Materie sind und dass am Ende das große Nichts kommt. Wir haben also keine Hoffnung. Es sei denn …

Es sei denn, es gibt einen Gott, der fest zugesagt hat, dass er die Geschichte nicht zu einem Ende, sondern zu einem Neuanfang führt, zu einer Welt, in der der Tod und das Böse vernichtet sind und Gerechtigkeit und Friede herrschen. Und das Wahrzeichen dieser Welt ist die Auferstehung.

Wir haben keine Hoffnung. Es sei denn …

Die Hoffnung der Christen auf eine bessere Zukunft

Keine andere Religion bietet eine solche Hoffnung für die Welt, wie das Christentum dies tut. Wir reden jetzt nicht über die individuelle Hoffnung – die Hoffnung auf ein Leben nach dem Tod. Ich meine die kollektive Hoffnung, die Hoffnung für die Zukunft der Gesellschaft, ja der Menschheit, die Hoffnung auf ein gutes Ende der Geschichte. Nisbet und andere haben gezeigt, dass der Ursprung der Idee der Hoffnung und der fortschreitenden Weltgeschichte im Christentum lag. Seit die westliche Gesellschaft von dieser Wurzel abgeschnitten ist, breiten sich in ihr Langeweile und Zynismus immer mehr aus, was einen nicht erstaunen sollte. Schauen wir uns an, was der christliche Glaube anbietet, um unserer Kultur neue Hoffnung zu geben. Die christliche Hoffnung ist einzigartig vernünftig, umfassend, realistisch und wirksam.

Die Hoffnung der Christen ist vernünftig

Zunächst einmal ist, wie ich im ersten Kapitel ausführlich dargelegt habe, die Historizität der Auferstehung Christi bestens bezeugt. Er ist tatsächlich auferstanden, und das macht die christliche Hoffnung anders als alle anderen Hoffnungen der Welt.

N. T. Wright erklärt, dass die Auferstehung Christi uns mit Fakten konfrontiert, die von den Historikern und den Naturwissenschaftlern Erklärungen verlangen. Man kann sie nicht einfach beiseite wischen. Er schreibt: „Soweit ich die naturwissenschaftliche Vorgehensweise verstehe, verhält es sich doch so: Sobald etwas auftaucht, was sich mit dem Paradigma, innerhalb dessen man arbeitet, nicht erklären lässt, besteht eine Option [...] darin, dass man das Paradigma wechselt." Wir dürfen nicht die Fakten leugnen, nur weil sie nicht in unser altes Paradigma passen, sondern müssen sie in ein neues Paradigma, „ein größeres Ganzes",[36] einbauen. Wer es unterlässt, eine historisch plausible Alternativerklärung für die Augenzeugenberichte von der Auferstehung Jesu und für die revolutionäre plötzliche Kehrtwende im Weltbild von Tausenden von Juden zu liefern, steht wissenschaftlich nicht besser, sondern schlechter da als der, der eine Erklärung dafür liefern kann.

Wie Wright betont, ist der Glaube an die Auferstehung Jesu „kein blinder Glaube, der Geschichtsforschung und Wissenschaft ignoriert" oder „der sich in einen hermetisch abgeriegelten Bereich zurückgezogen hätte", der mit den empirischen Realitäten nichts zu tun hätte. Der Glaube an den auferstandenen Jesus transzendiert das, was wir Geschichte und Wissenschaften nennen, aber er schließt es auch ein.[37]

Kein blinder Glaube, der Geschichtsforschung und Wissenschaft ignoriert

Diverse Spielarten des westlichen Fortschrittsdenkens gehen davon aus, dass die Geschichte sich auf mehr individuelle Freiheit oder Klassengleichheit oder Wohlstand oder technologisch erworbenen Frieden und Gerechtigkeit zubewegt. Doch all dies sind keine Hypothesen, die jeder testen kann. Es sind Hoffnungen –

Annahmen, die nicht auf empirischen Erfahrungen gründen. Die Auferstehung Christi dagegen ist durch starke empirische Fakten untermauert – Fakten, die immer noch Glauben erfordern, aber die uns eine höchst vernünftige, rationale Hoffnung geben, dass es einen Gott gibt, der die Welt neumachen wird.

Die Hoffnung der Christen ist umfassend

Die Religionen bieten den Menschen eine Hoffnung auf ein Leben nach dem Tod. Sie lehren, dass unsere Seelen in das Paradies kommen oder dass unser spiritueller Kern in die Allseele der Welt eingehen wird oder dass wir auf eine andere Art spirituell weiterexistieren. Die physische Welt geht unter, aber wir existieren weiter. Im radikalen Kontrast dazu ist unsere heutige säkulare Kultur die erste in der Geschichte der Menschheit, die behauptet, dass sowohl die Weltgeschichte als auch der Einzelne eines Tages nicht mehr sein werden. Ob für unsere Zivilisation oder uns persönlich – das Ende ist das Nichts.

Dann gibt es noch die Religionen, die vollkommen „geistlich“ sind, da sie lehren, dass die Materie unwichtig ist und am Ende alles reiner Geist sein wird, während der Säkularismus das andere Extrem vertritt, nach dem es keine Seele und nichts Übernatürliches gibt und alles und jedes eine rein physische, wissenschaftlich beschreibbare Ursache hat. Das Christentum unterscheidet sich von beiden Positionen. Es bietet mehr als die Aussicht auf ein reines Geistesdasein im Himmel. Die Auferstehung Jesu ist *arrabon* (Anzahlung) und *aparche* (Erstlingsfrucht) einer kommenden physischen Auferstehung, in der die materielle Welt neugemacht werden wird. Es wird eine Welt sein, in der Gerechtigkeit wohnt, in der alle Tränen abgewischt werden, in der Tod und Verwüstung für immer verbannt sind und wo Wolf und Lamm nebeneinander liegen – lauter poetische Bilder, die aussagen, dass unsere jetzige Welt von Grund auf repariert, geheilt, erneuert und aus ihrer Knechtschaft unter Tod und Verfall befreit werden wird (Römer 8,18-23).

Keine andere Religion der Welt versichert uns, dass wir nicht nur persönlich auferstehen werden, sondern dass die ganze Welt erneuert werden wird. Die Menschheit ist nicht zu dem großen Nichts unterwegs, sondern zu dem langersehnten Ziel der vollkommenen Liebe, des Friedens, der Gerechtigkeit und des Glücks und diese Hoffnung ist kein leeres Wunschdenken, sondern wurzelt im soliden Boden der Geschichte. Das Zeichen dafür ist der auferstandene Christus, der selber von sich sagte, dass er kein „Geist" war (Lukas 24,39). Unsere Zukunft ist keine Existenz als Geistwesen in irgendeiner anderen Welt, sondern eine neugemachte, auferstandene Existenz in *dieser* Welt.

Dies ist die umfassendste Hoffnung, die möglich ist. Die Auferstehung Christi verspricht uns nicht einen irgendwann kommenden Trost für den Verlust unseres irdischen Lebens, sondern die *Wiederherstellung* des Lebens, das wir verloren haben, und noch unendlich viel mehr. Sie verspricht uns die Welt und das Leben, nach denen wir uns immer gesehnt haben, aber die wir nie hatten.

Eine neugemachte, auferstandene Existenz in *dieser* Welt

Die Hoffnung der Christen ist realistisch

Die Philosophie Hegels, die das westliche Denken so geprägt hat, lehrte, dass die Geschichte über eine Reihe „dialektischer" Konflikte fortschritt, in der auf jeder neuen Stufe die miteinander ringenden Kräfte eine neue, größere „Synthese" hervorbrachten. Konkret bedeutete dies, dass jedes Zeitalter besser war als das vorangegangene und dass die Menschheitsgeschichte in immer neuen Stufen nach oben strebte. Im letzten Jahrhundert haben wir gesehen, wie unrealistisch diese Vorstellung ist. Das Christentum kennt ein unendlich größeres, wunderbareres Ziel der Geschichte und der menschlichen Gesellschaft, und es ist dabei sehr realistisch.

Wenn wir uns den Tod und die Auferstehung Jesu anschauen, sehen wir ein ganz anderes Modell als das Hegels. Die Bibel „bietet uns ein Paradigma für das Verständnis der Weltgeschichte, das sich weder in der hegelschen Dialektik noch in einer nietzscheanisch-foucaultschen disjunkten Abfolge erschöpft."[38]

Jesus kam auf die Erde, aber sein Leben war nicht eine Abfolge von lauter Aufstiegen oder Fortschritten. Er entäußerte sich seiner Herrlichkeit und kam und starb, aber dieser Abstieg führte zu einem Aufstieg zu noch größeren Höhen, denn jetzt herrscht er nicht bloß über die Welt allgemein, sondern über ein erlöstes Volk. Nur durch sein Hinabsteigen in das Leiden konnte er uns erlösen und wieder „aufsteigen". Dies ist keine hegeliansche Vereinigung von einander entgegengesetzten, gleichberechtigten Kräften. Jesus hat keine „Synthese" von Heiligkeit und Sünde oder Leben und Tod gebildet, sondern er hat die Sünde und den Tod *durch* seinen Tod besiegt. Jesu Leben und Weg ist aber auch keine wahllose Abfolge von Brüchen und Krisen, wie postmoderne Denker es sehen würden, sondern er geht durch die Finsternis, um uns zu einem helleren Licht zu führen. Die Geschichte bewegt sich in der Tat auf ein wunderbares Ziel hin, aber nicht in einer Abfolge von immer besser werdenden Epochen, in denen die Menschheit immer stärker wird. Gott arbeitet anders.

Und auch das menschliche Leben funktioniert anders. Wir erleben es immer wieder, wie wir gerade durch harte Zeiten und Schwierigkeiten innerlich wachsen, neue Wahrheiten über uns erkennen und letztendlich so werden, wie wir sein sollten.

Und dies gilt nicht nur für den Einzelnen, sondern genauso für die ganze Gesellschaft. Tatsache ist, dass „wir alle durch viele Bedrängnisse in das Reich Gottes kommen müssen" (Apostelgeschichte 14,22[39]).

Die säkulare Fortschrittsidee war naiv und unrealistisch. Es ist falsch, eine Gesellschaft auf die Annahme zu gründen, dass es mit jeder Generation mehr Wohlstand, Frieden und Gerechtigkeit geben wird. Und die postmoderne Alternative beraubt uns jeder Hoffnung. Allein der christliche Glaube bietet uns eine Sicht von der Menschheitsgeschichte, die realistisch ist, ohne zynisch zu werden.

Die Hoffnung der Christen ist wirksam

Und schließlich erweist sich die christliche Hoffnung im ganz praktischen Leben als tragfähig.

Das Neue Testament benutzt das Wort *Hoffnung* in zwei Bedeutungen. Wenn es darum geht, auf Menschen bzw. auf uns selber zu hoffen, ist unsere Hoffnung immer relativ und unsicher. Wenn ich jemandem Geld leihe, tue ich dies in der Hoffnung, dass er es mir zurückzahlen wird (Lukas 6,34). Wenn ich pflüge oder säe, hoffe ich auf eine gute Ernte (1. Korinther 9,10).[40] Wir suchen die besten Methoden und klügsten Praktiken, um das gewünschte Ergebnis zu erzielen. Wir sagen uns und unseren Mitmenschen, dass wir „alles im Griff" und unter Kontrolle haben. Aber wir haben es nie im Griff. Dies ist eine relative Hoffnung nach dem Motto „hoffen wir's mal".

Aber wenn der Gegenstand der Hoffnung *nicht* ein Mensch ist, sondern Gott, dann haben wir es mit der zweiten Bedeutung von *Hoffnung* zu tun; hier bedeutet *Hoffnung* absolutes Vertrauen, Gewissheit, Zuversicht (Hebräer 11,1). Auf Gott hoffen bedeutet nicht, unsicher und ängstlich zu wünschen, dass er auf meiner Seite steht, sondern zu erkennen, dass er –

und er allein – vertrauenswürdig ist und der Einzige, der mich nie enttäuschen wird (Psalm 42,6.12; 62,11), und dass sein Plan unendlich weise und gut ist. Der Glaube an die Auferstehung Jesu bestätigt, dass es einen Gott gibt, der gut und allmächtig ist, der aus Dunkelheit Licht bringt und der geduldig einen Plan zu seiner Ehre, unserem Besten und dem Besten der ganzen Welt verwirklicht (Epheser 1,9-12; Römer 8,28). Christliche Hoffnung bedeutet, dass ich aufhöre, für mein Leben und Glück auf Menschen zu setzen, und mich stattdessen ganz auf Gott verlasse.

Hoffnung: absolutes Vertrauen, Gewissheit, Zuversicht

Wie sieht das konkret im Leben aus? Jemand, der gerade seine Krebsdiagnose bekommen hat, wird seine Hoffnung zweifellos zum Teil auf die Ärzte und ihre Therapien setzen. Aber seine Hoffnung ruht vor allem auf Gott. Er kann die Gewissheit haben, dass Gottes Plan und Wille für ihn immer gut und vollkommen ist (Römer 8,28) und dass seine unausweichliche Bestimmung die Auferstehung ist. Wenn er sein Herz an das Können der Mediziner hängt, wird ein ungünstiger Befund ihm den Boden unter den Füßen wegziehen. Aber wenn er seine Hoffnung vor allem auf Gott setzt, wird er wie ein Fels sein, den nichts erschüttern kann (Psalm 125,1). Jesaja 40,31 stellt klar, dass die, die „auf den HERRN harren", sich nicht ängstlich festklammern, sondern „neue Kraft kriegen", ja „auffahren", „dass sie laufen und nicht matt werden, dass sie wandeln und nicht müde werden".[41]

J. R. R. Tolkien hat diesen Unterschied zwischen Trotz und echter Hoffnung in einer Passage des letzten Bandes seiner *Herr der Ringe*-Trilogie zum Ausdruck gebracht. Samweis Gamdschie hat seinen Herrn Frodo auf einer entsetzlichen Reise durch ein tödliches, böses Land begleitet und beschützt. Einmal hat er ihn durch pure Willenskraft aus seinem Gefängnis in einem Turm befreit. Etwas später, als die beiden sich ihr Nachtlager gerichtet haben, sieht er beim Einschlafen einen weißen Stern am Himmel funkeln.

> *Sein Glanz traf ihn ins Herz, als er aus dem verfluchten Land aufschaute, und er schöpfte neue Hoffnung. Denn klar und kalt wie ein Sternenstrahl drang der Gedanke in ihn ein, dass der Schatten am Ende doch nur etwas Geringes und Vergängliches sei: Dieses Licht und diese erhabene Schönheit waren seinem Zugriff für immer entzogen. Sein Lied im Turm hatte er eher aus Trotz als in Hoffnung gesungen, denn da hatte er an sich selbst gedacht. Jetzt aber, für einen Moment, machte er sich über sein eigenes Schicksal und auch über das seines Masters keine Sorgen mehr. Er kroch wieder hinter das Gestrüpp, streckte sich neben Frodo aus und gönnte sich, alle Befürchtungen beiseite schiebend, einen tiefen, ungestörten Schlaf.*[42]

Dies ist eine perfekte Illustration des Unterschieds zwischen der zerbrechlichen Hoffnung auf menschliche Fähigkeiten und der unfehlbaren Hoffnung auf Gott. In dem Turm hatte Samweis seine Hoffnung auf seine eigenen Fähigkeiten gesetzt und Stoizismus oder große Wut können uns durch manche Krise hindurchbringen. Aber nur zeitlich begrenzt. Aber echter Mut kommt letztlich aus Selbst-Vergessenheit und aus Freude – der Freude darüber, dass wir hier auf der Erde vorübergehend in einer kleinen finsteren Ecke stecken, aber dass Gottes Universum ein riesiger Raum des Lichtes und der Schönheit ist und dass dieses Licht und diese Schönheit unser Bestimmungsort und großes Ziel sind. Und der Grund dafür ist – Jesus. Er war so entschlossen, uns in dieses Licht und diese Schönheit hineinzuholen, dass er auf all seine eigene Herrlichkeit und Freude verzichtete und hinunter in die schwarze Tiefe ging, damit wir wissen können: „Noch am Abend weinen wir – doch am Morgen kehrt wieder Jubel ein“ (Psalm 30,6).

Jesus hat uns dies durch seinen Tod und seine Auferstehung erkauft. Wenn wir diese Gewissheit tief in uns haben, kann uns unser unmittelbares Schicksal, wie immer die aktuelle Krise auch ausgehen mag, nicht mehr beunruhigen. Trotz kommt vom Blick auf uns selbst. Hoffnung kommt aus dem Blick auf ihn.

Epilog

Der Stein und die Finsternis

Der Stein, den die Leute nicht wollten,
wurde der Eckstein einer ganzen neuen Welt.
– Noel Paul Stookey (1977)

Psalm 118,21-23 malt ein faszinierendes Bild, das die Jahrhunderte überdauert hat:

Ich danke dir, HERR, dass du mich erhört hast
und mir zum Helfer wurdest.
Der Stein, den die Bauleute für unbrauchbar erklärten,
ist zum Eckstein geworden.
Das hat der HERR getan,
und es ist ein Wunder in unseren Augen.

Der 118. Psalm ist, wie so viele andere Psalmen, eine Bitte um Gottes erlösendes Eingreifen von einem Menschen, der von lauter Feinden umzingelt ist (V. 10-13). In diesem Fall waren diese Feinde, die „Bauleute", Mächtige aus Israel, die Männer an den Schalthebeln, die Macher. Sie hatten einen Stein für unbrauchbar erklärt. Dieser „Stein" kann der König von Israel gewesen sein, vielleicht auch Gott selber oder die Wahrheit seines Wortes. In Jesaja 28,15-16[1] lesen wir, wie die Führer Israels Gottes „Grundstein" und „Eckstein" ablehnen und den Lügen glauben.

Im Neuen Testament klären die Apostel uns auf, dass all dies eine Weissagung auf Jesus Christus war (Römer 9,30-32), der von den damaligen Mächtigen abgelehnt und getötet wurde, aber gerade dadurch zum Eckstein eines neuen, lebendigen geistlichen Hauses wurde, in welchem Gottes Geist wohnt (1. Petrus 2,6-10; Epheser 2,20). In diesem lebendigen Tempel ist die Kraft der neuen Schöpfung. Er ist eine Gegenkultur, eine alternative Menschheit. Er wird wachsen, bis die ganze Erde erneuert und mit Gottes Herrlichkeit erfüllt ist (Offenbarung 21–22). Durch die Auferstehung hat Gott den verworfenen Stein, Jesus, auf wunderbare Weise öffentlich gerechtfertigt, wie Petrus in seiner Verteidigungsrede vor dem Hohen Rat zeigt (Apostelgeschichte 4,10).[2]

Der amerikanische Sänger Noel Paul Stookey hat 1977 einen Song geschrieben, der diesen wundervollen Gedanken aufnimmt und in dem es heißt: „Der Stein, den die Leute nicht wollten, wurde der Eckstein einer ganzen neuen Welt."[3] Das ist, kurz gesagt, das Thema dieses Buchs und, so habe ich argumentiert, die Essenz der Botschaft der Bibel. Jesus bringt uns seine Erlösung, indem er verworfen wurde, schwach war und litt. Aber nicht *trotz* seiner Schwäche, sondern *durch* sie holt er die Zukunft in die Gegenwart hinein und fängt an, durch uns eine ganze neue Welt zu bauen.

Das Evangelium verspricht uns nicht, dass wir mit unserem Glauben die Welt erobern werden. Es ist keine Botschaft im Stil von: „Onward, Christian soldiers, marching as to war" (deutsch etwa: „Auf, ihr Streiter Christi, auf im Krieg des Herrn").[4] In einem Lied, das besser zu der großen Umkehrung passt, heißt es: „Nicht mit lautem Schwerterklirren, nicht mit hartem Trommelklang, nein, mit Lieb- und Gnadestaten kommt dein himmlisch Reich."[5]

Eine andere Stelle in der Bibel, die uns die Auferstehung als unsere Hoffnung zeigt, ist der Psalm, den man den dunkelsten aller Psalmen genannt hat – der 88. Psalm.

Ich aber – ich schreie zu dir, HERR,
und schon am Morgen kommt mein Gebet vor dich.
Warum, HERR, hast du mich verstoßen?
Warum verbirgst du dein Angesicht vor mir?
Von Jugend auf bin ich vom Leid gebeugt und dem Tode nah.
Ich trage schwer an den Schrecken, die du über mich kommen lässt;
ich bin völlig verzweifelt.
Dein Zorn überrollte mich wie ein Flammenmeer,
deine schrecklichen Angriffe haben mich vernichtet.
Wie gefährliche Wellen schlagen sie über mir zusammen – den ganzen Tag,
sie bedrängen mich von allen Seiten.
Meinen Freunden und Nachbarn hast du mich entfremdet,
mein einziger Vertrauter ist die Finsternis. (Psalm 88,14-19)

Die meisten Klagepsalmen enden mit zumindest einem Schimmer von Hoffnung. Aber Psalm 88 listet all das Leid seines Verfassers auf und wie er dem Tod nahe ist, nur um abschließend festzustellen, dass Gott ihn verlassen hat und die Finsternis sein „einziger Vertrauter" ist (V. 19). In der Mitte des Psalms fragt er sogar bitter: „Oder werden die Gestorbenen aufstehen, um dich zu preisen? Erzählt man sich etwa im Grab von deiner Gnade?" (V. 11-12). Der Psalmdichter ist völlig verzweifelt. Aber das Neue Testament gibt mit der großen Umkehrung die Antwort. Stehen die Toten auf, um Gott zu preisen? Ja! Erzählt man sich im Grab von Gottes Gnade? Absolut!

Hier ist Hoffnung für Sie und mich.

Jesus war total verlassen, damit Sie nicht verlassen *sind*, auch wenn Sie sich so *fühlen*. Als Jesus Christus im Garten Gethsemane war und die absolute Finsternis vor ihm stand und er dies genau wusste, hat er Sie nicht verlassen, sondern ist für

Sie gestorben. Wenn Jesus Christus Sie in der schwärzesten aller Finsternisse, in *seiner* Finsternis, nicht verlassen hat, warum sollte er Sie verlassen, wenn es um Sie finster wird?

Weil es eine Tatsache ist, dass am Kreuz Christi die Finsternis sein einziger Vertrauter war und er so die Strafe für Ihre Sünden gezahlt hat, dürfen Sie wissen, dass in *Ihrer* Finsternis Gott selber Ihr Vertrauter ist. Er hat Sie nicht verlassen. Er verlangt nicht *zwei* Zahlungen für die gleiche Schuld. Jesus hat ein für alle Mal den Preis für Ihre Schuld bezahlt und er liebt Sie.

Wenn Sie wissen und sich immer wieder vor Augen führen, dass die Auferstehung kommt, werden Sie nie wirklich in der Finsternis sein. Ich kenne eine chronisch kranke Frau, die auf die Frage: „Sie haben ja wirklich zu leiden. Wie geht es Ihnen damit?“, immer antwortet: „Mir fehlt nichts, was die Auferstehung nicht heilen könnte.“ Die Frau hat recht. Wenn wir wissen, dass die Auferstehung kommt, kann unsere Finsternis nie total sein.

Ein Ausleger des 88. Psalms beschließt seinen Kommentar mit den folgenden Sätzen:

> *Diese [Finsternis] kann einem Gläubigen widerfahren; so sagt es [dieser Psalm]. Sie bedeutet nicht, dass wir verloren gehen. Sie kann Menschen treffen, die sie absolut nicht verdient haben, und bedeutet nicht, dass sie sich von Gott entfernt haben. Sie kann jederzeit zuschlagen, solange diese Welt besteht; erst in der kommenden Welt wird es sie nie mehr geben. Und sie kann kommen, ohne dass wir wissen, warum. [Aber] es gibt Antworten, es gibt einen Sinn, und eines Tages werden wir ihn erkennen.*[6]

Danke!

Es mag vielleicht etwas übertrieben fromm klingen, wenn ich als Erstes Gott für seine Hilfe danke, aber ich muss es tun. Mir ist natürlich klar, dass jedes Buch, das ich geschrieben, und jede Predigt, die ich gehalten habe, ein Teil von Gottes Plan war und dass Gott – ohne deshalb unser selbstständiges Handeln zu übergehen – „alles nach seinem Willen und in Übereinstimmung mit seinem Plan ausführt" (Epheser 1,11). Gott hat Millionen gute, aber meist verborgene Gründe für alles, was geschieht, aber in diesem Fall waren einige dieser Gründe sichtbarer als gewöhnlich. Mein Verleger, Brian Tart, dachte an ein Buch über Ostern, als eine Art Pendant zu meinem Buch *Stille Nacht – Heilige Nacht*. Ich begann also ein Buch über die Auferstehung, und dann kamen die COVID-19-Pandemie und meine Bauchspeicheldrüsenkrebs-Diagnose – beides Dinge, die, in den Worten von Samuel Johnson, „die Gedanken wunderbar konzentrieren". Das Schreiben in diesen finsteren Zeiten offenbarte mir neue Tiefen der Kraft und des Trostes in der Auferstehung. Damit will ich nicht behaupten, dass dieses Buch besser ist als meine anderen Bücher; das mögen die Leser selber entscheiden. Aber es ist das Buch, bei welchem ich Gottes Führung und Hilfe am meisten gespürt habe.

Mit jedem neuen Buch wächst meine Wertschätzung und Dankbarkeit für den Kreis der Freunde und Kollegen, die mir in all den Jahren das Schreiben ermöglicht haben. Da sind zum einen die, die Kathy und mir großartige Arbeitsplätze zur Verfügung gestellt haben, unter anderem Ray und Gill Lane in

Ambleside (Lake District, England), und Janice Worth in Palm Beach Gardens (Florida). Im Verlag sind David McCormick und Brian Tart das Team gewesen, dessen redaktionelle und literarische Begleitung über zwanzig Penguin-Titel (!) möglich gemacht hat. Ihr beiden seid der Traum jedes Buchautors.

Anmerkungen

Vorwort

1 Martin Luther King Jr., „I Have a Dream" (Ansprache in Washington, D. C., am 28. August 1963); deutsche Übersetzung in: https://ewigkite.de/glaubenssachen/38-angedacht/740-i-have-a-dream-text, aufgerufen am 22.11.2021.

Einleitung

1 Mehr über die historische Entwicklung dieser optimistischen Zukunftshoffnung unten in Kapitel 12 („Hoffnung für die Zukunft").

2 Pew Research Center, „Once Again, the Future Ain't What It Used to Be", 2. Mai 2006, S. 1. https://www.pewresearch.org/social-trends/2006/05/02/once-again-the-future-aint-what-it-used-to-be, aufgerufen am 22.11.2021.

3 Steven Pinker, *Gewalt. Eine neue Geschichte der Menschheit* (Frankfurt/M: Fischer, 2011). Ders., *Aufklärung jetzt: Für Vernunft, Wissenschaft, Humanismus und Fortschritt. Eine Verteidigung* (Frankfurt/M: Fischer, 2018).

4 Yuval Noah Harari, *Homo Deus. Eine Geschichte von Morgen* (München: C. H. Beck, 13. Paperback-Auflage 2020), S. 10.

5 Pew Research Center, „Once Again, the Future Ain't", S. 1-2.

6 Kim Parker, Rich Morin, Juliana Horowitz, „Looking to the Future, Public Sees an American Decline on Many Fronts", Pew Research Center, 21. März 2019, https://tinyurl.com/yxcdd4vw, aufgerufen am 22.11.2021.

7 Andrew Sullivan, „The World Is Better Than Ever. Why Are We Miserable?", *New York,* 9. März 2018, https://nymag.com/intelligencer/2018/03/sullivan-things-are-better-than-ever-why-are-we-miserable.html, aufgerufen am 22.11.2021.

8 Jürgen Habermas, *Ein Bewusstsein von dem, was fehlt. Eine Diskussion mit Jürgen Habermas*, hg. von Michael Reder und Josef Schmidt (Frankfurt/M: Suhrkamp. 2008), vgl. vor allem S. 18ff.

9 Rod Dreher, „The Germs That Destroyed an Empire", *The Ame-*

rican Conservative, 24. April 2020, www.theamericanconservative.com/dreher/roman-empire-plague-germs-kyle-harper, aufgerufen am 22.11.2021.

10 Richard Gaffin zeigt in seinem Überblick über die traditionellen systematisch-theologischen Behandlungen von Kreuz und Auferstehung, dass das Kreuz und die Versöhnung viel mehr Aufmerksamkeit erfahren als die Auferstehung. Vgl. die lange Fußnote 2 auf Seite 12 seines Buchs (Richard B. Gaffin, *Resurrection and Redemption: A Study in Paul's Soteriology*, Phillipsburg, NJ: Presbyterian and Reformed, 1987).

11 Sam Allberry, *Lifted: Experiencing the Resurrection Life* (Phillipsburg, NJ: Presbyterian and Reformed. 2012), S. 15f.

12 So in der Lutherbibel.

13 Christopher Watkin, *Michael Foucault* (Phillipsburg, NJ: Presbyterian and Reformed, 2018), S. 81.

14 J. R. R. Tolkien, *Das Silmarillion*, hg. von Christopher Tolkien (Stuttgart: Klett-Cotta, 14. Aufl. 2001), S. 30. Die Worte sind eine Beschreibung von Gandalf, einer der „Christus-Figuren" in Tolkiens Welt.

Kapitel 1: Eine gewisse Hoffnung

1 H. Richard Niebuhr, *The Kingdom of God in America* (Middletown, CT: Wesleyan University Press, 1988), S. 193. Eine ausführliche Darstellung und Kritik der liberalen Theologie als einer anderen Religion als der historische christliche Glaube gibt: J. Gresham Machen, *Christentum und Liberalismus* (Waldems: 3L-Verlag, 2013).

2 Ein neueres Beispiel gibt Eliza Griswold, „Richard Rohr Reorders the Universe", *The New Yorker*, 2. Februar 2020, www.newyorker.com/news/on-religion/richard-rohr-reorders-the-universe, aufgerufen am 22.11.2021.

3 John Updike, *Gedichte*. Aus dem Amerikanischen von H. M. Ledig-Rowohlt (Reinbek: Rowohlt, 1986), S. 26f.

4 Siehe James D. G. Dunn, *Jesus Remembered: Christianity in the Making*, vol. 1 (Grand Rapids, MI: Wm. B. Eerdmans, 2003), S. 855.

5 Tom Holland, *Herrschaft. Die Entstehung des Westens* (Stuttgart: Klett-Cotta, 2021), S. 16.

6 N. T. Wright, *Die Auferstehung des Sohnes Gottes* (Marburg: Francke, 2014). Für die Griechen war der Körper des Menschen das Gefängnis der Seele, die durch den Tod befreit wurde. Damit aber war das

Jenseits eine Art Einbahnstraße. Die Seele kehrte nicht in den Leib zurück, eine Auferstehung der Toten gab es nicht (vgl. Wright, S. 98-101). Eine detaillierte Darstellung der Position des Judentums zur Zeit Jesu gibt Wright in Kapitel 3 und 4 seines Buchs (S. 102-249).

7 Wright, *Die Auferstehung des Sohnes Gottes*, S. 844f. Wright schreibt weiter: „[…] die bemerkenswerten […] christlichen Mutationen innerhalb des jüdischen Auferstehungsglaubens schließen jede Möglichkeit aus, dass der Glaube [an die Auferstehung Christi] spontan aus seinem jüdischen Kontext hervorgegangen sein kann. Wenn wir die frühen Christen fragen, was diesen Glauben verursacht hat, laufen die Antworten auf zwei Dinge hinaus: auf Storys über Jesu leeres Grab und darüber, dass er wieder lebendig Menschen erschienen ist." (S. 828) – „Wir sahen in Kapitel 12, dass viele der messianischen Bewegungen zwischen ca. 150 v.Chr. und 150 n.Chr. mit dem gewaltsamen Tod ihres Gründers endeten. Wenn dies geschah, standen denen, die mit dem Leben davonkamen, zwei Möglichkeiten offen: Sie konnten die Bewegung aufgeben, oder sie konnten sich einen anderen Messias suchen. Die Nachfolger eines toten Propheten konnten natürlich weiterhin glauben, dass er ein wahrer Prophet war […] Doch im Blick auf einen vermeintlichen Messias, der angeblich das Reich Gottes einläuten wollte, war so etwas nicht möglich. Immerhin glaubte niemand, dass der Messias von den Toten auferweckt werden würde; niemand erwartete irgendetwas dergleichen. Es war schlicht keine Option, an dem Glauben festzuhalten, dass die kürzlich hingerichtete Person letztlich doch der Messias war" (Wright, S. 845).

8 „Diese Hinzufügung zur ersten Zeile ‚und dass er begraben wurde' […] betont, dass tatsächlich ein Leichnam ins Grab gelegt wurde, damit die folgende Auferstehung als objektive Realität und nicht bloß als ‚spirituelles' Phänomen verstanden wird. Und so, auch wenn dieses Detail für Paulus' persönliches Anliegen eher nebensächlich ist, verifiziert dieses sehr frühe christliche Bekenntnis auch die Realität der Berichte über das leere Grab." (Gordon D. Fee, *The First Epistle to the Corinthians,* Grand Rapids, MI: Wm B. Eerdmans, 1987, S. 725.)

9 Siehe Craig A. Evans, *Jesus and the Remains of His Day: Studies in the Evidence of Material Culture* (Peabody, MA: Hendrickson, 2015), S. 109-145.

10 Peter J. Williams, *glaubwürdig. Können wir den Evangelien vertrauen?* (Neuried: cvmd, 2020), S. 140.

11 Williams, *glaubwürdig*, S. 140.

12 Vgl. Flavius Josephus, *Jüdische Altertümer* (Wiesbaden: marixverlag, 3. Aufl. 2011), S. 179 (= Buch 4.219). Zitiert in: Williams, *glaubwürdig*, S.140 und Anm. 153.

13 Einige Autoren behaupten glatt, dass Hunderte von Menschen gleichzeitig dieselbe Halluzination haben können, aber siehe dazu Gary Habermas, „Explaining Away Jesus's Resurrection: The Recent Revival of Hallucination Theories", *Christian Research Journal* 23, no. 4 (2001), S. 26-31 und 47-49. www.researchgate.net/publication/228846841_Explaining_Away_Jesus'_Resurrection_the_Recent_Revival_of_Hallucination_Theories

14 Wright, *Die Auferstehung des Sohnes Gottes,* S. 853.

15 John Polkinghorne, *The Faith of a Physicist* (Princeton, NJ: Princeton University Press, 2016), S. 115.

16 Wright, *Auferstehung*, S. 733.

17 Zitiert nach LUT.

18 Zitiert nach ELB.

19 Wright, a.a.O., S. 734.

20 Ebd., S. 736.

21 Polkinghorne, *Faith of a Physicist*, S. 114.

22 N. T. Wright, Überrascht von der Bibel (Marburg: Francke, 2016), S. 66.

23 Ebd., S. 67.

24 Eine gute Zusammenfassung der Faktenlage zur Auferstehung Jesu anhand der Darstellung Jesu in den biblischen Auferstehungsberichten sowie der Unvereinbarkeit der Auferstehung mit sämtlichen damaligen Weltbildern gibt N. T. Wright, „Resurrection Narratives", in: *Dictionary for Theological Interpretation of the Bible*, ed. Kevin J. Vanhoozer (Grand Rapids, MI: Baker Books, 2005), S. 675-766.

25 N. T. Wright, Überrascht von der Bibel, S. 67.

26 Ebd., S. 71.

27 Ebd., S. 83f.

28 Ebd., S. 82f.

29 Ebd., S. 86.

30 Siehe Alister McGrath, *The Territories of Human Reason: Science and Theology in an Age of Multiple Rationalities* (Oxford: Oxford University Press, 2019).

31 Ein interessanter Fall ist hier der orthodox-jüdische Gelehrte Pinchas Lapide. Nach Prüfung der Belege für die Auferstehung Jesu

kam er zu dem Schluss: „Ich akzeptiere die Auferstehung Jesu als historische Tatsache; sie war keine Erfindung seiner Jünger." Gleichwohl wurde Lapide kein Christ. Vgl. das Zitat in: Pinchas Lapide, *Jewish Monotheism and Christian Trinitarian Doctrine* (Eugene, OR: Wipf and Stock, 2003), S. 59. Siehe auch Pinchas Lapide, *Auferstehung – ein jüdisches Glaubenserlebnis* (Stuttgart: Calwer Verlag; München: Kösel Verlag, 5. Aufl. 1986).

32 Martin Luther, „Ob man vor dem Sterben fliehen möge", in: *Luther Deutsch*, hg. von Kurt Aland, Bd. 6 (Stuttgart: Klotz; Göttingen: Vandenhoeck & Ruprecht, 2. Aufl. 1966), S. 231.

33 In einem erstaunlich „modern" klingenden Abschnitt schreibt Luther: „Hat nun Gott selbst im Alten Testament (3. Mose 13ff.) befohlen, die Aussätzigen aus der Gemeinde zu tun und (sie) außen vor der Stadt wohnen zu lassen, um die Ansteckung zu vermeiden, so sollten wir ja vielmehr ebenso bei dieser gefährlichen Krankheit tun, sodass, wo sie jemand kriegt, er sich alsbald selbst von den Menschen absondere oder absondern lasse und flugs mit Arznei Hilfe gesucht (werde). Da soll man ihm helfen und ihn in solcher Not nicht verlassen, wie ich oben hinreichend angezeigt habe, auf dass so das Gift beizeiten gedämpft werde, nicht allein der einzigen Person, sondern der ganzen Gemeinde zugut, welche dadurch vergiftet werden könnte, wenn man die Krankheit so ausbrechen und unter andere kommen ließe. Denn so ist jetzt unsere Pestilenz hier zu Wittenberg allein aus der Ansteckung hergekommen; die Luft ist gottlob noch frisch und rein. Aber aus lauter Dummkühnheit und Versäumnis hat sie etliche, und deren wenig, vergiftet; obwohl der Teufel sein Freudenspiel mit dem Schrecken und Fliehen hat, das er unter uns treibt. Gott wolle ihm wehren! Amen." („Ob man vor dem Sterben fliehen möge", S. 243f.)

34 Luther, „Ob man vor dem Sterben fliehen möge", S. 228.

35 Ebd., S. 230.

Kapitel 2: Eine Zukunftshoffnung

1 Zitiert nach NLB.

2 Die zentrale These dieses Buchs ist, dass die Auferstehung Jesu nicht nur ein dramatisches Wunder war, sondern der Beginn des kommenden Reiches Gottes, in welchem alles der Herrlichkeit Gottes dienen muss und somit neu und heil werden wird – „eine neue Schöpfung". Dieses Reich hat zwei „Dimensionen". Erstens bedeu-

tet die Auferstehung, dass Gottes Herrlichkeit aus dem Himmel hinunter auf die Erde gekommen ist, und dies nicht bloß in Form gelegentlicher Manifestierungen und auch nicht im Allerheiligsten des Tempels, sondern sie ist in Gottes Volk hineingetreten. Und zweitens: Als Jesus auferstand, hat er die künftige neue Schöpfung in die gegenwärtige Welt hineingeholt, sodass die alte Welt der Sünde und des Todes und die neue Welt einander gleichsam überlappen (Epheser 1,21). Die beiden Zeitalter – dieses gegenwärtige Zeitalter der Finsternis und der Sünde und das künftige Zeitalter des Lichtes und der Güte – existieren jetzt beide in der Geschichte der Menschheit, und jeder Mensch kann entweder weiter unter der Herrschaft der gegenwärtigen Weltzeit leben (Epheser 2,1) oder sich in das kommende Reich Gottes versetzen lassen (Galater 1,4; Kolosser 1,13). Dieses Reich ist schon da und wird in seiner ganzen Fülle doch erst am Ende der Geschichte kommen. Wenn wir uns im Glauben mit dem auferstandenen Christus vereinigen, werden wir im Glauben „mit ihm auferweckt" und haben partiell, aber wesentlich Anteil an dieser himmlischen Gegenwart und der Kraft und dem Leben des kommenden Reiches. Die Auferstehung zu verstehen heißt also zu begreifen, wie dieses neue Leben zu uns kommt und a) uns persönlich verändert, b) eine neue „Gemeinschaft des Reiches Gottes" schafft, die wir die Kirche nennen, und c) uns fähig macht, schon hier und jetzt die alte Welt ein Stück weit neu zu machen.

Nicht alle biblischen Bücher reden von diesem Reich, das schon da ist und noch im Kommen ist, so oft wie die synoptischen Evangelien, aber wir finden diese Grundstruktur der Heilsgeschichte auch in anderen Schriften. Das Johannesevangelium spricht kaum je vom *Reich*, aber dafür davon, dass Jesus ewiges Leben bringt – also dass das Auferstehungsleben, das die Juden für das Ende der Zeit erwarteten, durch Jesus schon hier und jetzt in die Geschichte eintritt. Auch Paulus spricht nicht oft vom *Reich*, dafür aber von dem „gegenwärtigen Zeitalter", das noch andauert, während Christus bereits seine Herrschaft „im zukünftigen Zeitalter" angetreten hat (vgl. Epheser 1,21). Paulus sagt, dass wir, die wir glauben, aus dem jetzigen Zeitalter errettet werden (Galater 1,4), um zu der neuen Schöpfung zu werden, die zum zukünftigen Zeitalter gehört (2. Korinther 5,17; 6,2). Damit lehrt er die „Überlappung der Zeitalter". Kurz: Alle Verfasser des Neuen Testaments gehen von der fundamentalen Tatsache aus, dass das Reich Gottes einerseits „schon jetzt" gekommen ist, aber andererseits „noch nicht" in seiner ganzen, die Welt erneuernden Fülle da ist.

Dieses Verständnis der christlichen Erlösung nicht nur als Vergebung der Sünden für den Einzelnen, sondern auch als etwas Ganzheitliches, die ganze Welt Erneuerndes, wurde vor allem von den niederländischen Theologen Geerhardus Vos und Herman Ridderbos zu Beginn und Mitte des 20. Jahrhunderts entwickelt. Ich erwähne dies deswegen, weil in den letzten Jahrzehnten Autoren wie N. T. Wright dieses Verständnis der biblischen Lehre popularisiert haben, woraus viele den Schluss gezogen haben, dass erst diese neueren Autoren die Struktur des biblischen Heilsverständnisses entdeckt hätten, während die früheren Theologen dies noch nicht erfasst hätten. Die klassische Formulierung dieser Struktur des biblischen Denkens bei Paulus findet sich in: Geerhardus Vos, *The Pauline Eschatology* (1930; Wiederabdruck Grand Rapids, MI: Wm. B. Eerdmans, 1972), besonders S. 36-39. Siehe auch Geerhardus Vos, *The Kingdom of God and the Church* (Nutley, NJ: Presbyterian and Reformed, 1972), insbesondere die „Recapitulation" auf S. 102f. Eine ausführliche Studie von Paulus' Denken über die beiden „Zeitalter" bietet Herman Ridderbos, *Paulus. Ein Entwurf seiner Theologie* (Wuppertal: R. Brockhaus, 1970), vor allem S. 35ff. Für eine Studie der Lehre vom Reich Gottes in den synoptischen Evangelien vgl. Herman Ridderbos, *The Coming of the Kingdom* (Philadelphia: Presbyterian and Reformed, 1962) sowie George Eldon Ladd, *Jesus and the Kingdom* (New York: Harper and Row, 1964). Ich nenne diese relativ alten Titel nicht deswegen, weil es nicht auch gute neuere Publikationen gäbe, die ebenfalls diese biblische Struktur erläutern. Aber anders als viele der Beiträge von Vos und Ridderbos behaupten diese neueren Schriften oft einen Gegensatz zwischen dem Modell des Reiches Gottes und der neuen Schöpfung und der reformatorischen Lehre von der stellvertretenden Sühne und Rechtfertigung. Eine gründliche Darlegung, warum diese Traditionen keine Gegensätze sein müssen, bietet der wichtige Beitrag von Michael Horton, *Justification: New Studies in Dogmatics*, vols. 1 und 2 (Grand Rapids, MI: Zondervan Academic, 2018).

3 Zitiert nach LUT.

4 Zitiert nach LUT.

5 Zitiert nach LUT.

6 Zitiert nach LUT.

7 So in wörtlicherer Übersetzung.

8 Geerhardus Vos, *The Kingdom of God and the Church*, S. 102.

9 Diese „Landkarten" über die Struktur des Reiches stammen, soweit ich weiß, ursprünglich aus Geerhardus Vos' Buch *The Pauline Eschatology.* Meine Diagramme basieren stark auf den seinen. Vgl. Geerhardus Vos, *The Pauline Eschatology* (1930; Wiederabdruck Grand Rapids, MI: Wm. B. Eerdmans, 1972), S. 38. Diese Grundstruktur ist ganz wesentlich für das rechte Verständnis der Bibel und wird im ganzen Neuen Testament vorausgesetzt, auch wenn die verschiedenen Autoren sie mit unterschiedlichen Begriffen beschreiben. In den synoptischen Evangelien ist das Wort *Reich* zentral, während Paulus das Wort Äon oder *Zeitalter* benutzt, um das Gleiche auszusagen – nämlich, dass zwischen dem ersten und zweiten Kommen Christi in diese Welt die Zeitalter einander überlappen. Vos' klassische Formulierung der paulinischen Lehre von den zwei Zeitaltern findet sich in *The Pauline Eschatology*, S. 36-41.

10 Siehe Francis Schaeffer, *Geistliches Leben – was ist das?* (Wuppertal: R. Brockhaus, 1975), S. 138ff.

11 Siehe John Stott, „The Now and the Not Yet", in: ders., *The Contemporary Christian* (Downers Grove, IL: InterVarsity Press, 1992), S. 375-392.

12 Beide Zitate nach ELB.

13 Den auferstandenen Jesus den „Erstling" nennen bedeutet zu erklären, dass „die Auferweckung Christi nicht ein isoliertes Ereignis ist, sondern dass sie etwas noch Gewaltigeres *garantiert*" (Hervorhebung T. Keller). Dieses Zitat sowie die anderen nicht aus der Bibel stammenden Zitate in diesem Abschnitt sind aus: Roy E. Ciampa und Brian S. Rosner, *The First Letter to the Corinthians,* The Pillar New Testament Commentary (Grand Rapids, MI: Wm B. Eerdmans, 2010), S. 761.

14 Für die Gedanken in diesem Abschnitt vgl. das Schlüsselwerk von Herman Ridderbos, *Paulus. Ein Entwurf seiner Theologie* (Wuppertal: R. Brockhaus, 1970). Zu Jesus als Erstlingsfrucht bzw. Erstgeborenem der neuen Schöpfung vgl. S. 39-45. Ridderbos wörtlich: „Nicht weniger deutlich ist aber auch die Bedeutung der Auferstehung Christi als des Durchbruchs des neuen Äons im eigentlichen, heilsgeschichtlichen Sinn des Wortes festzuhalten. Hier reichen die forensischen, ethischen oder existenzialen Kategorien nicht aus" (S. 43).

15 Zitiert nach LUT.

16 John White, *The Fight: A Practical Handbook for Christian Living* (Downers Grove, IL: InterVarsity Press, 1976), S. 88f. Die zitierte Liedstrophe ist von Samuel W. Gandy.

17 Jonathan Edwards, „Heaven Is a World of Love", in: *The Sermons of Jonathan Edwards: A Reader*, ed. Wilson H. Kimnach, Kenneth P. Minkema und Douglas Sweeney (New Haven, CT: Yale University Press, 1999), S. 242-272.

18 Aus dem Gedicht „Time" (1633) von George Herbert. Siehe *The English Poems of George Herbert*, ed. Helen Wilcock (Cambridge, UK: Cambridge University Press, 2007), S. 432.

19 Douglas J. Moo, *The Letters to the Colossians and to Philemon*, The Pillar New Testament Commentary (Grand Rapids, MI: Wm. B. Eerdmans, 2008), S. 216.

20 Rebecca Pippert, *Heraus aus dem Salzfass* (Lahr: Verlag der Liebenzeller Mission, 1996), S. 40f.

21 „In Kolossä forderten falsche Lehrer, die sich die weitverbreitete Angst vor diversen himmlischen Geistern zunutze machten, die Gläubigen auf, ihre eigenen Regelwerke zu befolgen, um von der Macht dieser Geister frei zu werden." Paulus erwidert darauf, dass Gott, indem er Christus als die endgültige Lösung des Problems der Sünde an das Kreuz schickte, jegliche Macht, die diese bösen Geister möglicherweise über uns hatten, beseitigt hat. Diesen Sieg, der in der Auferstehung und Himmelfahrt Christi gefeiert und sichtbar gemacht wird, müssen sich die Gläubigen als *ihren* Sieg aneignen (Moo, *Letter to the Colossians*, S. 216).

22 Horton, *Justification*, vol. 2, S. 257 u. 275.

23 John Bunyan, *Pilgerreise* (Lahr: Johannis, 1998), S. 47f.

24 John Murray, *The Epistle to the Romans* (Grand Rapids, MI: Wm. B. Eerdmans, 1968), S. 156f.

25 Ebd.

26 Eric Nelson, *The Hebrew Republic: Jewish Sources and the Transformation of European Political Thought* (Cambridge, MA: Harvard University Press, 2011). Nelson widerlegt die beliebte Vorstellung, dass die Demokratie eine Frucht der Säkularisierung war. Vielmehr war es so, dass im 16. und 17. Jahrhundert christliche Gelehrte begannen, die Verfassung des alten Israel auf brauchbare politische Ideen für ihre eigene Zeit abzuklopfen. In der Verlagswerbung für Nelsons Buch heißt es: „Nelson arbeitet drei große Neuerungen heraus, die durch die hebräische Renaissance in das politische Denken Europas

eingeführt wurden: das Argument, dass die einzige legitime Regierungsform die Republik ist, die Vorstellung, dass der Staat eine egalitäre Verteilung des Eigentums durchsetzen sollte, und den Glauben, dass eine gottesfürchtige Republik religiöse Vielfalt toleriert."

27 C. S. Lewis, *Ich erlaube mir zu denken. Essays zu zeitgemäßen und unzeitgemäßen Fragen* (Basel: Brunnen, 1. Taschenbuchauflage 2005), S. 65.

28 C. S. Lewis, *Pardon, ich bin Christ,* Neuübersetzung Christian Rendel 2014, Basel: Brunnen, S. 64.

Kapitel 3: Eine herrliche Hoffnung

1 Siehe Gordon J. Wenham, „Sanctuary Symbolism in the Garden of Eden Story", in: *I Studied Inscriptions from Before the Flood,* ed. Richard S. Hess und David Toshio Tsumura (University Park, PA: Eisenbrauns, 1994). Im Internet unter: www.godawa.com/chronicles_of_the_nephilim/Articles_By_Others/Wenham-Sanctuary_Symbolism_Garden_of_Eden.pdf , aufgerufen am 22.11.2021.

2 Aurelius Augustinus, *Bekenntnisse* (München: dtv, 7. Aufl. 1994), S. 31 (= Buch 1.1).

3 C. S. Lewis, *Perelandra*, Perelandra-Trilogie Bd. 2 (Moers: Brendow, 2005), S. 19.

4 Zitiert nach SLT.

5 Alec Motyer, *Philippian Studies: The Richness of Christ* (Chicago: InterVarsity Press, 1966), S. 58.

6 Jeremy Treat, *Seek First: How the Kingdom of God Changes Everything* (Grand Rapids, MI: Zondervan, 2019), S. 19f.

7 Ebd., S. 20f.

8 Genaueres darüber können Sie nachlesen in: Barry Hankins, *Francis Schaeffer and the Shaping of American Evangelicalism* (Grand Rapids, MI: Wm. B. Eerdmans, 2008), vor allem die Kapitel „The Making of an American Fundamentalist", „The Making of a European Evangelical" und „L'Abri" (S. 1-73), sowie in: Charles E. Cotherman, *To Think Christianly: A History of L'Abri, Regent College, and the Christian Study Center Movement* (Downers Grove, IL: IVP Academic, 2020), S. 13-47.

9 Cotherman, *To Think Christianly*, S. 17.

10 Frank Schaeffer, *Crazy for God: How I Grew Up as One of the Elect, Helped Found the Religious Right, and Lived to Take All (or Almost All) of It Back* (Cambridge, MA: Da Capo Press, 2007), S. 21.

11 Francis A. Schaeffer, *Kirche am Ende des 20. Jahrhunderts* (Wuppertal: R. Brockhaus, 1972), S. 115.

12 Frank Schaeffer, *Crazy for God*, S. 21f.

13 Geerhardus Vos, *The Kingdom of God and the Church* (Nutley, NJ: Presbyterian and Reformed, 1971), S. 87.

14 Vos, *The Kingdom of God and the Church*, S. 87f. Vos lehrt, dass seit der Auferstehung Christi „die Kräfte des Reiches […] am Wirken sind, [und] das Leben des Reiches […] findet seinen Ausdruck in dem Reichs-Organismus der sichtbaren Kirche" (S. 87). Der Hauptschauplatz der Manifestierung der übernatürlichen Kräfte des Reiches Gottes in der Welt liegt in der Kirche. Aber, so fährt Vos fort: „Daraus folgt nicht notwendig, dass die sichtbare Kirche der einzige äußere Ausdruck des unsichtbaren Reiches ist." Da das Ziel des Reiches die Erneuerung der ganzen Welt ist, „will es […] das ganze Leben der Menschen durchdringen" (S. 87). Er stellt dabei klar, dass Jesus *nicht* gelehrt hat, „dass dieses Ziel dadurch erreicht werden soll, dass das ganze Leben der Menschen unter die Herrschaft der sichtbaren Kirche kommt." Sondern: „Es gibt eine Sphäre der Wissenschaft […], der Kunst […], der Familie […], des Staates […], des Handels und der Industrie", und wo einzelne Christen ihre Arbeit so tun, dass „die Sphäre unter den bestimmenden Einfluss des Prinzips der Ehre Gottes […] kommt, dort können wir zu Recht sagen, dass das Reich Gottes offenbar geworden ist" (S. 87f.). Und weiter: „Wir unterscheiden völlig zu Recht zwischen der sichtbaren Kirche und solchen Dingen wie dem christlichen Staat, der christlichen Kunst, der christlichen Wissenschaft etc., aber wenn diese Dinge wirklich zu dem Reich Gottes gehören, wachsen sie aus dem Wiedergeburtsleben der unsichtbaren Kirche heraus" (S. 88f.).

15 Vos, *The Kingdom of God and the Church*, S. 89.

16 Michael Horton, „N. T. Wright Reconsiders the Meaning of Jesus's Death", The Gospel Coalition, 10. Oktober 2016, www.thegospelcoalition.org/reviews/the-day-the-revolution-began, aufgerufen am 22.11.2021. Für das Zitat am Ende des Zitats vgl. Römer 8,21-22.

17 Zitiert nach LUT. Im hebräischen Original heißt es wörtlich: „Ich werde vernichtet."

18 C. S. Lewis, *Das Gewicht der Herrlichkeit und andere Essays* (Basel, Gießen: Brunnen Verlag, 1. Taschenbuchauflage 2005), S. 107.

Kapitel 4: Eine Hoffnung, die die Welt unterwandert

1 So der Untertitel eines Buchs von Gregory K. Beale, *Redemptive Reversals and the Ironic Overturning of Human Wisdom* (Wheaton, IL: Crossway, 2019). Dieses Kapitel steht stark in der Schuld von Beales Buch. Siehe auch: Christopher Watkin, „Introducing the Cruciform ‚Great Reversal'", in: ders., *Michael Foucault* (Phillipsburg, NJ: Presbyterian and Reformed, 2017), S. 77-138.

2 Beale, *Redemptive Reversals*, S. 21.

3 Ebd., S. 22.

4 Zitiert nach LUT.

5 Siehe Robert Alter, *The Art of Biblical Narrative,* 2nd ed. (New York: Basic Books, 2011), dort S. 5: „Das gesamte Buch Genesis handelt von der Umstoßung des ehernen Gesetzes der Erstgeburt."

6 Zitiert nach LUT.

7 Beale, *Redemptive Reversals*, S. 91.

8 Zitiert nach LUT.

Kapitel 5: Die große Umkehrung

1 Richard B. Hays, *The Moral Vision of the New Testament: A Contemporary Introduction to New Testament Ethics* (New York: HarperCollins, 1996), S. 89.

2 Ebd., S. 89f.

3 Ebd., S. 90.

4 Ebd., S. 90.

5 „Ironie ‚bedeutet im Wesentlichen, dass man das eine sagt und das andere meint.' Alle Fälle von Ironie bestehen aus drei Grundelementen: 1. Es gibt zwei oder mehr Bedeutungsebenen (eine für den Beobachter, eine für das Opfer). – 2. Die eine Ebene bedeutet das Gegenteil der anderen Ebene (bzw. das, was offensichtlich ist, ist das Gegenteil von dem, was Realität ist). – 3. Entweder der Beobachter oder das Opfer wird […] davon überrascht." (Gregory K. Beale, *Redemptive Reversals and the Ironic Overturning of Human Wisdom*, Wheaton, IL: Crossway, 2019, S. 22.)

6 Hays weiter: Da „Gottes Art, sich zu offenbaren, von Verborgenheit, Umkehrung der Dinge und Überraschung gekennzeichnet ist, […] gibt es keinen Platz für Selbstgefälligkeit oder Dogmatismus." Und er kommt zu dem Schluss: „Wenn unser Empfinden durch dieses Narrativ geprägt wird […] lernen wir es, uns nicht allzu ernst

zu nehmen [… und] selbstkritisch zu sein." (Hays, *Moral Vision of the New Testament,* S. 90.)

7 Eine gute Zusammenfassung (aus der viele der Beispiele in diesem Kapitel stammen) bietet: Donald Guthrie, *New Testament Introduction* (Downers Grove, IL: InterVarsity Press, 1970), S. 90f.

8 Zitate nach LUT.

9 Simon Gathercole, „The Gospel of Paul and the Gospel of the Kingdom", in: *God's Power to Save: One Gospel for a Complex World?*, ed. Chris W. Green (Leicester, UK: InterVarsity Press, 2006), S. 138-154.

10 Gathercole, „Gospel of Paul" S. 143. Siehe auch seine Fußnoten 14 und 15 auf derselben Seite.

11 Ebd., S. 149.

12 Sie haben richtig geraten: Der schwerhörige Mann bin ich.

13 Zitiert nach LUT.

14 Joseph Haroutunian (ed.), *Calvin: Commentaries,* The Library of Christian Classics (Philadelphia: Westminster Press, 1958), S. 69.

Kapitel 6: Persönliche Hoffnung

1 Andere Aspekte von Jesu Begegnung mit Maria Magdalena in Johannes 20 behandele ich in meinem Buch *Der zugewandte Jesus* (Gießen: Brunnen, 2014), Kapitel „Die erste Christin" (S. 87-104).

2 Johann Scheffler, 1657. EG Nr. 401, Strophe 1.

3 Meine Auslegung dieser Verse wird gut resümiert in Andreas J. Köstenberger, *John,* Baker Exegetical Commentary on the New Testament (Grand Rapids, MI: Baker Academic, 2004), S. 569: „Ihre Reaktion ist vollkommen natürlich, aber zeugt erneut von einem Missverständnis. Maria scheint wild entschlossen zu sein, nicht ein zweites Mal zu verlieren, was sie unter solchen Mühen wiedergefunden hat. Aber sie darf sich nicht an den noch nicht zum Himmel aufgefahrenen Jesus klammern, denn ‚sein bleibendes Wohnen in ihr wird nicht, wie sie meint, im Fleisch geschehen, […] sondern im Geist' (Lee 1995, S. 42)."

4 Zitiert nach NLB.

5 Die traditionelle Argumentation, dass das Johannesevangelium in der Tat von Johannes stammt, ruht auf einem starken Fundament. Die ältesten Kirchenväter haben das Evangelium einstimmig Johannes zugeschrieben. Unter ihnen ist auch Irenäus, dessen Mentor Polycarp ein Schüler des Johannes gewesen war. Viele moderne Theologen vertreten eine andere Meinung. Es ist hier nicht der

Raum für eine Analyse dieser Diskussionen. Eine gute Zusammenfassung (sowie Verteidigung der traditionellen Position) gibt: D. A. Carson, *The Gospel According to John* (Grand Rapids, MI: Wm. B. Eerdmans, 1991), S. 68-81. Für unsere Zwecke ist der Hinweis wichtig, dass selbst manche der Stimmen, die die Verfasserschaft des Johannes verneinen, trotzdem davon ausgehen, dass das Evangelium von einem Augenzeugen verfasst wurde. Vgl. Richard Bauckham, *The Testimony of the Beloved Disciple: Narrative, History, and the Theology of the Gospel of John* (Grand Rapids, MI: Baker Academic, 2007).

6 Sir Arthur Conan Doyle, „The Sign of the Four", in: *Sherlock Holmes: The Complete Illustrated Novels* (New York: University of Life Library, Carlisle Media, 2018), S. 170.

7 Wie jeder, der das Internet konsultiert, rasch herausfinden wird, handelt es sich um Charles Blondin, den französischen Hochseilartisten, der am 30. Juni 1859 als Erster auf einem Seil die Niagara-Schlucht überquerte. Ich kann Ihnen nicht garantieren, dass dieses Begebnis tatsächlich stattgefunden hat. Die erhebliche Spannbreite der Varianten, in denen die Geschichte erzählt wird, könnte darauf hindeuten, dass es keine zuverlässige historische Quelle gibt. Aber zuverlässig oder nicht: Die Geschichte ist eine perfekte Illustration des Unterschieds zwischen Glauben als bloßem Für-wahr-Halten und Glauben als absolutem Vertrauen.

8 Vgl. Bruce Milne, *The Message of John: Here Is Your King!*, The Bible Speaks Today (Downers Grove, IL: IVP Academic, 1993), S. 302.

9 Ebd.

10 Richard Bauckham, *Jesus and the Eyewitnesses: The Gospels as Eyewitness Testimony*, 2nd ed. (Grand Rapids, MI: Wm. B. Eerdmans, 2017).

11 Leon Morris, *The Gospel According to John*, The New International Commentary on the New Testament (Grand Rapids, MI: Wm. B. Eerdmans, 1995), S. 753.

12 C. S. Lewis, *Der Ritt nach Narnia* (Moers: Brendow, 3. Aufl. 2002), S. 129.

Kapitel 7: Persönliche Hoffnung

1 Zitiert nach NLB.

2 Siehe Richard Bauckham, *Jesus and the Eyewitnesses: The Gospels as Eyewitness Testimony*, 2nd ed. (Grand Rapids, MI: Wm. B. Eerd-

mans, 2017), S. 170. Bauckham beruft sich für seine Interpretation auf R. T. France und R. E. Brown.

3 Alle Zitate in diesem Abschnitt aus: Miroslav Volf, *Von der Ausgrenzung zur Umarmung. Versöhnendes Handeln als Ausdruck christlicher Identität* (Marburg: Francke, 2012), S. 119.

4 Vgl. Equal Justice Initiative, *Lynching in America: Confronting the Legacy of Racial Terror*, 3rd. ed. (o.J.), https://eji.org/reports/lynching-in-america, aufgerufen am 22.11.2021.

5 J. R. R. Tolkien, *The Two Towers* (New York: Houghton Mifflin Company, 1987), S. 848.

6 Billy Graham, *So wie ich bin. Die Autobiographie* (Gießen: Brunnen, 1998), S. 49.

7 Ebd., S. 50.

8 „Die Kehrtwende" lautet die Überschrift des Kapitels in Grahams Autobiografie auf Deutsch, in dem es um Billys Bekehrung geht. Vgl. dort besonders S. 52ff.

9 Ich habe Billy Graham persönlich zu diesem Thema gehört. Das Zitat von Ruth Bell Graham ist im Internet reichlich belegt. Hier eine Quelle: faithinwriting.com/Tradition/Family/index.htm.

10 Huxley fährt fort: „Für mich selbst war […] die Philosophie der Sinnlosigkeit im Wesentlichen ein Mittel, frei zu werden." Diese Freiheit war sexuell/moralisch wie wirtschaftlich/ politisch gemeint. (Aldous Huxley, *Ziele und* Wege, Bielefeld: Cornelsen Verlag, 1949, S. 262 und 264f.)

11 C. S. Lewis, *Pardon, ich bin Christ*, Neuübersetzung 2014 (Brunnen: Basel, 22. Taschenbuch-Auflage), S. 60f.

12 Zitiert nach LUT.

13 Zitiert nach LUT.

14 Diese Ausführungen basieren auf der Meditation über Apostelgeschichte 9 für den 22. Juli in: D. A. Carson, *For the Love of God*, vol. 1 (Wheaton, IL: Crossway Books, 1998).

15 Martin Luther, „Von der Freiheit eines Christenmenschen", in: *Luther Deutsch*, Bd. 2, hg. Kurt Aland (Göttingen: Klotz im Verlag Vandenhoeck & Ruprecht, 2. Aufl. 1981), S. 257f.

16 Siehe D. Bruce Hindmarsh, *The Evangelical Conversion Narrative: Spiritual Autobiography in Early Modern England* (Oxford, UK: Oxford University Press, 2008), sowie ders., *The Spirit of Early Evangelicalism: True Religion in the Modern World* (Oxford, UK: Oxford University Press, 2017).

17 D. M. Lloyd-Jones, „Introduction“, in: William Williams, *The Experience Meeting* (Vancouver, BC: Regent College Publishing, 2003), S. 5.

18 Ich habe die sprachliche Formulierung der Fragen behutsam modernisiert. Die Originalformulierungen finden sich in: Williams, *The Experience Meeting,* S. 34-36.39-41.

Kapitel 8: Hoffnung für Sie und mich

1 D. Martyn Lloyd-Jones, *God's Ultimate Purpose: An Exposition of Ephesians 1:1 to 23* (Grand Rapids, MI: Baker Book House 1978), S. 71. Für viele der Gedanken in diesem ganzen Kapitel vgl. diese Predigten von Lloyd-Jones. Vgl. auch: D. Martyn Lloyd-Jones, *God's Way of Reconciliation: Studies in Ephesians Chapter 2* (Grand Rapids, MI: Baker Book House, 1972).

2 Dieses Beispiel findet sich in Lloyd-Jones, *God's Way of Reconciliation,* S. 90.

3 Ebd., S. 103.

4 Johann Timotheus Hermes, „Ich hab von ferne, Herr, deinen Thron erblickt“, Strophe 5. (Gesangbuch für die Evangelisch-Methodistische Kirche, Stuttgart: Christliches Verlagshaus, 1969, Nr. 566.)

5 Archibald Alexander, *Thoughts on Religious Experience* (Edinburgh: Banner of Truth Trust, 1967), S. xvii.

6 Zur Rolle des Gebets für das geistliche Leben der Christen siehe im Einzelnen: Timothy Keller, *Beten* (Gießen: Brunnen, 2016), S. 159-203.

7 Suzanne MacDonald, „Beholding the Glory of God in the Face of Jesus Christ: John Owen and the ‚Reforming‘ of the Beatific Vision“, in: *The Ashgate Research Companion to John Owen's Theology*, ed. Kelly M. Kapic und Mark Jones (Surrey, UK: Ashgate, 2012), S. 142.

8 Der Schlüsseltext ist hier: John Owen, *Meditations and Discourses on the Glory of Christ* (1684). Dies war Owens letztes Buch. Als er schwächer wurde und es mit ihm zu Ende ging, wandte er sich der Verheißung und der Praxis des Betrachtens der Herrlichkeit Christi zu, um sich auf den Tod vorzubereiten. Ich tue gerade das Gleiche. Die besten Ausgaben dieses Buchs sind: John Owen, *The Glory of Christ: His Office and Grace* (Fearn, Ross-Shire, Schottland: Christian Heritage Books, 2015) (vollständiger Text in modernisiertem Englisch); John Owen, *The Glory of Christ,* gekürzt von R. J. K.

Law (Edinburgh: Banner of Truth, 1994) (gekürzter und modernisierter Text); und der Originaltext in: John Owen, *The Works of John Owen*, vol. 1, ed. William H. Goold (Edinburgh: Banner of Truth, 1965), S. 274-464. – Anm. d. Übers.: Eine deutsche Ausgabe der gekürzten Version ist: John Owen, *Die Herrlichkeit Christi*, gekürzt und stilistisch vereinfacht von R. J. K. Law (Friedberg: 3L-Verlag, 2001). Da Keller nach der ungekürzten Version zitiert, sind die folgenden Zitate direkt aus ihr übersetzt und nicht der gekürzten deutschen Ausgabe entnommen.

9 Owen, *The Glory of Christ: His Office and Grace*, S. 44f.

10 Ebd.

11 Ebd., S. 49.

12 Ebd.

13 Vgl. die klassische Predigt von Thomas Chalmers, „The Expulsive Power of a New Affection", im Internet gefunden unter: https://www.monergism.com/thethreshold/sdg/Chalmers,%20Thomas%20-%20The%20Exlpulsive%20Power%20of%20a%20New%20Af.pdf, aufgerufen am 22.11.2021.

14 Der klassische Text zum „Abwärtstakt" des Tötens der Sünde ist John Owen, „On the Mortification of Sin in Believers", in: *The Works of John Owen,* vol. 6, ed. William H. Goold (Edinburgh: Banner of Truth, 1967), S. 2-88. Die klassischen Texte zum „Aufwärtstakt" sind John Owen, „On the Grace and Duty of Being Spiritually Minded", in: *The Works of John Owen*, vol. 7, ed. William H. Goold (Edinburgh: Banner of Truth, 1967), sowie Owen, *Meditations and Discourses.*

15 Vgl. John Owens Beispiel für das Meditieren über Jesus als den vollkommen Liebenswerten (vgl. Hoheslied 5,16), in: John Owen, *Communion with the Triune God*, ed. Kelly M. Kapic und Justin Taylor (Wheaton, IL: Crossway, 2017), S. 181f.

16 Zitiert nach LUT.

17 Richard B. Hays, *The Moral Vision of the New Testament: A Contemporary Introduction to New Testament Ethics* (New York: HarperOne, 1996), S. 1f.

18 Alle Zitate in diesem Druckabschnitt sind aus Hays, *The Moral Vision of the New Testament,* S. 2.

19 Hays, *The Moral Vision of the New Testament*, S. 209. Die von Hays genannten vier „hermeneutischen Modi des moralischen Appells" sind „Regeln", „Prinzipien", „Paradigmen" und die „symbolische

Welt". Die „symbolische Welt" definiert er als die Art, wie die Bibel „die Wahrnehmungskategorien schafft, durch die wir die Realität deuten" – insbesondere wie sie die Lage des Menschen und die Natur sowie das Wesen Gottes darstellt (S. 209). Anstelle des Begriffs *symbolische* Welt werde ich den Ausdruck *Weltbild* benutzen, den ich für die geläufigere Bezeichnung halte.

20 Hays, *The Moral Vision oft he New Testament,* S. 197f.

21 Elisabeth Elliot, *Eine harte Liebe* (Neuhausen-Stuttgart: Hänssler, 2. Auflage 1989), S. 59.

22 Ebd., S. 60. (Hervorhebung: Timothy Keller.)

23 Hays, *The Moral Vision of the New Testament,* S. 202.

24 Ebd., S. 203.

25 Ebd., S. 197.

26 Ebd.

27 Ein anderer Denker, der die große Umkehrung als die Basis für die Ethik sah, war Allen Verhey, seinerzeit Professor an der Duke University. (Siehe Allen Verhey, *The Great Reversal: Ethics and the New Testament,* Grand Rapids, MI: Wm. B. Eerdmans, 1984.) Doch der bekannteste und einflussreichste Theoretiker der Bedeutung der Auferstehung für die Ethik der Christen ist Oliver O'Donovan, vor allem in seinem Klassiker *Resurrection and Moral Order: An Outline for Evangelical Ethics*, 2nd ed. (Grand Rapids, MI: Wm B. Eerdmans, 1994). O'Donovans Grundthese ist, dass „die christliche Ethik auf der Auferstehung Jesu Christi von den Toten basiert" (S. 13). Dies bewahrt uns davor, zu „Moralisten oder Antinomisten" zu werden (S. 11), ohne dabei eine abstrakte „goldene Mitte" zu befürworten (S. 12). Die Auferweckung und Erlösung des Leibes Jesu – anstatt einer bloßen Himmelfahrt seines Geistes – ist eine neue Bestätigung der Schöpfungsordnung. „Vor der Auferstehung Christi mag es möglich gewesen sein, […] dass jemand sich fragte, ob die Schöpfung nicht ein hoffnungsloser Fall war. Wenn das Geschöpf immer wieder so handelte, dass es sich selbst – und damit den Rest der Schöpfung – zunichte machte, bedeutete dies nicht, dass das Werk von Gottes Händen hoffnungslos beschädigt war? Vor der Auferstehung Christi von den Toten konnte man vielleicht […] auf die Erlösung *von* der Schöpfung hoffen, aber nicht auf die Erlösung der Schöpfung. […] Wenn das Evangelium ohne Auferstehung gepredigt wird, […] werden das Kreuz und die Himmelfahrt, denen jetzt ihr Zentrum fehlt, zu Symbolen einer gnostischen Weltent-

rücktheit. [Doch seit der Auferstehung wissen wir:] Das Leben des Menschen auf der Erde ist Gott wichtig; er hat ihm seine Ordnung gegeben. [...] Haben wir dies einmal begriffen, können wir verstehen, wie [...] es ein Nein zu all dem erfordert, das seine Ordnung zu verlieren droht, und ein Fortschreiten hin zu einem Leben, das diese Ordnung transzendiert, ohne sie zu negieren" (S. 14f.). O'Donovan fährt fort, dass eine auf die Auferstehung zentrierte Ethik die schweren Irrtümer sowohl des Rationalismus der Aufklärung als auch des religiösen Dualismus vermeidet. Das Aufklärungs-Projekt war der Versuch, ethische Normen *nicht* im Glauben bzw. der Offenbarung zu suchen. Wir sollten stattdessen unseren Verstand anstrengen, um die Welt der Natur zu untersuchen und dort ethische Prinzipien (manchmal „Naturrecht" genannt) zu entdecken. Aber wir können aus der Natur in ihrem gegenwärtigen, vom Sündenfall geprägten Zustand keine ethischen Werte ableiten. Annie Dillards Buch *Pilger am Tinker Creek* (Berlin: MSB Matthes & Seitz, 2016) ist eine nachdrückliche Darstellung der Grausamkeit in der Tierwelt und des brutalen Wesens der normalen Prozesse der Evolution. Es ist nicht möglich, induktiv eine „moralische Ordnung" zu entdecken, indem man sich allein mit dem menschlichen Verstand die Natur anschaut. Andererseits gibt es viel dualistische Religion, die das Spirituelle als gut und das Materielle als böse betrachtet. Im religiösen Dualismus bedeutet Erlösung, dass ich für immer dem Jammertal dieser materiellen Welt entfliehe, hinein in ein rein spirituell verstandenes Paradies. Die Auferstehung hingegen bejaht, dass die Schöpfung ursprünglich gut war, und gibt uns die Kraft des Geistes, damit wir im Gehorsam zu Gottes Geboten eine teilweise und vorläufige, aber echte Heilung der zerbrochenen Beziehungen dieser gefallenen Welt in Angriff nehmen.

Kapitel 9: Hoffnung für Beziehungen

1 Ich kenne die Theorie, dass „Rasse" ein modernes Konstrukt ist, das den älteren Begriff der ethnischen Zugehörigkeit aufgreift und unter solche Etiketten wie „Weiße", „Schwarze" etc. subsumiert, die dann eine Hierarchie von „höheren" und „niederen" Rassen bilden. Ich glaube, dass wir hier einiges lernen können. Aber manche haben, diese Theorie aufgreifend, argumentiert, dass wir die Autoren und Personen der Bibel unmöglich als „Rassisten" im heutigen Sinne des Wortes bezeichnen können. Der Rassismus ist in dieser

Sicht eine moderne Erfindung, die man nicht auf die Bibel anwenden kann. Bill Melone dagegen findet bei aller Hochachtung vor der Theorie, dass die Moderne zu einer kulturell besonders starken Form des Rassismus geführt hat, dass es Rassismus und „Rassifizierung" bereits in der Antike gab und dass insbesondere das Verhalten des Petrus, wie es in Galater 2 beschrieben wird, als rassistisch zu werten sei. (Siehe Bill Melone, „The Tribe of Ishmael: Whiteness and Christian Identity", Mere Orthodoxy, 24. März 2020, https://mereorthodoxy.com/whiteness-christian-identity, aufgerufen am 22.11.2021.) Melone wörtlich: „Der Begriff der Rasse ist zutiefst durch die Kategorien der Hierarchie, der Absolutheit und der Entpersönlichung gekennzeichnet. Wer Menschen rassifiziert, siedelt sie erstens auf einer Skala von ‚höherwertig' bis ‚minderwertig' an und ordnet sie zweitens in Kategorien ein, die total voneinander getrennt sind und nicht vermischt werden können, und drittens tut er dies dadurch, dass er sich ihre Identitäten als losgelöst von den konkreten Personen vorstellt. Können wir also sagen, dass Petrus die Heidenchristen anhand dieser drei Elemente ‚rassifizierte'?" Melones Antwort lautet „Ja".

2 So z. B. die ELB.

3 Herman N. Ridderbos, *The Epistle of Paul to the Churches of Galatia*, The New International Commentary on the Old and New Testament (Grand Rapids, MI: Wm. B. Eerdmans, 1953), S. 226.

4 Zitiert nach LUT.

5 Zitiert nach EIN. Vgl hierzu John Oswalt, *The Book of Isaiah 40–66* (Grand Rapids, MI: Wm. B. Eerdmans, 1998), S. 547f.

6 Grant R. Osborne, *Revelation* (Grand Rapids, MI: Baker, 2002), S. 763.

7 Zitiert nach NLB.

8 Larry W. Hurtado, *Destroyer of the Gods: Early Christian Distinctiveness in the Roman World* (Waxo, TX: Baylor University Press, 2016), S. 93.

9 Vgl. Irwyn Ince, *The Beautiful Community: Unity, Diversity, and the Church at Its Best* (InterVarsity Press, 2020); Manuel Ortiz, *One New People: Models for Developing a Multiethnic Church* (InterVarsity Press, 1996); George Yancey, *One Body, One Spirit: Principles of Successful Multiracial Churches* (Inter Varsity Press, 2003); Efrem Smith, *The Post-Black and Post-White Church: Becoming the Beloved Community in a Multi-Ethnic World* (Josey-Bass, 2012).

10 Vgl. David Swartz, *Culture and Power: The Sociology of Pierre Bourdieu* (Chicago: University of Chicago Press, 1998); David Swartz, *Symbolic Power, Politics, and Intellectuals: The Political Sociology of Pierre Bourdieu* (Chicago: University of Chicago Press, 2013).

11 Joel B. Green, *The Gospel of Luke,* The New International Commentary on the New Testament (Grand Rapids, MI: Wm. B. Eerdmans, 1997), S. 550f.

12 „Es ist wichtig, die Struktur der Seligpreisung in V. 14 a zu sehen. Laut Jesus ist der selig, der geschenkt hat, ohne eine Erwiderung des Geschenks zu erwarten (oder darauf zu spekulieren!). Es stimmt, dass nach V. 14 b das Seligwerden die eschatologische Form des göttlichen ‚Lohns' annehmen wird, aber Jesus fordert die Menschen nicht zu unbefangener Großherzigkeit auf, *damit* sie Gottes Wohltun erlangen. Lukas hat bereits klargestellt, dass die Großzügigkeit der Menschen aus der Wertschätzung der Gnadenfülle Gottes entspringt (Lukas 6,36); jetzt fügt er hinzu, dass echte, nicht berechnende Großzügigkeit gegenüber den Niedrigen nicht unbelohnt bleiben wird." (Green, *Gospel of Luke*, S. 554.)

13 Vgl. N. T. Wright, „Resurrection of the Dead", in: *Dictionary for the Theological Interpretation of the Bible*, ed. Kevin J. Vanhoozer (Grand Rapids, MI: Baker Books, 2005), S. 676-678.

14 Gordon D. Fee, *The First Epistle to the Corinthians,* The New International Commentary on the New Testament (Grand Rapids, MI: Wm. B. Eerdmans, 1987), S. 233f.

15 Zitiert nach NLB.

16 Kyle Harper, *From Shame to Sin: The Christian Transformation of Sexual Morality in Late Antiquity* (Cambridge, MA: Harvard University Press, 2013), S. 89.

17 Hurtado, *Destroyer of the Gods*, S. 155-175.

18 Harper weist darauf hin, dass die Aufnahme von *porneia* in die Beschlüsse des Apostelkonzils in Apostelgeschichte 15 die Wichtigkeit und die „geradezu unheimliche Macht dieses Ausdrucks, eine ganze Palette von Erwartungen über den Gebrauch des Körpers zusammenzufassen", demonstriert (Harper, *From Shame to Sin*, S. 90).

19 C. S. Lewis, *Pardon, ich bin Christ*, S. 120.

20 Anthony C. Thiselton, *The First Epistle to the Corinthians: A Commentary on the Greek Text*, New International Greek Testament Commentary (Grand Rapids, MI: Wm. B. Eerdmans, 2000), S. 474.

21 „Die Liebe, die der jüdische Gott für sein auserwähltes Volk empfand und die sich so eklatant von allem unterschied, was man von den rücksichtslosen [heidnischen] Göttern Galatiens kannte, hatte bei den Heiden schon seit längerer Zeit Gefühle des Neids und des Argwohns erregt. […] Und nun […] mit der Ankunft Christi […waren] die Juden […] nicht länger die einzigen ‚Kinder Gottes'." (Tom Holland, *Herrschaft. Die Entstehung des Westens*, Stuttgart: Klett-Cotta, 2021, S. 97.) In seinem Buch zeigt Holland immer wieder, dass die Liebesbeziehung zwischen Gott und seinem Volk etwas war, was weder die orientalischen Religionen zu bieten hatten (da Gott in ihnen wesensmäßig unpersönlich ist) noch die Religionen des Westens (deren Götter zu kapriziös waren und sich nicht für die Sorgen der Menschen interessierten).

22 C. S. Lewis, Über den Schmerz (Gießen: Brunnen, 5. Taschenbuch-Lizenzausgabe 2005), S. 155.

23 Ebd.

Kapitel 10: Hoffnung auf Gerechtigkeit

1 Vgl. Jonathan Edwards, „Sermon Fifteen: Heaven Is a World of Love", in: *The Works of Jonathan Edwards*, WJE Online, Jonathan Edwards Center, Yale University, http://edwards.yale.edu/archive?path=aHR0cDovL2Vkd2FyZHMueWFsZS5lZHUvY2dpLWJpbi9uZXdwaGlsby9nZXRvYmplY3QucGw/Yy43OjQ6MTUud2plbw==, aufgerufen am 22.11.2021.

2 Dies ist eines der Hauptthemen in den Büchern von I. Lillias Trotter. Vgl. ihre *Parables of the Cross* (Orland Park, IL: Oxvision Books, 2014).

3 Zitiert nach ELB.

4 Jonathan Edwards, „Christian Charity or the Duty of Charity to the Poor, Explained and Enforced", Bible Bulletin Board, www.biblebb.com/files/edwards/charity.htm, aufgerufen am 22.11.2021.

5 J. G. McConville, *Deuteronomy: Apollos Old Testament Commentary* (Leicester, UK: 2002), S. 104.

6 Das Gesetz des Mose sollte allen nichtgläubigen Nationen zeigen, was wahre Weisheit und Gerechtigkeit sind (5. Mose 4). Dies kann nur bedeuten, dass dieses Gesetz in gewisser Weise für alle Kulturen gilt und damit ein Spiegel von Gottes zeitloser Weisheit und Gerechtigkeit ist. Aber bedeutet es auch, dass Christen alles, was im Gesetz des Mose steht, befolgen müssen? Viele sagen, dass für den

Christen, der an Jesus glaubt, nichts mehr von dem, was im Alten Testament steht, verpflichtend ist, während andere ihre ganze Ethik auf das Alte Testament stützen, gerade so, als hätte das Kommen Christi gar nichts verändert.

Historisch gibt es hier vielleicht keine ausgewogenere Position als die im Westminster Bekenntnis (Westminster Confession of Faith), einem protestantischen Bekenntnisdokument aus dem 17. Jahrhundert, das später von der Church of Scotland sowie presbyterianischen Kirchen in aller Welt übernommen wurde. In Kapitel 19 des Westminster Bekenntnisses werden drei verschiedene Arten von Gesetz im Alten Testament unterschieden. Erstens gibt es allgemeine moralische Gesetze, wie die Zehn Gebote. Die zweite Kategorie sind die zivil- und strafrechtlichen Gesetze Israels, die z. B. die „Nachlese" auf den Feldern, den Militärdienst oder das Auszahlen von Löhnen regeln. Und drittens gibt es die kultischen Gesetze, die den Gottesdienst in dem Zelt des Bundes bzw. später dem Tempel betrafen – die Tieropfer und die zahlreichen Vorschriften zur „Reinheit" und zur Zulassung zum Gottesdienst. Laut des Westminster Bekenntnisses sind die kultischen Gesetze für den Christen nicht bindend, da sie alle in Christus erfüllt sind. Dagegen gelten die Zehn Gebote nach wie vor, wie sich aus Römer 13,8-10 und 1. Johannes 2,3-4.7 ergibt, aber auch aus Jesu Erläuterung der Zehn Gebote in der Bergpredigt. Aber wie ist es mit den zivil- und strafrechtlichen Gesetzen?

Das Westminster Bekenntnis stellt fest, dass diese Gesetze Israel als „einem Gemeinwesen" gegeben wurden, „das zusammen mit dem Staat dieses Volkes erloschen ist" (Westminster Bekenntnis 19.4). Dies bedeutet nicht, dass das Volk der Juden nicht mehr existiert, sondern dass es seinen „Staat" – in der spezifischen Gestalt einer Monarchie, die das Gesetz des Mose als ihre Verfassung benutzte – nicht mehr gibt. Darüber hinaus waren die zivil- und strafrechtlichen Gesetze spezielle Anwendungen des moralischen Gesetzes auf eine Agrargesellschaft und -kultur, die ebenfalls weitgehend verschwunden sind. Das Westminster Bekenntnis formuliert, dass diese Gesetze „nicht mehr bindend sind, außer in dem allgemeinen Ausdruck dessen, was recht und billig ist". Dies ist eine wunderbar ausgewogene Sicht. Die zivil- und strafrechtlichen Gesetze des alten Israel in seiner wortwörtlichen Formulierung sind für uns nicht mehr bindend. Aber es gibt allgemeine Grundsätze von „recht und billig" (also: Gerechtigkeit), die hinter jedem dieser Gesetze stehen und die, wie 5. Mose 4 andeutet, jedes Jahrhundert und jede Kultur benutzen kann, um ihre eigene Gesellschaft kritisch zu hinterfragen.

Das Westminster Bekenntnis zitiert mehrere neutestamentliche Textpassagen, in denen Paulus seine Ermahnungen an die Christen auf ebensolche rechtlichen Bestimmungen des alten Israel stützt, die in ihrem Wortsinn nicht mehr gelten. So benutzt er in 1. Korinther 9,8-10 das Grundprinzip von 5. Mose 25,4 („Binde einem Ochsen beim Dreschen nicht das Maul zu"), um seine Leser zur finanziellen Unterstützung der Arbeiter im Dienst des Herrn zu animieren. Ein weiteres Beispiel ist 2. Korinther 8,13-15, wo Paulus das Prinzip hinter 2. Mose 16,18, wo es um das Sammeln des Manna geht, benutzt, um den Christen zu zeigen, dass sie bedürftige Brüder und Schwestern großzügig unterstützen sollten. Es liegt nahe, dass das Westminster Bekenntnis als reformiertes und calvinistisches Dokument in ihrer Einschätzung des Alten Testamentes Calvin folgte, der die zivil- und strafrechtlichen Gesetze des alten Israel genauso sah.

Baptistische und viele andere Stimmen haben die Unterteilung des alttestamentlichen Gesetzes in die erwähnten drei Kategorien abgelehnt. Nicht ohne Grund weisen sie darauf hin, dass die Grenzen zwischen diesen Kategorien nicht immer deutlich sind. Aber trotzdem: Im Laufe der letzten fünfzig Jahre hat sich ein Konsens zwischen orthodoxen und konservativen Theologen aus zahlreichen Denominationen und Traditionen herausgebildet, dass die zivil und strafrechtlichen Bestimmungen im Alten Testament allgemeine Grundsätze der Gerechtigkeit widerspiegeln, die in die Zukunft weisen, und dass wir Wege suchen müssen, diesen Prinzipien in unserer eigenen Zeit Gestalt zu geben. Einen vortrefflichen Überblick über dieses Thema geben die folgenden Bücher: Walter Kaiser, *Toward Old Testament Ethics* (Grand Rapids, MI: Zondervan, 1983) und Christopher J. H. Wright, *Old Testament Ethics for the People of God* (Downers Grove, IL: InterVarsity Press, 2004). Vgl. auch William W. Klein, Craig L. Blomberg und Robert Hubbard, Jr., *Introduction to Biblical Interpretation*, 3rd ed. (Grand Rapids, MI: Zondervan, 2017), S. 443-451. Klein et al. sind Baptisten, die die strikten drei Gesetzeskategorien bei den Presbyterianern und Anglikanern ablehnen, aber der Meinung sind, dass – so Blomberg – die Grundprinzipien des Alten Testaments „eine gewisse Anwendung auf alle Kulturen finden sollten" und dass wir nach „transkulturellen Werten" suchen müssen.

Wenn das Jerusalem der Zeit der Psalmisten „eine Freude für die ganze Welt" sein sollte, weil seine vorbildliche Gerechtigkeit und die Qualität seines kulturellen Lebens die Nationen zur Herrlichkeit Gottes hinführten, können wir wohl annehmen, dass in gewisser Weise, wenn auch nur unvollkommen und teilweise, die Gesetze des irdischen Jerusalem Fingerzeige auf die vollkommene Gerechtigkeit des himmlischen Jerusalem waren, der endgültigen Gottesstadt. Es ist also legitim, wenn wir im Gesetz des Alten Testamentes (immer im Auge behaltend, wie es im Neuen Testament benutzt wird) nach Anweisungen und Prinzipien suchen, die uns helfen können, in unserer heutigen Welt Gerechtigkeit zu praktizieren.

7 Zitiert nach NLB.

8 Zitiert nach NLB.

9 Craig Blomberg, *Neither Poverty nor Riches: A Biblical Theology of Possessions* (Leicester, UK: Apollos, 1999), S. 46.

10 Zitiert nach LUT.

11 Zitiert nach LUT.

12 John B. Taylor, *Ezekiel: An Introduction and Commentary* (London: Tyndale, 1969), S. 147.

13 Richard Rothstein, „The Black Lives Next Door", *The New York Times,* 15. August 2020, www.nytimes.com/2020/08/14/opinion/sunday/blm-residential-segregation.html, aufgerufen am 22.11.2021.

14 Mit dem Ausdruck „Jim Crow Laws" werden in den USA Gesetze bezeichnet, die zwischen 1876 und 1964 die Rassentrennung (insbesondere zwischen Weißen und Schwarzen) vorschrieben (Anm. d. Übers.).

15 Robert N. Bellah et al., *Gewohnheiten des Herzens. Individualismus und Gemeinsinn in der amerikanischen Gesellschaft* (Köln: Bund-Verlag, 1987). Eine der Hauptthesen Bellahs ist, dass eine offiziell säkulare, individualistische Kultur durchaus funktionieren kann, wenn es große Gruppen religiöser Bürger gibt, deren moralische Überzeugungen dem ansonsten unvermeidlichen Zerfall von Gruppen und Familien sowie dem Trend zum Egoismus entgegenwirken.

16 Clarence Darrow, „Crime and Criminals: Address to the Prisoners in the Chicago Jail" (Rede, 1902), Bureau of Public Secrets, www.bopsecrets.org/CF/darrow.htm, aufgerufen am 22.11.2021.

17 Charles Taylor, *Avenues of Faith: Conversations with Jonathan Guilbault* (Waco, TX: Baylor University Press, 2020), S. 5-7.

18 Ein grundlegender Beitrag zu diesem Thema stammt von dem niederländischen Theologen Herman Bavinck: *Christliche Weltanschauung*, nach der Übersetzung von Hermann Cuntz (1907) neu hg. von Thomas K. Johnson und Ron Kubsch (Bonn: Verlag für Kultur und Wissenschaft, 2007). Obwohl er vor über einem Jahrhundert schrieb, war Bavinck bereits mit dem Doppelangriff des wissenschaftlichen Materialismus der Aufklärung und des Proto-"Dekonstruktionismus" bei Friedrich Nietzsche konfrontiert. Für Bavinck haben alle säkularen Weltanschauungen drei Eigenschaften: 1. Sie sind reduktionistisch oder „mechanisch" und versuchen, das ganze Leben materialistisch zu erklären. – 2. Sie sind gezwungen, etwas Gutes in Gottes Schöpfung als Wurzel alles Bösen zu dämonisieren. – 3. Sie sind weiter gezwungen, irgendeinen Teil der gefallenen Schöpfung als ihre Erlösung hochzuschätzen oder zu vergöttern. Bavinck zeigt auf, wie diese unzulänglichen Erklärungen es nicht schaffen, unseren Kopf und unser Herz (wie wir über das Leben der Menschen nach dem, was wir intuitiv über es wissen, denken) zusammenzubringen.

19 Sprüche 13,23 wird in manchen [englischen] Bibelübersetzungen auch so wiedergegeben: „Das ungepflügte Feld der Armen bringt reichliche Speise, aber ihre Existenz wird zunichtegemacht durch Ungerechtigkeit." Vgl. Bruce K. Waltke, *Book of Proverbs: Chapter 1–15* (Grand Rapids, MI: Wm. B. Eerdmans, 2004), S. 549f. Das „ungepflügte Feld" meint Ackerland, das so fruchtbar ist, dass es selbst ungepflügt schon Erträge bringt. „Reichliche Speise" bedeutet, dass die Armen bei der Ernte fleißig sind. Aber warum sind sie dann arm? „Ihre Existenz wird zunichtegemacht durch Ungerechtigkeit [hebräisch: *lo mishpat*]." Wir finden hier drei mögliche Ursachen von Armut: ökologische, persönliche und soziale. Nach dem Buch der Sprüche entsteht Armut manchmal durch zu wenige Ressourcen und manchmal durch persönliche Verantwortungslosigkeit. Aber hier entsteht sie durch Ungerechtigkeit, ohne irgendein Verschulden der Armen.

20 James Mumford, *Vexed: Ethics Beyond Political Tribes* (London: Bloomsbury, 2020).

21 Vgl. Yuval Levin, *A Time to Build: From Family and Community to Congress and the Campus, How Recommitting to our Institutions Can*

Revive the American Dream (New York: Basic Books, 2020): siehe dort vor allem Kapitel 3 „We the People" (S. 45-68).

22 Der Leser sollte in diesem Kapitel nicht den Eindruck bekommen, dass die Hauptaufgabe der Kirche bzw. Gemeinde in sozialem Aktivismus und Wohlfahrtsprogrammen besteht. Die Hauptaufgaben der Kirche sind der Gottesdienst, die Verkündigung des Wortes Gottes, Taufe, Abendmahl, Evangelisation und Jüngerschulung. Wenn die Kirche Menschen für den christlichen Glauben gewinnt und sie im biblischen Glauben an die neue Schöpfung und die Auferstehung und an all das andere, was sich aus dem Evangelium ergibt, unterweist, wird sie einen stetigen Strom von Gläubigen hervorbringen, die „Salz und Licht" in der Welt sind (Matthäus 5,13-16), sich für Gerechtigkeit einsetzen, gute Werke tun und ihre Mitmenschen so lieben, wie der Samariter in dem Gleichnis (Lukas 10,25-37) dies tut. Die Erfahrung zeigt, dass die meisten Gemeindeleiter und Kirchenvorstände vor Ort nicht das nötige Knowhow haben, um eine Gemeinde zu leiten *und* sich um solche Dinge wie Stadtteilentwicklung, bezahlbare Mieten, Drogen-Rehazentren, Schulen usw. zu kümmern. Die erste Aufgabe der Kirche ist immer das Evangelisieren und Jüngermachen durch das Wort Gottes. Aber diese geistliche Schulung sollte Christen motivieren, in ihrer Stadt und in der ganzen Welt für Gerechtigkeit einzutreten, oder die Kirche ist dem Wort und dem Evangelium nicht treu.

23 Oliver O'Donovan, *Resurrection and the Moral Order: An Outline for Evangelical Ethics* (Grand Rapids, MI: Wm. B. Eerdmans, 1986).

24 C. S. Lewis, *Pardon, ich bin Christ*, S. 83.

25 Ebd., S. 57.

26 N. T. Wright, *For All God's Worth: True Worship and the Calling of the Church* (Grand Rapids, MI: Wm. B. Eerdmans, 1997), S. 65f.

Kapitel 11: Hoffnung angesichts des Leids

1 Christopher Watkin, *Michael Foucault*, Great Thinkers Series (Phillipsburg, NJ: Presbyterian and Reformed, 2018), S. 81.

2 Vgl. John Stott, *The Message of the Sermon on the Mount: Christian Counter-Culture* (Downers Grove, IL: InterVarsity Press, 1978). Den Begriff „Gegenkultur" habe ich dem Untertitel des Buchs von Stott entnommen.

3 Stott, *The Message of the Sermon on the Mount*, S. 18f.

4 Michael Wilcock, *The Savior of the World: The Message of Luke's Gos-*

pel, The Bible Speaks Today (Downers Grove, IL: InterVarsity Press, 1979), S. 86.

5 John Nolland, *Luke 9:21–18,34*, vol. 35B, Word Biblical Commentary (Dallas: Word, 1993), S. 828.

6 David Foster Wallace, „Commencement Address“ (Rede, Kenyon College, Gambier, OH, 21. Mai 2005), Text im Internet unter: https://web.ics.purdue.edu/~drkelly/DFWKenyonAddress2005.pdf.

7 Zitiert nach NLB.

8 Wir können nicht mit Bestimmtheit sagen, ob dieser Satz tatsächlich aus dem Munde der historischen Heiligen Teresa von Ávila (1515–1582) stammt, aber er ist allgemein bekannt und wird häufig zitiert.

9 C. S. Lewis, *Pardon, ich bin Christ*, S. 238f.

10 Gregory K. Beale, *Redemptive Reversals and the Ironic Overturning of Human Wisdom* (Wheaton, IL: Crossway, 2019). S. 118.

11 Beale, *Redemptive Reversals,* S. 120.

12 William Goldman, „The Princess Bride“, in: *Four Screenplays with Essays* (New York: Applause Books, 2000), S. 324.

13 Zitiert nach LUT.

14 Derek Kidner, *Genesis: An Introduction and Commentary* (Downers Grove, IL: InterVarsity Press, 1967), S. 212.

15 Paul Barnett, *The Second Epistle to the Corinthians*, The New International Commentary on the New Testament (Grand Rapids, MI: Wm. B. Eerdmans, 1997), S. 73.

16 John Owen, *The Glory of Christ*, gekürzte Fassung von R. J. K. Law (Edinburgh: Banner of Truth, 1994), S. 115.

17 John Owen, „The Grace and Duty of Being Spiritually Minded“, in: *Works*, ed. W. Goold, vol. 7 *Sin and Grace* (London: Banner of Truth, 1965), S. 347.

Kapitel 12: Hoffnung für die Zukunft

1 David Brooks, „America Is Facing 5 Epic Crises All at Once“, *The New York Times*, 25. Juni 2020, www.nytimes.com/2020/06/25/opinion/us-coronavirus-protests.html, aufgerufen am 22.11.2021.

2 Vgl. Robert Nisbet, *History of the Idea of Progress* (New York: Basic Books, 1980), S. 10-46.

3 Nisbet, *History of the Idea of Progress,* S. 47.

4 Ebd.

5 Ebd. (Hervorhebung von Timothy Keller.)

6 Nisbet, *History of the Idea of Progress*, S. 172.

7 Ebd., S. 277.

8 Ebd., S. 171.

9 Ebd., S. 317.

10 H. G. Wells, *A Short History of the World* (New York: J. J. Little and Ives, 1922), S. 426f.

11 H. G. Wells, „The Fate of Man", in: *H. G. Wells Non-fiction Trio,* vol. 3, *New Worlds for Old, The Fate of Man, Russia in the Shadows* (CreateSpace Independent Publishing Platform, 2017), S. 232. „The Fate of Man" kam ursprünglich unter dem Titel *The Fate of Homo Sapiens* heraus (London: Secker and Warburg, 1939).

12 H. G. Wells, *The Last Books of H. G. Wells: The Happy Turning: A Dream of Life and Mind at the End of Its Tether* (Rhinebeck, NY: Monkfish, 2006), S. 54.

13 Jean-François Lyotard, *Das postmoderne Wissen. Ein Bericht,* hg. von Peter Engelmann (Wien: Böhlau, 1986), S. 96-111 (Kapitel „Die Erzählung von der Legitimierung des Wissens").

14 Ebd., S. 97f.

15 Nisbet, *History of the Idea of Progress,* S. 318.

16 Für eine exzellente Darstellung und Würdigung von Foucault durch einen ausgewiesenen Romanisten und aus einer christlichen Perspektive vgl. Christopher Watkin, *Michel Foucault* (Phillipsburg, NJ: Presbyterian and Reformed, 2018).

17 David A. Graham, „The Wrong Side of ‚the Right Side of History'", *The Atlantic,* 21. Dezember 2015, www.theatlantic.com/politics/archive/2015/12/obama-right-side-of-history/420462, aufgerufen am 22.11.2021.

18 Charles Taylor, *A Secular Age* (Cambridge, MA: Belknap Press, 2007), S. 716f.

19 Margaret O'Mara, „The Church of Techno-Optimism", *The New York Times,* 28. September 2019, www.nytimes.com/2019/09/28/opinion/sunday/silicon-valley-techno-optimism.html, aufgerufen am 22.11.2021.

20 James E. Krier und Clayton P. Gillette, „The Un-Easy Case for Technological Optimism", *University of Michigan Law Review* 84 (1985), S. 405-429, https://repository.law.umich.edu/articles/928/, aufgerufen am 22.11.2021.

21 Ein Beispiel ist: Kara Swisher, „The Immunity of the Tech Giants", *The*

New York Times, 1. Mai 2020, www.nytimes.com/2020/05/01/opinion/tech-companies-coronavirus.html, aufgerufen am 22.11.2021.

22 Nisbet, *History of the Idea of Progress,* S. 351.

23 Ebd.

24 Ein konkretes Beispiel für diese Sicht ist die Ansprache des Rechtsanwalts und Sozialisten Clarence Darrow vor den Insassen eines Gefängnisses in Chicago: „Crime and Criminals: Address to the Prisoners in the Chicago Jail" (Ansprache, 1902, Bureau of Public Secrets, www.bopsecrets.org/CF/darrow.htm, aufgerufen am 22.11.2021).

25 Zitiert in: Dorothy L. Sayers, „Glaube oder Chaos?", in: dies., *Das größte Drama aller Zeiten* (Zürich: Theologischer Verlag, 1982), S. 66.

26 C. E. M. Joad, *The Recovery of Belief* (London: Faber and Faber, 1952), S. 61.

27 Ebd., S. 63.

28 Ebd., S. 74.

29 Ebd., S. 82.

30 C. S. Lewis, „Menschheit im Atomzeitalter", in: ders., *Ich erlaube mir zu denken. Essays zu zeitgemäßen und unzeitgemäßen Fragen* (Basel: Brunnen Verlag, 1. Taschenbuchauflage 2005), S. 82.

31 Ebd., S. 82f.

32 Brian Greene, *Until the End of Time: Mind, Matter, and Our Search for Meaning in an Evolving Universe* (New York: Alfred A. Knopf, 2020), S. 321.

33 William Shakespeare, *Macbeth,* Akt 5, Szene 5.

34 C. S. Lewis, *Ich erlaube mir zu denken*, S. 84.

35 Ebd.

36 N. T. Wright, Überrascht von der Bibel (Marburg: Francke, 2016), S. 86.

37 Ebd.

38 Watkin, *Michel Foucault,* S. 102.

39 Zitiert nach NLB.

40 Gerhard Kittel, Gerhard Friedrich, Geoffrey William Bromiley, *Theological Dictionary of the New Testament* (Grand Rapids, MI: Wm. B. Eerdmans, 1985), S. 231.

41 Zitiert nach LUT.

42 J. R. R. Tolkien, *Der Herr der Ringe. Dritter Teil: Die Rückkehr des Königs* (übers. von W. Krege, Stuttgart: Klett-Cotta, 7. Aufl. 2018), S. 277f.

Epilog: Der Stein und die Finsternis

1 Zitiert nach LUT.

2 Diese Auslegung dieser Verse basiert auf der Analyse von Derek Kidner, *Psalms 73–150: An Introduction and Commentary*, vol. 16, Tyndale Old Testament Commentaries (Downers Grove, IL: InterVarsity Press, 1975), S. 450.

3 Noel Paul Stookey, „Building Block" (Song), 1977.

4 Titel eines englischen Kirchenliedes von S. Baring-Gould (1609).

5 Ernest W. Shurtleff, „Lead On, O King Eternal" (1887).

6 Michael Wilcock, *The Message of the Psalms 73–150* (Downers Grove, IL: InterVarsity Press, 2001), S. 65.

Timothy Keller

Gott im Leid begegnen

416 Seiten, gebunden
ISBN 978-3-7655-0928-5
Auch als E-Book erhältlich

Warum gibt es so viel Schmerz und Leid in der Welt? Wie können wir mit persönlichem Leid so umgehen, dass wir daran nicht zerbrechen, sondern wachsen? Und wo ist Gott, wenn wir leiden? Auf diese schwierigen Fragen gibt Timothy Keller in diesem Buch Antworten …

„Das Buch ist außergewöhnlich gründlich recherchiert und zugleich sehr persönlich geschrieben. Keller hat den Weg gefunden, den Menschen, der Leid erfahren hat, auf seinem Weg an die Hand zu nehmen und sie in die Hand des Retters zu legen."

Joni Eareckson Tada

BRUNNEN VERLAG GIESSEN
www.brunnen-verlag.de